AMOUR & MARIAGE

OEUVRES COMPLÈTES DE P.-J. PROUDHON

32 VOLUMES
En format grand in-18 jésus.

ŒUVRES ANCIENNES. — Tome I. Qu'est-ce que la propriété ? 1er Mémoire. Recherches sur le principe du droit et du gouvernement. — 2e Mémoire. Lettre à M. Blanqui sur la propriété. 3 50

Tome II. 1º Avertissement aux propriétaires ; 2º Plaidoyer de l'auteur devant la cour d'assises de Besançon ; 3º Célébration du dimanche ; 4º De la concurrence entre les chemins de fer et les voies navigables : 5º Le Miserere. 3 50

Tome III. De la création de l'ordre dans l'humanité, ou principes d'organisation politique. 3 50

Tomes IV et V. Système des Contradictions économiques ou philosophie de la misère. 7 »

Tome VI. Solution du problème social. Organisation du crédit et de la circulation. Banque d'échange. Banque du peuple. 3 50

Tome VII. La Révolution sociale. — Le droit au travail et le droit de propriété. — L'impôt sur le revenu. 3 50

Tome VIII. Du Principe fédératif. — Si les traités de 1815 ont cessé d'exister. 3 50

Tome IX. Les Confessions d'un révolutionnaire, pour servir à l'histoire de la Révolution de Février. 3 50

Tome X. Idée générale de la révolution au XIXe siècle. (Choix d'études sur la pratique révolutionnaire et industrielle.) 3 50

Tome XI. Manuel du spéculateur à la Bourse. 3 50

Tome XII. Des Réformes à opérer dans l'exploitation des chemins de fer. 3 50

Tomes XIII et XIV. La Guerre et la Paix ; recherches sur le principe et la constitution du droit des gens. 7 »

Tome XV. Théorie de l'impôt. 3 50

Tome XVI. 1º Majorats littéraires ; 2º Fédération et Unité en Italie ; 3º Nouvelles Observations sur l'Unité italienne ; 4º Les Démocrates assermentés. 3 50

Tomes XVII, XVIII, XIX. Brochures et articles de journaux, lettres, etc., depuis février 1848 jusqu'à 1852 (réunis pour la première fois). — Articles du *Représentant du Peuple*, du *Peuple*, de *la Voix du Peuple*, du *Peuple* de 1850. 10 50

Tome XX. Philosophie du progrès. — La Justice poursuivie par l'Église. 3 50

Tomes XXI à XXVI. De la Justice dans la Révolution et dans l'Église (avec les deux premiers volumes inédits) 21 »

ŒUVRES POSTHUMES. — Théorie de la propriété, suivie d'un plan d'Exposition universelle. 1 vol.......... 3 50
De la capacité politique des classes ouvrières. 1 vol.... 3 50
France et Rhin. 1 vol................................. 2 50
Théorie du mouvement constitutionnel. 1 vol.......... 3 50
La Bible annotée. — Les Évangiles. 1 vol .... 4 »
— Les Apôtres. 1 vol........................ 5 »

ŒUVRES DE P.-J. PROUDHON

AMOUR
ET
MARIAGE

PAR

P.-J. PROUDHON

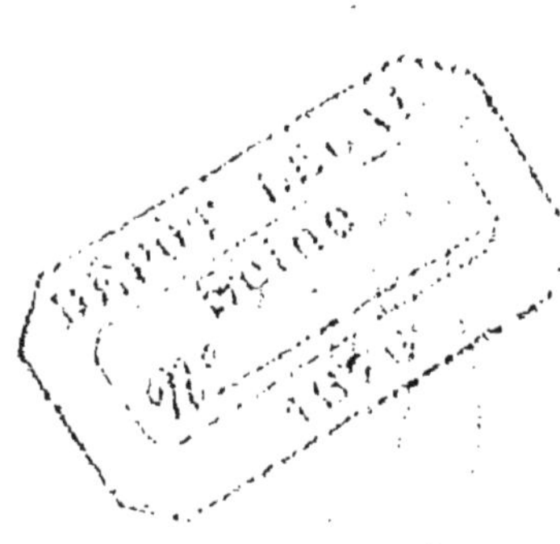

PARIS

LIBRAIRIE INTERNATIONALE

A. LACROIX & Cᵉ, ÉDITEURS

13, rue du Faubourg-Montmartre

1876

AVIS DES ÉDITEURS

Le volume de P.-J. Proudhon que nous publions sous le titre : *Amour et Mariage*, n'est point une œuvre posthume.

Elle a déjà vu le jour dans l'ouvrage en 6 volumes, intitulé : *Essais d'une philosophie populaire* (1); mais elle forme un tout bien complet, bien séparé et qu'on peut en détacher sans inconvénient.

La publication récente du manuscrit de Proudhon sur *la Pornocratie* ou *les Femmes dans les temps modernes* (1) a éveillé chez beaucoup de lecteurs le désir de voir à quoi se rattachaient ces notes inédites, retrouvées dans les papiers de Proudhon.

La *Pornocratie* n'est, en effet, qu'une annexe des chapitres consacrés, dans la *Philosophie populaire*, à la question de l'*Amour et du Mariage*. Ces chapitres avaient éveillé de vives controverses.

Proudhon abordait une des questions les plus difficiles et les plus délicates qui s'offrent aux méditations des penseurs.

(1) En vente chez A. Lacroix et Ce.

Les femmes, prises par lui à partie avec tant de vigueur, combattirent ses conclusions et discutèrent tout son système.

Plusieurs livres virent le jour en réponse aux doctrines de Proudhon. C'est la lecture de ces réponses qui décida Proudhon à reprendre la plume sur ce même sujet, pour expliquer ses pensées et réfuter les argumen!s employés contre lui.

De là naquit ce volume : *la Pornocratie*, que la mort ne lui laissa pas le temps d'achever et qu'on a retrouvé dans ses manuscrits, tel que nous l'avons publié, en l'accompagnant d'une série de pensées détachées, de notes jetées par Proudhon, comme éléments nouveaux et futurs de son travail.

Mais pour bien comprendre *la Pornocratie*, il faut avoir lu *Amour et mariage*, qui expose toute la théorie de Proudhon sur la femme. C'est dans ce but, et pour répondre à un grand nombre de demandes, que nous nous sommes décidés à présenter isolément au public cette étude ancienne de Proudhon, détachée d'une œuvre générale.

Les Éditeurs.

Avril 1876.

CHAPITRE PREMIER

III. — Le problème du mariage est si vaste, si compliqué, si scabreux ; il a donné matière à tant d'élucubration, de traités, de romans, de poèmes, de coutumes et de lois, qu'après en avoir lu le plus que j'ai pu, j'ai trouvé que le seul moyen d'y voir clair était de fermer les livres, et d'en résumer la substance en une suite de questions sur lesquelles il sera aisé de concentrer le débat et de préparer un jugement.

1. L'espèce humaine, comme toutes les races vivantes, se conserve par la *génération*. La physiologie donne une première raison de cette loi. Dès qu'il a vu le jour, l'individu commence à s'user et à vieillir ; la nourriture et le repos ne le réparent pas entièrement ; il se détériore par la vie même, et demande bientôt à être remplacé. Ce remplacement a lieu par la génération : voilà ce qu'un premier regard jeté sur le mouvement des existences croit découvrir.

Mais cette raison, toute de physiologie, est-elle la seule ? Je dis plus, est-elle la principale ! En dehors de l'évolution vitale, il y a la société, but suprême de la création. Je demande donc si le renouvellement des sujets par la génération est tout simplement une condition imposée à l'humanité par la dissolution inévitable de l'organisme, ce qui subordonnerait le règne de l'esprit au règne de la matière et répugne à nos idées de liberté et de progrès, ou si ce ne serait pas plutôt que, la société ayant elle-même besoin, pour son propre développement, de se rajeunir sans cesse dans ses membres, comme l'animal se renouvelle par l'alimentation, la génération est ainsi plus qu'une nécessité de l'organisme, elle est de constitution sociale ?

Et comme, dans le tourbillon de cet univers, le principe, le moyen et la fin de toute chose sont identiques, la question reviendrait en dernière analyse à demander si la mort, que nous voyons planer sur toute vie, n'a pas elle-même, comme la génération, sa raison dans la félicité de l'homme, de tous les êtres le seul qui connaisse la mort et qui puisse, selon les circonstances, se réjouir ou s'affliger de mourir?

Si cette hypothêse se trouvait vraie, on entrevoit de suite la haute importance du mariage, qu'on pourrait définir une *institution à la vie et à la mort.*

2. La nature a fait l'homme bi-sexuel, *masculum et feminam creavit eos;* c'est à dire que pour la fonction génératrice il faut le concours de deux personnes de *sexe* différent. Pourquoi la nature n'a-t-elle pas plutôt fait l'homme hermaphrodite? Pourquoi cette division de l'appareil générateur entre deux individus complémentaires l'un de l'autre, le *mâle* et la *femelle*. Est-ce encore une nécessité que la physiologie impose à la société, ou une condition que la société impose à la physiologie? Plus simplement: la distinction des sexes a-t-elle sa raison tout à la fois dans la société et dans l'organisme? Quelle est cette raison? Dans la série animale, certaines espèces inférieures réunissent les deux sexes; à mesure qu'on s'élève sur l'échelle, la division devient de plus en plus tranchée. La théorie du mariage et du rôle de la femme dans la société pourra seule nous dire ce que nous devons penser de cette finalité de la nature, ou de cette fatalité de la civilisation.

3. Le concours des sexes en vue de la génération a lieu sous l'influence d'un sentiment particulier, qui est l'*amour.* C'est cet attrait puissant qui, dans toutes les espèces où les sexes sont séparés, pousse le mâle et la femelle à s'unir et à transmettre leur vie dans un orgasme mortel. De là ce mot si connu, si profond : *L'amour est plus fort que la mort;* ce qui signifie que l'être qui a goûté l'amour n'a plus rien à redouter de la mort, parce que l'amour est la mort même, la mort en joie, *euthanasia.*

Ici commence à se révéler le secret de la mort, du même coup se fait pressentir la dignité du mariage, qui la rend si douce. Mais nous ne savons pas pour cela comment, au point de vue de l'ordre moral, la mort est une condition de progrès et de félicité : sous ce rapport, ce que nous en avons dit dans une autre étude attend un complément.

Les anciens firent de cette inclination irrésistible des

deux sexes à reproduire leur vie en la sacrifiant, l'Amour, le premier né et le plus puissant de leurs dieux. C'est l'Amour qui débrouille le chaos et qui anime la nature... Le Christ, rédempteur, donnant sa vie pour le salut des hommes, est encore, à un autre point de vue, un symbole de la génération universelle; et ce n'est pas sans raison que Dupuis, *Origine des cultes*, a vu dans la légende du Christ une reproduction de celle d'Adonis.

L'amour est donc l'apogée et la consommation de la vie, l'acte suprême de l'être organisé; à tous ces titres on peut le définir : *la matière du mariage*. Mais si le rôle de l'amour dans la génération est très apparent, on ne voit pas à quelle fin il est donné dans la société, dont le principe propre est la Justice. Car nous n'admettons pas que rien de ce qui intéresse l'individu soit sans rapport avec l'ordre social : plus que le philosophe, la société a le droit de dire : *Homo sum, humani nihil à me alienum puto*. Encore une question sur laquelle il faut que la théorie s'explique.

Ici nous quittons les faits généraux de l'animalité pour entrer dans la catégorie des faits exclusivement humains.

IV. — 4. L'amour, dont nous venons de parler, a sa base dans l'organisme.

Dans les espèces inférieures, il ne paraît pas, malgré toutes les démonstrations amoureuses des couples, que le ravissement génétique soit mêlé d'aucun attrait supérieur à la sexualité même. L'amour est *pur* chez les bêtes, si je puis ainsi m'exprimer; je veux dire qu'il est purement physiologique, dégagé de tout sentiment moral ou intellectuel.

Chez l'homme, intelligent et libre, les choses ne se passent pas de même. Nous savons, par la théorie de la liberté, que l'homme tend à s'affranchir de tout fatalisme, notamment du fatalisme organique, auquel sa dignité répugne, et que cette tendance est proportionnelle au développement de sa raison. Cette répugnance de l'esprit pour la chair se manifeste ici d'une manière non équivoque et déjà fort sensible, d'abord dans la *pudeur*, c'est à dire dans la honte que la servitude de la chair fait éprouver à l'esprit; puis dans la *chasteté* ou l'abstention volontaire, à laquelle se mêle une volupté intime, résultat de la honte évitée et de la liberté satisfaite.

Le progrès de la liberté et de la dignité humaine étant donc en sens contraire des fins de la génération, il y aurait lieu de craindre que l'homme, par l'excellence même de sa nature, ne perdît tout à fait le soin de sa génération, s'il n'était rappelé à l'amour par une puissance tout animique, la *beauté*, c'est à dire l'Idéal, dont la possession lui promet une félicité supérieure à celle de la chasteté même.

L'idéalisme se joint ainsi au prurit des sens, de plus en plus exaltés par la contemplation esthétique, pour solliciter à la génération l'homme et la femme, et faire de ce couple le plus amoureux de l'univers.

Par l'idéal, l'homme conserve sa dignité en amour ; il triomphe du fatalisme des sens et de la bestialité de la chair alors même qu'il en accomplit le vœu ; il peut, sans déroger, vaquer à la génération et accepter le mariage.

Par l'idéal aussi se découvre une première raison de la distinction des sexes. La faculté que l'homme possède d'idéaliser les objets ne s'exerce pas sur lui-même ; il ne peut pas devenir pour soi une idole. Puisque l'influence de l'idéal était nécessaire aux générations de l'humanité, il fallait une division sexuelle ; en deux mots, à l'*homme*, *viro*, il fallait la *femme*.

Ici nous tombons dans une autre difficulté.

5. En triomphant des répugnances de l'esprit par la beauté, nous sommes exposés aux séductions de l'idéalisme, plus terribles cent fois que celles de la chair. La conservation de l'espèce et la félicité des sexes se trouveraient de nouveau et plus tristement compromises, s'il n'intervenait un troisième élément, dont cette étude et la suivante auront surtout pour objet de déterminer le rôle : cet élément est la *Justice*.

Déjà nous avons vu, par la théorie du progrès et de l'origine du péché, comment l'idéal tend à se corrompre, entraînant dans sa ruine la liberté et la société, s'il n'est incessamment soutenu, relevé, purifié, assaini, par le condiment du droit.

Il faut à l'amour, même idéalisé, comme à la propriété et au pouvoir, comme aux idées et à la philosophie, une loi d'équilibre, sans laquelle il dégénère fatalement en dé-

pauche, et, au lieu de perpétuer la vie sociale, conduit la
civilisation à sa perte.

Quelle sera cette nouvelle application de la Justice, qui
rachète l'homme et la femme de la *luxure*?

Mais ceci n'est qu'une partie de la question. Puisque,
d'après tout ce qui précède, la génération, la distinction
des sexes et l'amour doivent avoir dans la société leur fin
suprême, et que la société c'est Justice, il est évident que
la justice n'intervient pas seulement dans le mariage
comme réaction à l'idéal, elle doit apparaître comme raison dernière, comme le but pour lequel le mariage a été
préordonné et prévu. La question devient donc celle-ci :
A quoi sert, pour la production, la garantie et le progrès
de la Justice, l'institution conjugale? En un mot, qu'est-ce
que le MARIAGE?

V. — 6. Le sentiment, plus ou moins vague, d'une mo-
dification à donner à l'amour en vue de la Justice existe
chez tous les hommes. Il n'y a pas dans l'âme humaine de
faculté, d'instinct, d'affection, sans excepter l'amour, qui
ait donné lieu à un plus grand nombre de manifestations.
Les *mœurs* matrimoniales embrassent toute la partie de la
législation relative à l'état civil, au domicile, à la puissance paternelle, au droit des femmes, à la tutelle, à
l'émancipation, au divorce, aux successions et testaments :
c'est la partie la plus considérable du droit civil. En y regardant de plus près, on n'est pas même loin de penser que,
le mariage supprimé, le respect de l'homme et du citoyen
perdant sensiblement de son intensité, le système social
n'est plus, et telle avait été la conclusion de Platon, qu'une
affaire de police et de discipline, où la Justice se réduit à
peu près à zéro.

A peine nommés, le mariage et la *famille* nous appa-
raissent donc comme le foyer de la Justice, la radicule de
la société, et, s'il m'appartient de le dire, la vraie *religion*
du genre humain.

La religion, cherchée avec tant d'ardeur et pendant une
si longue suite de siècles, se trouvant dans le mariage à
l'heure juste où l'humanité partout ailleurs la répudie :
quelle découverte!

Les motifs sur lesquels s'appuie cette conjecture sont :

7. Les solennités du mariage, ou les *noces*, instituées par toute la terre, dans un but apparent de réjouissance et comme une excitation au plaisir, mais dont l'objet réel est de conférer aux époux je ne sais quelle dignité juridique et religieuse, *juris humani et divini communicatio*, et dans lesquelles les familles des conjoints et la société tout entière interviennent;

8. Les prérogatives assurées à l'*épouse*, et les devoirs, parfois d'une rigueur excessive, qui lui sont imposés : devoirs et prérogatives dont la signification constante, malgré toute la diversité et l'arbitraire des formules, est que la femme, nonobstant l'infériorité relative de son sexe, est déclarée membre du corps social;

9. La *distinction des personnes*, des conditions et des races, dans le choix des époux et épouses et dans la formation des couples conjugaux;

10. Enfin, le principe de *monogamie* indissoluble qui se dégage de plus en plus, à mesure que la civilisation se développe, et se pose comme condition *sacramentelle* du mariage.

Or, à moins que nos axiomes ne soient faux et nos définitions erronées, il faut admettre *à priori* que toutes ces institutions, dont le rit varie à l'infini, sont les *formes* par lesquelles l'homme et la société tendent spontanément à constater le rapport secret de la génération et de l'amour avec la Justice. La tâche du philosophe se réduit donc à pénétrer le sens de ces manifestations, à en déduire les motifs cachés et à en formuler la théorie.

Je passe sur les cérémonies nuptiales, ainsi que sur la condition civile et domestique que la législation des différents peuples a faite aux femmes. Cette recherche, de pure érudition, n'ajouterait rien à ce que je viens d'en dire, et qui en traduit l'idée générale.

Quelques mots seulement sur les deux dernières questions, les plus graves de toutes, de la distinction des personnes relativement à l'union des sexes, et de la monogamie indissoluble.

VI. — De temps immémorial, antérieurement à tout

souvenir historique, il s'est opéré spontanément, en vue de l'amour et du mariage, un premier triage :

Du père à la fille, du fils à la mère, du frère à la sœur, l'union est interdite ; l'amour répugne : il est regardé comme monstrueux. Pourquoi cette exclusion?

Dans les sociétés plus avancées, la distinction est allée beaucoup plus loin : elle embrasse des classes entières, des nations et des races. Partout le mariage a été défendu de noble à plébéien, d'homme libre à esclave, et la mésalliance notée d'infamie. La loi de Moïse interdit aux Israélites de prendre des épouses parmi les races réprouvées de Chanaan. Plus puissant que la loi de Moïse, l'orgueil du sang et de la couleur empêche de nos jours le croisement, par le mariage, entre les blancs et les noirs. A peine si les mulâtres, blanchis par plusieurs générations, osent y prétendre. Sans doute une pareille réprobation est exorbitante; mais elle a sa cause, elle repose sur un motif plus ou moins compris, plus ou moins judicieusement appliqué : quel est ce motif?

On a dit, en ce qui touche les degrés de parenté, que la conservation de l'espèce et la paix de la société y étaient également intéressées ; que le croisement des familles est un principe d'ordre autant qu'une loi d'hygiène.

J'admets ces considérations d'utilité publique et sanitaire. Mais je ferai observer qu'il y a dans le sentiment des sociétés primitives, dont la pudeur condamna tout d'abord l'inceste, quelque chose de plus, qui tient à la conscience : c'est cette raison que je cherche, me demandant si elle est fondée en morale, ou s'il ne faut y voir qu'un caprice de l'instinct.

Autrefois les rois d'Egypte pouvaient, par privilége spécial, épouser leurs sœurs. La dérogation faite en faveur de la royauté, pour des raisons qui ne sont plus de notre siècle, prouve qu'en général l'union du frère et de la sœur était regardée comme contraire aux bonnes mœurs. Elle n'appartenait qu'aux bêtes et aux dieux, que la religion affranchit de tout temps des devoirs de l'humanité. A plus forte raison le commerce du père avec la fille, du fils avec la mère, passait pour abominable; on n'était pas loin d'y voir une calamité publique. La raison, encore une fois, de cette abhorrence?

L'interdiction du mariage pour cause de parenté paraît d'autant plus surprenante que dans l'opinion des anciens l'œuvre de chair, *coïtus*, était regardée, à l'état de nature, comme chose indifférente, n'impliquant de soi ni crime ni délit. Ils considéraient comme vivant à l'état de nature, relativement à une société donnée, tout ce qui était en dehors de cette société, les barbares ou étrangers, les prisonniers de guerre et les esclaves. Pour ces catégories, rejetées hors la loi, hors la conscience publique, il n'y avait ni inceste, ni adultère, ni stupre, ni viol ; la promiscuité était pour ainsi dire leur droit. L'interdiction, c'est à dire le crime, n'existait que pour les personnes de condition libre, qui seules étaient tenues de respecter, les unes à l'égard des autres, les barrières légales.

Comment donc, en passant de l'état dit de nature à l'état de civilisation, la raison pratique des peuples a-t-elle créé, au point de vue de l'amour, ces distinctions de personnes, qu'on prendrait presque pour une variante de la distinction des viandes? Comment ce que l'état de nature aurait autorisé est-il devenu, par la définition du législateur, illicite, coupable?

On a pris texte de cette défense, sans motif apparent, pour traiter la morale civilisée de *préjugé ;* on a revendiqué les droits imprescriptibles de la nature, qui laisse toute liberté à l'amour : tous les sophismes accumulés contre le mariage, la famille et la pudeur, partent de là.

Mais il suffit de l'attention la plus médiocre pour se convaincre que, s'il y a préjugé quelque part, il est du côté des partisans de l'état prétendu de nature, non du côté de la civilisation. Il en est, en effet, de l'amour comme du travail, de la propriété, de l'échange, de la société tout entière. C'est en sortant de l'état de nature que la multitude humaine passe à l'état juridique et devient la cité, ce qui prouve tout juste que l'état de nature est pour l'humanité un état contre nature : toutes les déclamations de Jean Jacques à cet égard sont absurdes. De même, c'est en sortant de l'état de nature et en revêtant le caractère social que la propriété se distingue du vol, que l'échange se régularise et s'affranchit de l'agiotage, que le travail s'organise par la division et le groupe : ce sont là des faits parfaitement intelligibles, fondés en raison, en utilité, en morale, et contre lesquels aucune argutie ne saurait prévaloir.

Raisonnant par analogie, je dis qu'il en doit être de même de l'amour, qu'il ne peut pas être, à l'état de civilisation, le même qu'à l'état de nature : je demande en conséquence ce qui le distingue dans les deux états, et la raison de cette distinction.

Car, bien loin que le mariage ait à perdre de sa considération parce qu'il est une correction de la nature, c'est cette qualité de correctif qui, d'après toutes les analogies civilisées, fait sa légitimité, par conséquent sa noblesse. Comme la propriété et le travail, l'amour doit obéir à la Justice : voilà sans doute ce que poursuivaient en idée les premiers qui essayèrent cette difficile réglementation. Avant de récuser une tendance aussi générale, il faudrait prouver que la conscience n'est rien, la Justice rien, la dignité personnelle rien ; que le droit, qui régit tout, n'a rien à voir à l'amour et à la génération : ce qui emporte la négation de la société dans son embryon, la famille.

Que la Justice saisisse l'homme dans ses amours comme dans toutes les manifestations de son activité, loin de nous en étonner, nous devons nous y attendre : il ne nous reste qu'à découvrir la loi et à nous y soumettre.

Je reprends donc la question posée : Que signifie tout d'abord cette distinction des personnes? Pourquoi interdire le mariage entre sujets que la consanguinité devait, ce semble, rendre d'autant plus chers l'un à l'autre qu'elle était déjà un commencement de justice? C'est ce que répondaient autrefois les sectateurs de Zoroastre, à qui les étrangers reprochaient d'épouser leurs sœurs, leurs filles et leurs mères.

VII. — Voici qui n'est pas moins digne d'attention.

Que des hommes, réunis par un pacte de réciprocité protectrice, conviennent entre eux de placer les femmes, de même que les propriétés, hors du droit commun ; qu'ils fassent ainsi de l'abstention mutuelle de leurs concubines une convention civique ; que même ils assurent à celles-ci et à leurs enfants, en cas de séparation, des aliments, une indemnité, en récompense de leur jeunesse déflorée et de leurs soins, je ne vois à tout cela rien qui sorte des limites

des conventions ordinaires : affaire de convenance, de pré-
voyance, qui n'enchaîne la liberté des couples qu'aussi
longtemps qu'il leur convient de rester ensemble; ce n'est
pas là qu'est le mariage.

Je parle de cette constitution, bien autrement sérieuse,
où tendent et dans laquelle se résolvent toutes les coutumes matrimoniales, constitution qui se définit en trois
termes : *Unité, inviolabilité, indissolubilité.*

Nous verrons en effet que hors de là point de mariage.

Qu'est-ce qui pousse l'humanité, en raison même de sa
civilisation, à cette monogamie rigoureuse? Comment la
liberté, que nous avons vue briser sans cesse toute espèce
de joug, va-t-elle au devant de celui-là? Est-il sûr que cette
tendance, si généralement, si fortement accusée, soit conforme à la raison des personnes et des choses? D'illustres
philosophes, tels que Platon, le nient, et leur négation
arrive juste dans l'histoire au moment de la plus grande
civilisation, comme si au nom de la civilisation, ils protes-
taient contre un préjugé de la barbarie et un reste de servitude. De nos jours, comme au temps de Platon et des
empereurs, beaucoup protestent contre le mariage, auquel
ils substituent l'*amour libre*, appelant de leurs vœux une
liberté toujours plus grande, garantie par la *communauté*
des enfants et des femmes. Que penser de ces opinions en
sens contraire? Dépendait-il du législateur antique, dé-
pendrait-il du législateur moderne, de resserrer ou de re-
lâcher, à volonté, le lien conjugal? Qui empêche enfin
l'union de l'homme et de la femme de rester, comme la
domesticité et le louage, un contrat révocable, susceptible
de toutes les restrictions et extensions possibles?...

Les objections contre l'unité, l'inviolabilité et l'indissolubilité du mariage, traînent partout; elles figurent parmi
les motifs principaux des systèmes communistes, saint-
simonien et phalanstérien : je n'ai que faire de les reproduire. L'amour de passage, affranchi de toutes les gênes
que lui imposait naguère encore l'opinion; le concubinage,
qui se multiplie partout témoignent de l'incertitude qui
règne sur toute cette matière dans les esprits. J'ai rapporté ailleurs (*Etude VIII*, chap. ii) les doutes des théologiens sur l'essence du mariage; la loi civile ne paraît
guère moins flottante. Après la Révolution, le *divorce* s'in-

troduit dans les lois; puis on l'en efface : est-ce un bien, est-ce un mal? Quant aux stipulations matrimoniales, le Code reconnaît à la fois deux systèmes, le *régime de communauté* et le *régime dotal :* lequel répond le mieux à l'essence du mariage, si tant est que le mariage soit quelque chose? Réponse, s'il vous plaît.

Un mot nous donnerait la clef de toutes ces énigmes, qui dépendent visiblement l'une de l'autre. Mais ce mot, nous ne l'avons point ; il faut le chercher au plus profond de la conscience, aucune bouche humaine n'ayant encore su le dire.

Fuis avec moi sur la montagne, belle Sulamite ! Et je te dirai ce que tu rêves en ton fiancé, ce que ton fiancé rêve en toi...

CHAPITRE II

Premières manifestations de la Justice matrimoniale.

VIII. — De toutes les parties de l'éthique, celle qui a le plus fait divaguer les auteurs est sans contredit le mariage.

La variété des usages, toujours si instructive, leurs oppositions même, si bien faites pour éveiller l'esprit, tout ce qui devait faciliter la solution du problème est justement ce qui a embrouillé les doctes ; et l'on demeure stupéfait en voyant la peine que se donnent des esprits distingués d'ailleurs pour faire montre sur ce sujet de leur nintelligence. C'est la réflexion que je faisais à propos de MM. Ernest Legouvé et Emile de Girardin : le premier, auteur d'une *Histoire* très peu *morale des femmes*, à laquelle il a dû cependant son entrée à l'Académie; le second, père d'une idée absurde, déguisée sous ce titre, *la Liberté dans le Mariage ou l'Egalité des enfants devant la mère*, avec 100 pages de pièces justificatives empruntées à ce que l'antiquité et le monde moderne, la civilisation et la barbarie, offrent de plus divergent et de plus excentrique.

Conçoit-on des philosophes qui, ayant à dégager la loi de

tout ordre de phénomènes, commencent par déclarer les phénomènes dépourvus de sens, les effacent d'un trait de plume, et substituent en contenu, à la raison des choses, les vaines imaginations de leur philogynie ? Voilà pourtant ce qu'ont fait MM. Legouvé et de Girardin, à la gloire, ils en sont convaincus, et pour le plus grand avantage du beau sexe. Je voudrais que chacun de mes lecteurs eût sous les yeux ces deux compilations, dont tout le mérite est de pouvoir servir de dossier à une théorie du mariage : ce serait le meilleur commentaire des conclusions que nous aurons à prendre.

En voyant à quelle déraison étaient arrivés, sur une question aussi sérieuse, des écrivains à qui la galanterie tient lieu de méthode, j'ai cru qu'il était à propos de rappeler en quelques mots les principes qui nous dirigent.

Du moment que nous nous sommes résolus à demander les lois de la morale, non plus à des spéculations arbitraires ou à des sentimentalités plus aveugles encore, mais aux manifestations comparées de la spontanéité universelle, nous avons dû supposer et nous supposons *à priori* que ces manifestations sont le produit des lois mêmes que nous cherchons, lesquelles lois ont ainsi pour expression la série des phénomènes.

C'est ce que nous avons explicitement déclaré, dès le commencement de ces Etudes, en posant ces axiomes :

Rien de nécessaire n'est rien ;
Rien ne peut être tiré de rien ni se réduire à rien,
Rien ne se produit en vertu de rien ;
Rien ne tend à rien ;
Rien ne peut être balancé ou stabilisé par rien, etc.

Opérant sur ces principes, nous avons constaté que l'humanité marchait, par de longs et douloureux tâtonnements, à une constitution générale dont nous avons essayé de déterminer les principales parties.

Or, de même que nous avons supposé, puis démontré, par cette méthode d'observation, qu'il existait dans la société une constitution de la propriété, une constitution du travail, une constitution de l'Etat, une constitution de la raison publique, etc., nous supposons encore et nous démontrerons qu'il existe une constitution du mariage et de la famille, constitution qui naturellement ne s'est pas rélée du premier coup dans sa profondeur, mais qui d'abord révèle dans la donnée première de la sexualité, puis se égage peu à peu dans les formes de l'amour et du mariage, ratiquées, consacrées ou tolérées chez tous les peuples.

Que parle-t-on ici de *préjugé?* On s'étonne qu'ayant nié, 'une façon aussi énergique, propriété, gouvernement, region, j'aie conservé toujour un certain respect pour le ariage, de tous les préjuges, pense-t-on, le moins resectable, ajoutons, le moins défendu par la démocratie oderne.

Mais tout est préjugé dans les institutions humaines, 'est à dire jugement provisoire, *præ-judicatum,* jusqu'au our où la science, vérifiant les lois et purgeant les idées, onvertit le préjugé en vérité positive ou le rejette définiti-ement. S'agit-il donc de suivre, sans examen, le préjugé tabli? Non certes, et on ne me reprochera pas d'avoir amais donné pareil exemple. Mais récuser le préjugé sans entendre est de tous les préjugés le plus absurde, puis-ue, supposant des effets sans cause, des phénomènes sans éalité, des tendances sans but, une existence sans raison, est la négation même des lois de l'intelligence.

Le préjugé de la famille et du mariage existe; il est niversel, et il paraît indestructible; il est donné *à priori* ar la génération, la distinction des sexes, l'amour et toutes es analogies de la Justice; il forme avec la société un tout olidaire. Il y a donc quelque chose sous ce préjugé, et oute notre philosophie ne peut aller qu'à déterminer, avec e plus d'exactitude possible, ce quelque chose.

Passons donc sans plus de retard à l'examen des faits, émoignages plus ou moins exacts, mais authentiques, de a pensée universelle sur la constitution du mariage. Un remier aperçu de l'être humain, de son renouvellement ar la génération, de sa sexualité, de son entraînement à 'amour, de la nécessité d'une intervention nouvelle de la ustice, nous a permis de poser le problème : voyons com-nent la pratique des nations l'a saisi. Il y aura bien du nalheur si nous ne finissons par découvrir une parcelle de a vérité.

IX. — Quel est d'abord le but, au moins apparent, du mariage?

De l'aveu de tout le monde et à ne le considérer que du dehors, le mariage a pour but de pourvoir à ces trois grands intérêts : l'amour, la femme, la progéniture. C'est l'opinion unanime des auteurs ; elle résulte de toutes les lois et de toutes les coutumes, et il ne paraît point que les premiers instituteurs du mariage aient eu dans l'esprit une autre idée. Suivons ce fil.

L'amour. — Je n'ai pas la prétention d'en apprendre grand'chose à mes lecteurs : il n'est adolescent sortant du lycée qui ne se croie profès en la matière, bachelette qui ne se flatte d'en remontrer sur cet article à son grand-papa. Contentons-nous donc, pour l'intelligence de la discussion, de le représenter d'abord tel qu'il est et que nous l'avons éprouvé tous ; nous aviserons après ce qu'il peut devenir.

L'amour est un mouvement des sens et de l'âme, qui a son principe dans le rut, fatalité organique et répugnante, mais qui, transfiguré aussitôt par l'idéalisme de l'esprit, s'impose à l'imagination et au cœur comme le plus grand, le seul bien de la vie, un bien sans lequel la vie n'apparaît plus que comme une longue mort.

Sous l'un et l'autre aspect, soit que nous le considérions comme l'effet de la puissance génératrice, soit que nous le rapportions à l'idéal, l'amour est entièrement soustrait à la volonté de celui qui l'éprouve : il naît spontanément, indélibérément, fatalement. Il arrive à notre insu, malgré nous ; tout lui sert de moyen, ou, comme disaient les anciens poètes, de flèche : jeunesse, beauté, talent, la voix, la démarche, et je ne sais quelles affinités secrètes, qui d'ailleurs tiennent beaucoup moins de place dans la réalité que dans le roman. Je mets de côté la vertu, dont l'admiration a pour effet de produire entre l'homme et la femme un sentiment d'une autre espèce, par suite, de transfigurer l'amour une seconde fois.

L'amour ainsi donné par la nature et l'idéal, et jusqu'à ce que la Justice lui assigne une nouvelle destination, n'a qu'un but, la reproduction. C'est un drame qui, de sa nature, ne se joue qu'une fois et dont l'évolution se divise en deux périodes opposées, l'une d'ascension ou de désir, l'autre de satisfaction ou de décroissance.

Pendant la première période, l'âme, livrée à l'hallucination d'une volupté ineffable, affamée de ce qu'elle nomme

n souverain bien, haletante, s'absorbe, se confond dans
personne de l'objet aimé? elle est prête à se sacrifier
ur lui, elle s'en fait l'esclave, elle l'appelle sa divinité.
out amant est idolâtre et a perdu la possession de lui-
ême : c'est alors qu'il rêve d'une union intime, continue,
violable, éternelle, abîmée dans la solitude, loin des
ommes et des choses. C'est l'amour tel que l'éprouvent
jeune homme, la jeune fille, à moins qu'une expérience
écoce ou de sordides calculs ne les aient dépravés ; tel
e les poètes et les romanciers aiment à le peindre, pour
nivrement, la déception et tôt ou tard la dépravation de
tte jeunesse.

Mais nous ne resterons pas longtemps dans ce septième
el. Les amants se possèdent : le cœur a joui, la chair est
tisfaite, l'idéal s'envole. Un mouvement inverse du pre-
ier, tout aussi fatal, se déclare ; la période de décrois-
nce a commencé. En vain l'imagination fait effort pour
tenir l'âme dans l'extase : la raison s'éveille et rougit ;
liberté, au plus profond de la conscience, fait entendre
n rire ironique ; le cœur se détache ; la réalité et ses
ites, grossesse, accouchement, lactation, fait pâlir l'idéal :
eureux alors celui que le besoin de se ressaisir ne pousse
as jusqu'à la haine et au dégoût !

Effet inévitable de la possession, qui désole la femme
lus lente à se dégriser, la fait crier à l'infidélité, à la tra-
ison, et la livre corps et âme à son amant ; qui en même
mps commence pour l'homme une période de libertinage
le rendant incrédule, et fait calomnier par les deux
xes l'amour, qui n'en peut mais. C'est l'éternel sujet des
égies, héroïdes et lamentations amoureuses, auxquelles
utes les littératures accordent une si grande place, et
ont il serait temps d'abandonner le thème par trop battu :
r vraiment, depuis l'Ariane abandonnée des mythologues,
ne s'est dit absolument rien de nouveau.

Il est vrai que, l'homme ayant le privilége de survivre à
propre génération, l'amour chez lui est capable d'une
ite de reprises, comme si l'amant heureux, en revenant
la vie, ressuscitait du même coup à l'amour. Mais ces
eprises n'égalent jamais en qualité et en puissance la pre-
ière explosion ; elles diminuent progressivement d'énergie
assionnelle et idéale. A l'enthousiasme primitif suc-

cède une expérience de volupté et un prurit des sens qu'
d'abord font illusion, mais qui bientôt dégénèrent er
une habitude tyrannique et tournent à la dissolution. Alors
l'idéal tombant toujours, une vague inquiétude saisit le
cœur, il semble à l'âme qu'après avoir tant aimé elle se
retrouve vide ; et tout à coup, sans préméditation, sans
songer à mal, le plus vertueux des amants se surprend en
flagrant délit d'infidélité : il a découvert, chez une autre
créature, un nouvel idéal.

L'inconstance en amour est dans l'ordre même des
choses, et tout homme sans exception l'éprouve. Seulement cette inconstance est plus ou moins longue à se déclarer, soit que la qualité supérieure de l'objet aimé ou la
rareté des rapprochements maintienne l'idéalité à son
avantage ; soit que la puissance d'idéalisation de l'amant,
son caractère, ses occupations, le rendent plus réfractaire
à la tentation d'un nouveau sujet. Mais, la première infidélité commise, la voltige devient pour l'amour une ressource obligée ; et plus l'idéal se renouvelle, plus la lubricité devient intense.

On peut juger d'après cela de la valeur de certains types,
vantés par la littérature du jour comme les héros de l'amour
et de l'idéal, don Juan, par exemple, et Lovelace. Morale
à part, de tels êtres sont des héros d'imbécillité. En fait
d'amour et d'idéal, la puissance n'est pas dans la voltige,
elle est dans la persistance et l'exclusion, je n'ai pas besoin
d'en répéter les motifs.

Moins active en amour que l'homme et recevant plus
qu'elle ne dépense, la femme se montre aussi plus constante, sans parler de cette autre considération qui fait que
l'être le plus faible s'attache au plus fort, la mère à l'auteur de sa maternité. Aussi les cas de polyandrie sont-ils
infiniment plus rares que ceux de polygamie, et la dépravation qui naît de l'inconstance paraît-elle plus rapide et plus
profonde chez la femme.

Voilà l'amour, tel qu'il se produit en nous par le développement de la faculté génératrice et l'exaltation idéaliste, dégagé du verbiage et des jeux de scène dont l'as-
saisonnent les romanciers et les poètes : source de félicité,
s'il faut en croire l'aspiration de nos cœurs et le témoignage douteux d'un petit nombre d'élus ; océan de misère,

nous devons avoir égard aussi à l'expérience de la mul-
tude de ceux qui aiment ; dans tous les cas, la plus puis-
.nte des fatalités dont l'essor puisse obscurcir en nous
.raison, affliger la conscience et enchaîner le libre arbitre.
Je parlerai ailleurs plus au long de la *Femme*, dont le
ariage a officiellement pour but, en second lieu, de régler
, condition dans la famille et dans la société ●Qu'il me
iffise de dire, quant à présent, qu'en raison de sa fai-
lesse toutes les législations lui assignent un rang inférieur,
t que, de quelque part que lui vienne sa dot, de son père
u de son mari, elles la mettent à la charge de l'homme.
Quant aux *enfants*, troisième et dernier motif allégué
ar les légistes en faveur de l'institution matrimoniale, il
'y a, si j'ose le dire, qu'un cri contre ces petits malheu-
eux. C'est, pour les époux, plus qu'une charge ; c'est,
vant, pendant et après l'enfantement, une gêne à l'amour,
êne que leurs innocentes caresses sont loin, hélas ! de
acheter. Car à l'amour proprement dit la progéniture est
dieuse : il n'est pas rare de voir les animaux et les hommes
'en défaire, lorsque leur lubricité ingénieuse n'a pas su
empêcher.

X.—Devant cette complication d'embarras, provenant,
oit de la défaillance inévitable de l'amour, soit de la fai-
lesse onéreuse de la femme et de la fragilité de ses at-
raits, soit enfin de l'alimentation plus onéreuse encore des
nfants ; en présence de cette lassitude inévitable, de ce
nécompte humiliant, de cette dépravation imminente, de
ette tyrannie du plus fort qui attend la femme, de ce pé-
il qui va frapper une malencontreuse progéniture, on de-
ine quel a dû être, à toutes les époques, le vœu secret du
œur humain, et ce qui a donné naisance à l'institution
nystique du mariage.
L'amour : on le voudrait réciproque, fidèle, constant,
oujours le même, toujours dévoué, toujours dans l'idéal.
La femme : quelle belle créature, si elle ne coûtait
rien, si du moins elle pouvait se suffire à elle-même, et
par son travail couvrir ses frais !
Les enfants : on s'en consolerait, s'ils ne gâtaient pas
la mère, si l'amour et ses plaisirs n'y perdaient rien, si

plus tard les enfants pouvaient rembourser les parents de leurs avances.

Or, le mariage, dans la spontanéité de son institution, a précisément en vue de satisfaire à ce triple vœu : c'est un SACREMENT en vertu duquel 1° l'amour, d'inconstant que l'a fait la nature, serait rendu fixe, égal, durable, indissoluble, ses intermittences adoucies, son réveil plus soutenu, 2° la femme, de si peu de ressources, deviendrait un auxiliaire utile ; 3° la paternité, si coûteuse, serait l'extension du moi, l'orgueil de la vie et la consolation de la vieillesse.

Le mariage, enfin, tel que l'a conçu l'universalité des législateurs, est une formule d'union par laquelle la domination serait donnée aux époux sur l'amour, cette fatalité redoutable née de la chair et de l'idéal ; la femme acquerrait une valeur économique, et les enfants seraient offerts comme une bénédiction et une richesse.

Ceci est-il sérieux ?

La garantie que le mariage prétend offrir contre les défaillances de l'amour, en la supposant efficace, en serait la dénaturation. Elle suppose, en effet, que l'amour n'aurait pas seulement pour objet de servir à la génération, qu'il aurait encore une autre fin, soit de volupté pure, soit de suprême moralité : deux choses qui, ce semble, également lui répugnent.

Quant à la femme, le calcul fondé sur sa capacité productrice est tout ce qu'il y a de plus faux, comme on verra : mauvais associé, qui coûte en moyenne beaucoup plus qu'il ne rapporte, et dont l'existence ne repose que sur le sacrifice perpétuel de l'homme.

Ne parlons pas, de grâce, des fruits de l'amour : de par la nature qui seule préside à leur procréation, l'ingratitude est leur lot, j'ai presque dit leur droit. L'*amour*, dit fort bien le proverbe, *ne remonte pas*.

Cependant ne préjugeons rien, même contre le préjugé. La raison de l'humanité ne procède pas, comme celle des philosophes, par des inductions et des syllogismes ; elle s'affirme par ses actes, d'ensemble et d'emblée, sans se donner la peine d'écrire ses motifs sur le sable des rivières ou l'écorce des hêtres, laissant aux sages le soin de la comprendre **et de la** justifier. Suivons-la donc, et sans nous étonner de sa marche énigmatique, recueillons ses déclarations à mesure qu'elles se produisent.

XI. — Au nom de quelle puissance le mariage prétend-il dompter l'amour, sauver l'homme des ennuis de la possession, des tribulations de la chair et de l'éclipse de l'idéal ; puis, protéger la femme déflorée, et assurer l'existence des enfants ?

Au nom de la Justice. Si l'amour, ainsi que nous l'avons expliqué ailleurs, est plus fort que la mort, la Justice à son tour sera plus forte que l'amour : telle est la donnée du mariage.

Ceci résulte d'abord des conditions, formalités et cérémonies matrimoniales, telles qu'on les voit se produire ou qu'elles tendent à se produire chez tous les peuples, et dont la substance peut se résumer dans les articles ci-après :

1. Le mariage n'est point abandonné à l'inclination amoureuse ; celle-ci n'est point écartée, mais considérée comme étant seulement de second ordre ;

2. Le consentement des familles est demandé en même temps que celui des époux ;

3. La société est prise à témoin, d'abord des promesses, *fiançailles*, puis de l'engagement ;

4. Une cérémonie solennelle, religieuse, réalise le mariage, et en fait un SACREMENT ;

5. Par cet acte sacramentel, incompatible de sa nature avec toute idée de polygamie et de divorce, les époux se jurent réciproquement un amour inviolable et perpétuel ;

6. Le mari promet protection et dévoûment ; la femme, obéissance ;

7. Ainsi conjoints sous les auspices de la famille et de la cité, les époux forment entre eux et avec leurs futurs enfants un tout juridique et solidaire, embryon, image et partie intégrante de la grande société, dont la destinée est liée ainsi à celle de la famille.

Observations. La cohabitation suit le mariage ; mais, de même que l'amour, qui la rend désirable et l'embellit, ce n'est qu'un accessoire dont les époux ont le droit d'user ou de n'user pas, à leur convenance commune.

Quant aux stipulations d'intérêts, à ce qu'on nomme spécialement aujourd'hui *contrat de mariage*, bien qu'elles aient leur principe dans le mariage et qu'elles lui servent d'expression au dehors ; bien même que le mariage ne puisse exister sans une certaine communauté de fortunes et d'obligations, de douleurs et de joies, *consortium;* bien enfin que ce soit d'après le type de la famille qu'aient été formées par la suite les sociétés civiles, comme de telles conventions, entre hommes et femmes, peuvent exister sans mariage, elles ne font pas plus le mariage que l'amour ou la cohabitation.

Le mariage, en un mot, est une constitution *sui generis,* formée tout à la fois au for extérieur par le contrat, au for intérieur par le sacrement, et qui périt aussitôt que l'un ou l'autre de ces deux éléments disparaît.

Ce qui frappe dans cette institution mystérieuse, c'est surtout, je ne saurais trop le redire, la prétention hautement avouée de soumettre l'amour, de le placer, selon l'expression de la loi romaine, *in manu,* c'est à dire dans la dépendance et sous l'autorité du couple conjugal, et cela par une sorte d'évocation religieuse, un exorcisme qui purge l'amour de toute lasciveté et défaillance, l'élève au dessus de lui-même, et en fait un sentiment surnaturel.

Je laisse de côté le détail des rites qui, en chaque pays et chaque localité, précèdent, accompagnent et suivent la solennité du mariage : il y en a de touchants, de bizarres, de ridicules, d'obscènes. Je passe également sous silence les diverses interprétations que l'on a données du sacrement, soit quant à l'autorité maritale, soit quant aux prérogatives de la femme, à l'honneur dû à la mère de famille, etc. A travers la variété infinie des usages, une chose ressort constamment, savoir la pensée de maîtriser l'amour par la religion, et, par une conséquence nécessaire, de rendre le mari, malgré sa prépotence orgueilleuse, que l'on a soin de reconnaître, toujours empressé pour sa femme; la femme, malgré les disgrâces qui l'attendent toujours aimable pour son mari.

Est-ce donc là une idée qu'il faille mettre sur le compte de la superstition, et qui ne mérite pas plus d'occuper le philosophe que les enchantements, les philtres amoureux les talismans qui rendent invulnérable ou invisible?

Ne nous hâtons pas, encore une fois, de porter un semblable condamnation. La religion est essentiellemen divinatrice : c'est une mythologie du droit. Or, le mariag est avant tout un acte religieux, un sacrement; je dira même, sauf interprétation, qu'il n'est pas autre chose qu cela. Pourquoi ne pas supposer, ainsi que je l'ai donné à entendre, que le mariage est de toutes les manifestations de la Justice la plus ancienne, la plus authentique, la plus intime, la plus sainte? Notre expérience de la vie est déjà longue ; mais nous avons si peu réfléchi, que notre science de nous-mêmes est à peu près nulle. Que savions-nous, hier, de l'économie sociale, de la constitution de l'Etat, de l'organisation du travail, de l'éducation de l'intelligence, de la liberté, du progrès? Que savions-nous de la Justice elle-même? Nos premières lueurs sur toutes ces choses datent de la Révolution française : par quel privilége eussions-nous été mieux et plus tôt éclairés sur le mariage?

Je dis donc, et telle est mon affirmation fondamentale, que nous avons ici une création de la conscience d'un nouveau genre, création ayant pour but, non seulement l'affranchir la dignité humaine du double fatalisme de la chair et de l'idéal, mais de les faire servir conjointement à la consolidation de la Justice, tant au for intérieur qu'au for extérieur.

Poursuivons maintenant, et sans plus de digressions, nos recherches.

XII. — Dans le principe, c'est surtout la femme qu'a en vue l'instituteur du mariage. Pour elle, la cérémonie nuptiale devient une consécration qui la rend sainte, *sanctissima conjux*, dit Virgile, inaccessible, à peine de sacrilége, à tout autre que son époux. La réciproque n'existe pas, du moins au même degré, pour le mari : nous l'avons vu par le droit de cuissage accordé par Moïse au maître de la fille esclave, droit reconnu par toute l'antiquité. Tandis que le commerce d'une femme de condition libre avec un esclave paraissait monstrueux et était puni du dernier supplice, l'homme jouissait d'une sorte de privilége à l'égard de la servante qu'il daignait honorer de sa faveur, *Quia respexit humilitatem ancillæ suæ*, dit la Vierge mère, favorite du Très Haut, dans l'Évangile ; comme si le mariage intéressait la femme d'une tout autre manière que l'homme, et que, du reste, le droit de propriété couvrît pour celui-ci la mésalliance.

Aussi l'adultère de la femme et la séduction tentée à

son égard ont-ils été partout l'objet d'une répression énergique.

Que la séduction se garde d'approcher de la femme libre. Le déshonneur imprimé à la matrone, à la vierge, au fils de famille, n'est pas seulement une honte pour le toit domestique; c'est une honte et un dommage pour l'Etat. Si le tribunal domestique, du mari ou du père, est trop long à venger cette injure, l'édile ira devant le peuple accuser la matrone coupable. Le séducteur sera dégradé par le censeur, si toutefois il n'est condamné par le juge. L'amende, l'exil, la mort même seront les peines de la débauche. (FRANZ DE CHAMPAGNY, *les Césars*, t. II, pag. 301.)

Nos lois, qui n'admettent l'action en adultère que sur la plainte du mari, ne sont-elles pas sous ce rapport au dessous de celles des Romains?

Au reste, le lecteur comprend que je n'entends point faire un titre au libertinage de l'homme de l'espèce de prérogative ou de tolérance que lui ont généralement reconnue les lois, ou, à défaut des lois, les mœurs. Je constate simplement ce fait, dont la portée est plus haute qu'il ne semble au premier abord, savoir, que dans l'opinion de tous les peuples, le mariage est institué principalement en vue et dans l'intérêt de la femme; que, sous le double rapport de l'économie et de l'amour, l'homme perd à cet engagement plus qu'il ne gagne, à telles enseignes que les restrictions dont la liberté de l'épouse est entourée, la retraite qui lui est imposée, les peines, parfois atroces, dont son infidélité est punie, doivent être considérées bien moins comme un abus de la force que comme une compensation du sacrifice marital et une vengeance de l'ingratitude de sa moitié.

Sans doute une pratique mieux entendue de la vie conjugale rassérénera le ménage et y mettra l'équilibre; mais ne nions pas ce qui, d'abord, éclate à tous les yeux, le sacrifice énorme que fait un homme de sa liberté, de sa fortune, de ses plaisirs, de son travail, le risque de son honneur, et de son repos, à la possession d'une créature dont, avant deux ans, avant six mois peut-être, je raisonne au point de vue de l'amour proprement dit, il aura assez.

Comment donc l'homme est-il amené à ce pacte où sa prépotence devient serve de la faiblesse; où, tandis qu'il roit posséder et jouir, c'est lui en réalité qui est possédé, our ne pas dire exploité? Comment ce maître superbe est-il fait le législateur et le garant d'un tel marché? u'en espère-t-il? Qu'y trouve-t-il? Voilà ce que les parsans de l'égalité des sexes devraient au moins nous aprendre avant de déblatérer contre celui dont tout le crime t d'abdiquer sa force, en inventant, pour la femme, le ariage.

XIII. — Dans tous les actes, soit de sa vie privée, soit e sa vie publique, l'homme tend à sauvegarder sa dignité, onséquemment à réaliser, en lui et hors de lui, la Justice.

Dans les relations amoureuses il y aura donc toujours, un degré si faible qu'on voudra, tendance au mariage, à consécration de l'amour par l'honneur et le droit; et tte tendance, proportionnelle à l'idéal inspiré par l'objet imé, acquerra son maximum d'intensité au moment qui récède la possession.

Ici nous commençons à entrevoir le motif secret qui conuit l'homme au mariage, motif qui déjà va nous expliuer deux choses : la première, pourquoi le mariage à son igine revêt un caractère aristocratique; l'autre, pouruoi chez les anciens le concubinat et l'amour vulgivague rent réputés moins indignes, moins honteux qu'aujourhui.

Le mariage, par son institution, est aristocratique : on e l'a pas trouvé chez les insulaires de l'Océanie, vivant, rs de la découverte, dans une égalité édénique. Puis, ez les peuples où le mariage est déjà établi, mais où sclavage et la polygamie existent encore, il faut distinuer entre l'épouse et la concubine, la première de naisnce libre, c'est à dire noble, l'autre de condition servile plébéienne. De là une différence radicale des prérogaves : pour l'épouse seule, il y a des fiançailles, un conat, des noces légitimes, des priviléges, des droits, par essus tout le respect de la cité. Quant à la concubine, rès avoir servi aux plaisirs de son propriétaire, elle revient sa servante, elle lui sert de chambrière, de bougère, de parfumeuse, dit le Deutéronome à propos du atut royal dont il menace les Israélites. Dans le Décague il est défendu, par un seul et même commandement, de convoiter ni la femme ni la servante (concubine) du prochain. Mais les conséquences de l'infraction sont bien différentes, selon que la femme est libre ou serve, épouse ou favorite. Dans le premier cas, peine de mort; dans le second, peine de bâton.

Mais nulle part cet esprit aristocratique ne se montre avec plus de force que dans les cérémonies du mariage romain, selon la classe à laquelle appartenaient les époux.

Il y avait d'abord la *confarreatio*, ou banquet sacré, seul mode de célébration connu dans les premiers temps et dont l'usage fut ensuite réservé aux patriciens; puis vint la *coemptio*, ou la vente, établie par Servius Tullius pour la légitimation des unions plébéiennes; enfin l'*usucapio*, possession d'an et jour, lorsque la femme était étrangère, sans parents qui la pussent livrer. Au fond, ces trois formules de mariage produisaient les mêmes effets, quant au for extérieur, pour la femme et les enfants. Mais il s'en fallait de beaucoup qu'elles eussent dans l'opinion la même valeur quant à ce qui touche la partie la plus délicate du sacrement, à savoir, la dignité de l'amour, l'honorabilité de la femme, la sainteté du lit conjugal; en autres termes, le for intérieur. A peine si la fière matrone admettait qu'il y eût de l'honnêteté chez la plébéienne, mariée par une vente fictive; à plus forte raison chez l'étrangère, prise, pour ainsi dire, à l'essai, exposée au risque de voir la prescription annale, son unique espoir, interrompue par un caprice de son possesseur.

Virginie, fille d'Aulus, avait été chassée par les matrones des sacrifices à la Pudeur patricienne, pour s'être mariée à un plébéien, le consul Voluminius. Irritée, elle rassemble les plébéiennes dans un lieu où elle vient de placer un autel. Après avoir raconté son injure : Moi, ajoute-t-elle, je consacre cet autel à la Pudeur plébéienne, afin que la même émulation qui existe dans la République entre les hommes pour la valeur existe aussi entre les matrones pour la pureté. Faites donc que l'on dise à l'avenir que cet autel est plus révéré que l'autre, et par de plus chastes. (Tite-Live, 1, x.)

Ce n'était pas assez pour la dignité de la matrone d'être mariée et d'observer les devoirs du mariage, il fallait l'avoir été selon le rit sacré, justificateur supérieur à la convention civile *per æs et libram* autant que la religion

elle-même est élevée au dessus de l'intérêt. L'idée était
louable, car elle venait d'un sentiment exquis de l'honneur
de la femme et de la dignité du mariage ; les sévères patri-
ciennes avaient raison au fond : elles ne se trompaient que
sur la forme. Cette vertu de justification que l'on demandait à la *confarreatio*, en l'accompagnant de supplications
et de sacrifices, cette légitimation au for intérieur, tenait-
elle donc à une cérémonie matérielle, à quelques formules
de prière ? Le bon sens répugne à un semblable fétichisme,
et le législateur latin, d'accord avec l'opinion, a donné
raison sur ce point à la femme de Volumnius. La *confarreatio*, qu'aucune raison positive apparente ne protégeait,
tomba peu à peu en désuétude : c'est le sort de tout sym-
bolisme inexpliqué ; la *coemptio* disparut à son tour par
une cause semblable ; et l'*usucapio* s'élevant d'un degré,
le consentement public des parties suffit à la fin pour la
validité du mariage.

C'est en haine de cet esprit aristocratique que Platon,
dans sa République, abolit le mariage et rendit les femmes
communes. Dans son opinion il ne les avilissait pas ; seulement, comme il ne découvrait dans la distinction des
sexes aucune pensée juridique et sociale, comme il ne
voyait dans la femme qu'un instrument de reproduction et
de plaisir, il se disait qu'elle tombait sous le domaine de
la république ni plus ni moins que l'industrie et la propriété, et, de même qu'il avait dégradé l'homme de la dignité patricienne, il destituait la femme à son tour de la
noblesse qui lui est propre, le mariage. Ainsi le voulait
la raison d'Etat de sa république communiste, conçue
dans un esprit de répression de la personnalité antique,
dont l'exagération était devenue un péril pour la Grèce.

Mais si la civilisation tend à l'égalité, elle se refuse à
toute déchéance. La législation des empereurs, et plus
tard le christianisme, conservèrent le mariage et en rendi-
rent le rit uniforme : sous ce rapport du moins toute
femme mariée devint noble, et chacune put se dire aristo-
crate.

XIV. — Si la cause efficiente du mariage, je veux dire,
si l'élément juridique qui tend à s'introduire entre l'homme
et la femme pour sanctifier leur amour et transformer,

dans un intérêt supérieur, leur union, si, dis-je, cet élément réside essentiellement au cœur de l'humanité, dans la conscience commune de l'époux et de l'épouse, et si le rit nuptial, public, solennel, n'est à autre fin que de lui donner, avec l'authenticité, l'impulsion et la vie, il est évident que quelque chose de cet élément, de son action, de son influence, doit se retrouver en tout amour non consacré par la loi, auquel l'homme et la femme, librement, passagèrement, peuvent se livrer. Toujours un rayon de la Vénus Uranie brillera dans les ténèbres de la Vénus marécageuse : il n'est pas donné à l'homme, quoi qu'il fasse, de renier son âme.

Plus humaine sous ce rapport que ne nous a faits le christianisme, l'antiquité avait eu le sentiment profond de ce fait, et, tout en élevant haut la dignité matrimoniale, elle avait essayé, par sa tolérance, par ses coutumes et ses institutions, de racheter l'indignité de l'amour libre.

En dehors du mariage aristocratique et solennel, les Grecs admettaient, pour les cas où le mariage était censé, par une raison quelconque, impraticable, un concubinat qui n'avait rien en soi de dégradant, bien que la femme n'eût aucuns droits légaux et que ses enfants ne pussent tenir lieu des légitimes. La femme de compagnie, *hetaïra*, n'était pas infâme; privée des honneurs de l'épouse, elle l'emportait souvent sur elle pour la fidélité, la chasteté et le sacrifice.

La fameuse Briséis, cause innocente de la querelle entre Achille et Agamemnon, était, comme Chryséis, la fille du grand-prêtre, de captive devenue *hetaïra*. Quoi de plus touchant, de plus décent, que les larmes de cette jeune fille, quand elle se voit enlevée à son Achille, le maître de son cœur et de sa personne? Comparez ses adieux avec ceux d'Andromaque, l'épouse légitime d'Hector, et vous trouverez dans la différence des tons du poète la différence de condition de deux femmes, mais rien qui trahisse la moindre idée d'avilissement.—Alcibiade, réfugié en Asie, vivait avec une *hetaïra* quand il fut assassiné : on sait avec quel soin pieux elle recueillit le corps de son ami et lui rendit les derniers devoirs. — Les Dix mille, de la fameuse retraite, avaient chacun leur femme de compagnie. Ces femmes les suivaient dans les marches et sur le champ de

ataille, préparant leurs repas, pansant leurs blessures et
eur rendant tous les services d'épouses dévouées et fidèles.
Religion à part, croyez-vous, monseigneur, que ces
emmes ne valussent pas, pour l'héroïsme, nos sœurs de
harité, dont le ministère, je le sais comme vous, cesse à la
onvalescence du malade? Croyez-vous que le cœur du
oldat ne se sentît pas plus fort, soutenu par cette pieuse
t gratuite tendresse?... — Aspasie, que nous qualifions
njurieusement de courtisane, était la dame de compagnie
le Périclès. Aristote, Platon, les philosophes en général,
taient engagés dans des liens semblables : jamais il n'est
venu à la pensée d'un Grec d'y trouver matière à critique
t à calomnie.

XV. — L'idée que la condition de l'hétaïre, illustrée par
la poésie et l'histoire, n'était pas incompatible avec une
certaine dignité, inspira l'empereur Auguste, lorsque,
trouvant les Romains rebelles à l'antique *conjugium*, il
donna un titre légal au concubinat, et éleva à la hauteur
d'une institution publique ces unions libres que la gravité
des vieux patriciens avait toujours refoulées, et que mul-
tipliait la décadence des mœurs républicaines. M. Trop-
long (*de l'Influence du christianisme sur le droit civil des
Romains*), accusant cet empereur d'avoir précipité la dissolution des mœurs, a également méconnu l'histoire et le
cœur humain.

Le mariage, pour des causes qu'il est aisé de deviner,
et malgré les facilités qu'offrait le divorce, si largement
pratiqué dans les derniers temps de la république, était
devenu onéreux à tous les points de vue ; la plupart recou-
raient à des unions où la liberté, l'amour et l'économie
trouvaient mieux leur compte. Auguste régularisa ces
mœurs nouvelles en créant, pour ainsi dire, l'état civil du
concubinat, et selon moi il fit une chose morale. C'était le
mariage qui renaissait sous un autre nom : il n'y avait
qu'à laisser faire au temps.

Ce qui différenciait le *concubinatus* du mariage légitime, appelé *justæ
nuptiæ*, c'est que par ce mariage l'homme ne prenait pas la femme avec
laquelle il se mariait pour l'avoir à titre de légitime épouse (*justa uxor*),
mais il la prenait pour l'avoir à titre de femme et de concubine. Les

enfants qui naissaient de ce mariage n'avaient pas les droits de famille, ils n'étaient pas *justi liberi*; ils n'étaient pas néanmoins bâtards. On les appelait *liberi naturales*. On appelait *nothi* et *spurii* les enfants qui étaient nés *ex scorto* et d'unions défendues. (POTHIER, *Contrat de mariage*.)

Sous l'empereur Justinien le concubinage n'était point encore aboli; il était permis d'avoir une concubine. (MERLIN, *Recueil de jurispr.*)

(Voy. aussi *Digeste*, t. XXV, tit. VII, *Des concubines;* AULU-GELLE, *Nuits attiques*, liv. IV, chap. III.)

L'homme marié ne pouvait avoir de concubine : la femme avec laquelle il avait alors commerce était PELLEX.

Virgile, dans sa Didon, me paraît aussi avoir fait allusion à la coutume homérique de l'*hetaïrat;* et c'est à mon avis très mal entendre ce poète, que de comparer les amours de la reine de Carthage avec celles d'une pécheresse de notre temps. Plus sévère qu'Auguste cependant, Virgile se garde bien d'ennoblir le concubinat, et s'il a rendu Didon si touchante, ç'a été pour relever d'autant la pudicité matronale, représentée par Lavinie. L'Enéide était le chant du droit romain, comme l'Iliade et l'Odyssée avaient été le chant du droit grec, une œuvre par conséquent de haute moralité publique. Les convenances épiques ne permettaient à Virgile ni de laisser croire qu'il mît le concubinat au niveau du mariage, ni de se livrer à une description érotique qui n'eût pas trouvé son excuse dans la conscience publique elle-même.

Remarquez d'abord que Junon, la chaste et sévère déesse, préside à l'union clandestine de Didon, union qu'elle se propose de changer en un ferme et légitime mariage :

Connubio jungam stabili propriamque dicabo;

que les cérémonies nuptiales sont accomplies sur la montagne par les nymphes; que Mercure, envoyé auprès d'Enée pour lui faire rompre cet engagement, déjà le traite de *Vir uxorius*, mari soumis à sa femme; qu'Enée lui-même, avant ce message, n'eût pas demandé mieux que de se fixer auprès de Didon et de joindre la fortune de Troie à celle de Carthage. Didon, d'ailleurs, l'avait ainsi espéré; elle avait vu et dû voir dans cette consommation si prompte un gage de la solennité à venir ; elle dit formelement :

> . . . . . Nec te data dextera quondam...
> Per connubia nostra, per inceptos hymenæos...
> Hoc solum nomen (*hospitis*) quoniam de conjuge restat.

A tout cela que répond Enée ? Il objecte l'ordre des lieux, les destinées de sa nation à qui l'Italie est promise ; il nie qu'il ait jamais parlé à Didon de mariage, et qu'il soit venu avec l'intention de fondre les deux nations :

> . . . . Nec conjugis unquam
> Prætendi tædas, aut hæc in fœdera veni.

Et cette dénégation, qui dans nos mœurs serait un acte de déloyauté et pour une femme le dernier des outrages, n'a rien de contraire à la pudeur et à la probité antiques. De la part d'Enée, il n'y a pas plus d'offense que de mauvaise foi et d'ingratitude.

Où donc est la faute ? demandera-t-on, car sur ce point Virgile est formel :

> Conjugium vocat, hoc prætexit nomine *culpam.*

La faute est toute à Didon : elle consiste en ce que, veuve de prince et reine, ayant tant de titres à l'union légitime, il ne lui était pas permis de former une union secrète, à la façon d'une Bérénice ou d'une madame de Maintenon, et de préluder au mariage par les jouissances de l'*hétaïrat*. Ses plaintes, exprimées avec la violence d'une passion dépitée, sont celles d'une compagne sacrifiée, non d'une femme trompée ; à cet égard, elle est si loin d'envisager sa faute comme nous le ferions aujourd'hui, qu'elle regrette de n'avoir pas au moins un enfant de son union passagère :

> . . . . . Si quis mihi parvulus aulâ
> Luderet Æneas ;

idée qui certes ne viendra jamais à une libertine.

Au surplus, j'ai fait connaître ailleurs la raison politique et sociale de cet épisode de l'Enéide. Virgile, en admettant, avec Homère, Platon, Auguste lui-même, une certaine honorabilité dans le concubinat, a voulu surtout glorifier le mariage romain, et réprouver en conséquence la dégradation de la majesté impériale dont s'était rendu coupable Antoine, par son concubinat avec Cléopâtre. N'oublions pas que le triumvir, après avoir répudié Octavie pour prendre la reine d'Egypte, répond à Auguste : — " Quel mal fais-je? Cléopâtre est ma femme. En peux-tu " dire autant de Tertulla, de Térentilla, et de tant d'autres " que tu courtises contre tout droit et toute pudeur?... „ Environ cent ans après la lecture que Virgile fit de son poème en présence d'Auguste et d'Octavie, la femme délaissée d'Antoine, la tragédie de la fondatrice de Carthage et du héros troyen se jouait au naturel entre Titus et Bérénice, dont le concubinat, non l'amour assurément, blessait si fort le soldat romain. A une époque où le mariage solennel tombait en désuétude, la qualité de concubine ou hétaire était un pas vers la dignité d'épouse : cette transition, que notre civilisation rejette, me paraît avoir été, après la chute de la république romaine, le principal soutien de la moralité dans les relations des sexes.

XVI. — Mais, si le mariage était redouté du grand nombre en raison du *decorum*, des charges domestiques, des prétentions de la matrone, etc., il n'était pas plus facile, et par des raisons analogues, à quiconque l'eût voulu, de se donner une concubine ou hétaire. Que faire alors?... Le paganisme avait osé se poser la question : il faut voir la réponse.

L'homme a besoin de s'honorer jusque dans le péché. Je n'aime point, je l'avoue, ces accommodements avec la conscience ; mais je ne puis m'empêcher de reconnaître ici, une fois de plus, le sens moral de l'antiquité. Elle avait porté haut la dignité de l'épouse ; elle avait honoré la concubine : laisserait-elle périr la femme vouée à l'amour universel, qui, ne pouvant devenir la compagne d'aucun, était condamnée à servir de maîtresse à tous?

Il y avait donc, en dehors des épouses et des concubines, pour le service de l'amour passager et au plus bas prix, des courtisanes, comme il y en a parmi nous, malgré les prescriptions du christianisme; mais avec cette différence, que chez les anciens la religion intervenait en faveur de ces femmes, livrées par nos mœurs à la dernière des

nfamies. Elles étaient placées sous la protection de Vénus,
lles servaient dans son temple ; leur dignité, si j'ose employer ce mot en parlant de femmes prostituées, était sau-
vée en quelque façon par le sacerdoce. On les appelait,
dans le langage de l'Orient, d'où elles passèrent en Grèce,
filles consacrées, en hébreu *qadischoth*, littéralement des
saintes.

Il existe au Japon une coutume semblable et bien autrement perfectionnée.

Au Japon, comme en Grèce, comme dans l'Inde antique et moderne,
les femmes galantes par profession paraissent avoir une mission poétique et religieuse qui se lie aux anciennes bases de l'organisation sociale, et qui leur permet de conserver leurs droits aux prérogatives de
leur sexe et aux égards de la société... Leur éducation est l'objet des
soins les plus assidus. On leur apprend tout ce qui peut contribuer à re-
hausser leurs avantages naturels, à développer leur intelligence... Une
fois leur engagement expiré, ces femmes rentrent dans leurs familles ;
un grand nombre réussissent à trouver des maris, et personne ne songe
à leur rappeler leur vie passée... Le nombre des *maisons à thé* (habita-
tions de ces femmes) dépasse toutes nos provisions européennes. A
Nangasaki, ville de 70,000 âmes, on en compte plus de 750. (*Univers
pittoresque*, t. VIII, pag. 45 et 46.)

Ainsi fut conçu, de par la Justice immanente dans l'Humanité, le culte de la Vénus vulgaire ; car, ne l'oublions
pas, toute religion, si pollue qu'elle paraisse, est une expression de la Justice. Certes la Révolution n'entend point,
quoi qu'on ait dit, réhabiliter la fille de joie ; mais, vraiment, la manière dont notre hypocrisie chrétienne explique
et juge les mœurs d'autrefois n'est-elle pas stupide ? Qui
donc au Japon, dans l'Inde, la Babylonie, la Grèce, mit
jamais la protégée d'Aphrodite au rang de l'épouse, ou
seulement de l'hétaïre ? Quel homme de sens, pouvant se
donner l'une ou l'autre de celles-ci, leur préféra l'amante
commune, la femme omnivore, celle que le latin brutal
nommait une louve, *lupam ?*

Ce qu'il faut voir ici est ce sentiment, naïf et profond,
de la dignité de la femme, qui changeait en acte de religion ce que la morale la moins sévère ne peut s'empêcher
de flétrir comme le comble de la dégradation.

Eh quoi ! lorsque Simonide, célébrant le patriotisme des
courtisanes de Corinthe, ose faire pour elles, au nom de

tous les Grecs, cette épigraphe : *Celles-ci ont prié Venus, qui, pour l'amour d'elles, a sauvé la Grèce*, nous ne verrions dans ces mots qu'une horrible profanation de la patrie et une insulte à l'amour conjugal! Pourquoi ne pas comprendre plutôt que ce témoignage de la reconnaissance publique, qui après tout avait son principe dans les institutions, avait pour but d'exalter le sens moral chez ces femmes, en leur faisant entendre qu'elles aussi avaient une part dans les destinées de la patrie grecque? De nos jours, l'injure officielle les eût refoulées dans les immondices de leur temple : qui sait combien d'entre elles passèrent alors de la condition de courtisanes à celle plus honorée de compagnonnes? Et certes, lorsque plus tard, vers le premier siècle de notre ère, tout se fut corrompu dans la société polythéiste; quand la femme, épouse aussi bien que courtisane, parut à tous les degrés avilie, s'il était un moyen de réformer les mœurs, ce n'était pas sur ces matrones orgueilleuses et dépravées qu'on pouvait en faire l'essai; c'était plutôt sur ces créatures du troisième rang dont le cœur, en quelque sorte purifié par l'excès même de la débauche, se rouvrait aux inspirations de l'amour chaste et de la vertu. L'Eglise n'a-t-elle pas eu ses Madeleine, ses Thaïs, ses Affre, qui, d'un seul bond, s'élevèrent des boues de la prostitution aux sublimités de la pénitence et du martyre? O prêtres, que la politique non la pudeur de vos papes eut tant de peine à arracher au concubinage, vous ne connaissez rien à la religion; car vous ne connaissez ni le cœur humain, ni la marche de la société, ni votre histoire.

XVII. — Résumons ces faits, et faisons-en ressortir le développement et la série.

Le point de départ de l'institution du mariage et de la famille est la génération.

Exalté, transformé par l'idéalisme, cet instinct devient l'amour, le plus puissant des mouvements de l'âme après la Justice, engendré par la combinaison de deux fatalités, l'une organique, l'autre intellectuelle.

Dans cet état, l'amour est lui-même le plus tyrannique des fatalismes, remarquable surtout par son évolution tour à tour croissante et décroissante, irrésistible quand il vient, impossible à retenir quand il s'en va.

Là cependant ne finit pas pour l'humanité le rapport créé entre les deux sexes par la génération et l'amour.

L'homme sent sa dignité en autrui : de là, en général, la Justice.

D'un sexe à l'autre, cette dignité se sent d'une façon particulière, qui ajoute à l'amour un caractère auparavant inconnu de sérénité et de tendresse, éteint la passion, et crée un attachement que tous ceux qui l'ont éprouvé jugent unanimement de nature à pouvoir durer, malgré la dégradation extérieure de l'objet aimé, autant que la vie.

Ainsi l'homme aime tout à la fois par ses sens, par son esprit et par sa conscience : il ne peut pas ne pas aimer ainsi, parce qu'il est homme.

Selon la puissance d'idéalisation et de Justice de l'amant, et la qualité de l'objet aimé, l'union de l'homme et de la femme inclinera plus ou moins vers l'un ou l'autre de ces termes : les sens, l'idéal, la conscience. De là trois degrés principaux de manifestation de l'amour : la fornication, le concubinat, le mariage, en d'autres termes, la luxure, la volupté, la chasteté.

Il se peut que par l'effet d'une méprise ou de circonstances indépendantes de la volonté des personnes, il y ait interversion de mode dans les situations légales ; que tels mariés soient d'abominables fornicateurs, tels concubinaires de vrais époux, sinon pour le for extérieur au moins pour la conscience. Ces contradictions, qui ne portent que sur les apparences, confirment la règle : c'est qu'un sentiment de dignité plus ou moins profond est toujours présent dans les manifestations amoureuses de l'homme, sentiment qui est le principe du mariage.

Comment ce principe se traduit-il en acte religieux ?

L'ensemble de nos Études l'explique. La Justice a pour expression première la religion ; l'amour conjugal, fondé sur la dignité mutuelle, et, si je puis ainsi dire, sur la communauté de conscience, prend donc une teinte de piété. Tous les amants sont enclins à la dévotion ; la famille devient, par l'amour, le foyer du culte : là est le secret de la durée des religions.

Quant à la position particulière de la femme au foyer

domestique, à sa part de liberté et d'influence, chose remarquable, elle est partout inverse de l'honorabilité du lien qui l'unit à l'homme.

La femme galante jouit de toute son indépendance : trafiquant de ses charmes, hormis un instant très court elle n'est rien pour l'homme, qui n'est rien non plus pour elle. Elle peut dire : je ne connais point de maître ; mais elle est avilie.

L'égalité règne dans le concubinage, aussi longtemps du moins que la maternité ou d'autres disgrâces ne mettent pas la femme à la merci de son amant. Mais la concubine n'a aucuns droits, et tout ce qu'elle peut attendre de l'opinion, c'est qu'on fasse grâce à l'irrégularité de sa position en faveur des vertus qu'elle y déploie.

L'honneur et la dépendance sont pour l'épouse.

Nulle part autant qu'à Rome la chose publique n'accepta et ne glorifia la vertu féminine ; nulle part la femme ne fut plus citoyenne, plus associée aux dangers, aux triomphes, aux intérêts, à la gloire commune... Elle tient le second rang dans la cité. Tout père est prêtre, guerrier *(quiris)*, patron, maître *(dominus)* ; au dessous du père, la femme, *matrona* ; puis, les libres, *liberi* ; les esclaves, *servi* ; les clients, qui n'ont pas droit de parler, *elingues*, c'est à dire qui n'ont pas de droit politique. (FRANZ DE CHAMPAGNY, *les Césars*.)

Mais, qu'on ne s'y trompe pas, si l'honneur est grand, la subordination au père de famille est rigoureuse. La Romaine ne fut jamais qu'une ménagère : *Domi mansit, lanam fecit ;* elle a gardé la maison et filé la laine, disait-on d'elle, et les plus illustres tenaient à honneur de remplir ce modeste devoir. Lucrèce, Clélie, Valérie, Virginie, Véturie, Cornélie, Aurélie, la mère de César ; Atia, mère d'Auguste, Livie elle-même, Porcie, Arrie, Agrippine, femme de Germanicus, toutes ces héroïnes, auxquelles nous n'avons rien à comparer, furent avant tout des travailleuses, des prêtresses du sanctuaire domestique. Les vieux Romains ne souffraient pas l'immixtion du sexe dans les choses de l'Etat : on sait que le parricide Néron fut presque justifié aux yeux de la plèbe, comme si, à l'exemple de Brutus, bourreau de ses fils, il n'eût fait en tuant sa mère qu'accomplir un acte nécessaire de l'autorité paternelle.

Cette sévérité des mœurs latines nous paraît excessive : aucun roman intime des sept premiers siècles de Rome ne nous est parvenu, et nous nous demandons, en lisant dans les jurisconsultes le détail des cérémonies matrimoniales et des devoirs de l'épouse, si véritablement les Romains aimaient leurs femmes.

Question de *bas-bleus* et de coquettes. Le mariage romain par *confarreatio* est le chef-d'œuvre de la conscience humaine : en faut-il davantage pour démontrer que les femmes romaines furent les plus aimées de toutes les femmes? Pendant près de six siècles, pas une séparation, pas un divorce, ne vint scandaliser la cité; encore le premier qui en donna l'exemple, Sp. Carvilius Ruga, cité par les historiens pour l'étrangeté du fait, ne fit-il, en se séparant d'une épouse adorée, mais stérile, qu'obéir à l'ordre des censeurs, qui lui avaient fait promettre de donner des enfants à la République. La constitution de l'Etat ne fut elle-même qu'une extension de celle de la famille : qui touchait à celle-ci, ébranlait aussitôt celle-là. Toutes les révolutions romaines ont pour cause un attentat à l'honneur domestique; la mort de Lucrèce amène l'expulsion des rois et l'établissement de la République; celle de Virginie détermine la chute du décemvirat; le crime de Papirius produit la liberté civile; un peu plus tard, l'insulte faite à une autre Virginie amène la divulgation des formules : alors le mariage plébéien, *coemptio*, devient l'égal du mariage patricien, *confarreatio*. Mais de cette époque date aussi l'altération de la charte domestique; la constitution de la famille entraînant celle de l'Etat, le droit public est changé, *mutatum autem jus*, selon l'observation de Tite-Live, et la République que soutient de moins en moins le respect des pères, *patres conscripti*, incline à sa perte. (Voir une excellente monographie du *Mariage romain*, par M. Picot, in-8°, 1849.

La question maintenant est de savoir si le principe de conscience qui dans l'union de l'homme et de la femme s'ajoute à l'amour pour le purifier, le rasséréner, le convertir, en faire un amour spirituel et à toute épreuve, ce qu'indiquait la fraternité mythologique de l'amour et de l'hyménée; si, dis-je, ce principe a véritablement l'efficacité requise; à quelles conditions il peut acquérir cette efficacité ; ce que vaut à cette fin l'acte ou le sacrement de mariage ; quelle destinée il fait à la femme, et de quelle importance il est pour la Justice et la société.

Suivons l'histoire.

CHAPITRE III

Corruption du mariage et de l'amour par l'idéalisme. Confusion des sexes.

XVIII. — On a vu au précédent chapitre comment l'expérience de l'amour, tel que le donnent l'imagination et les sens, avait dû faire naître l'idée du mariage.

Cette idée, il n'y a pas à s'y tromper, n'est rien de moins que le projet de dompter l'amour, de le rendre constant, fidèle, indéfectible, supérieur à lui-même, en le pénétrant à haute dose de ce sentiment de dignité qui accompagne l'homme dans toutes ses actions, et en unissant l'homme et la femme dans une communauté de conscience, dont la communauté de fortune n'est que la conséquence et le gage. La consécration matrimoniale par le ministère du prêtre, avec sacrifice, auspice, invocation des dieux, banquet eucharistique, paroles secrètes, bénédiction, exorcisme, n'a pas d'autre sens. Pour le vulgaire, c'était comme un philtre mystérieux qui devait conférer à l'amour la qualité divine, l'incorruptibilité. Pour le philosophe, c'est l'affirmation de la conscience qui répudie l'amour dans sa nature doublement fatale, et tend à s'en faire un instrument de Justice en le convertissant à son image.

Or, *rien ne se produit en vertu de rien, rien ne tend à rien, rien ne peut être l'expression de rien* Le mariage n'est donc pas une vaine conception de la conscience. c'est une réalité.

Ce n'est pas rien, en effet, que cette aspiration sublime à qui la chair répugne, que la beauté même ne satisfait pas, et qui sous cet idéal cherche un idéal supérieur, l'idéal de l'idéal. Il y a là un phénomène de psychologie qui étonne l'esprit par sa hauteur, qui s'empare de la volonté par son exquise délicatesse, et commande la certi-

ude par son universalité. Espérance d'en haut, à qui le
succès n'a pas toujours manqué, témoin les six siècles de
fidélité conjugale de l'ancienne Rome.

Que si maintenant nous considérons le mariage dans ses
rapports avec la destinée des nations, nous devrons reconnaître qu'entre la société et la famille il existe une solidarité intime; que comme la génération est une fonction de
l'organisme, le mariage est une fonction de l'humanité,
lors de laquelle l'amour devient un fléau, la distinction des
sexes n'a plus de sens, la perpétuation de l'espèce constitue
pour les vivants un dommage réel, la Justice est contre
nature, et le plan de la création absurde.

Le mariage n'est donc pas seulement une idée; ce n'est
pas non plus seulement une réalité : le mariage est nécessaire, de nécessité sociale.

C'est ce que nous allons démontrer par l'examen de ce
qu'il advient de l'amour, et par suite de la famille, de la
société, de l'espèce, lorsque les relations entre l'homme et
la femme ne sont plus régies par le principe conservateur
du mariage.

XIX. — Tout se conserve et se développe dans l'humanité par la Justice, avons-nous dit; tout dégénère par
l'idéal.

Il en sera de la famille comme de l'Etat, comme de la
philosophie, des lettres et des arts. Fondée sur le droit et
pour le droit, elle périra par l'idolâtrie de l'amour. Et
comme tout s'enchaîne dans la société, la décadence des
mœurs domestiques par l'idéalisme érotique sera d'autant
plus rapide que la corruption des mœurs publiques par
l'idéalisme politique, métaphysique ou esthétique ira plus
grand train, et *vice versâ*.

Esquissons en traits rapides les moments de cette dissolution.

Après avoir, par un acte de sa spontanéité religieuse,
posé le mariage, l'esprit, obéissant à la loi du développement intellectuel, étudie ce symbole et en cherche la raison
philosophique. Problème difficile, dont la solution exige de
nombreuses connaissances, et ne peut par conséquent lui
être sitôt donnée. Comme il ne découvre qu'une cérémonie
tout extérieure, un rit superstitieux, sans réalité appa-

rente, l'esprit nie le mariage ; c'est à dire qu'il ne reconnaît du mariage que la partie purement civile, relative à la position des parties vis-à-vis des tiers et au droit des enfants : ce qui assimile le mariage à un marché dans lequel l'amour n'a rien à faire, la conscience des époux rien à voir.

C'est ainsi qu'à Rome la forme religieuse du mariage, la *confarreatio*, par laquelle l'époux s'engendrait spirituellement son épouse avant d'engendrer de celle-ci des enfants, tomba en désuétude. La *coemptio*, puis l'*usucapio*, produisant, quant au for extérieur, les mêmes effets, on en conclut avec Ulpien que le contrat était tout, la cérémonie insignifiante ; que ce qui faisait le mariage était la volonté de s'unir, *consensus facit nuptias*, plus, certaines stipulations concernant les *apports* et *acquêts*.

La famille ainsi établie sur une base douteuse, puisque le côté religieux n'était pas compris, et que faute de le comprendre on le délaissait, la légitimité des enfants devenue équivoque, on conçoit comment il devient impossible de distinguer le mariage du concubinage, et comment l'empereur Auguste, dans l'intérêt de la population et des mœurs, fut conduit à donner au concubinat un titre légal. Je m'étonne qu'un écrivain tel que M. Amédée Thierry (*Histoire de la Gaule*, t. Ier) ait pu voir dans cet abandon de la *confarreatio* un progrès : les choses parlaient assez haut cependant.

C'est ici le cas d'appliquer la règle : La forme emporte le fond. Le sacrement dédaigné, le sentiment religieux du mariage ne tarde pas à s'éteindre ; l'institution disparaît du foyer, elle n'existe plus que pour la place publique. De ce moment l'incompatibilité des humeurs, des idées, des sentiments, prend l'essor ; la division, puis le scandale, entrent dans la famille ; l'autorité paternelle, que ne tempère plus l'affection, prend un caractère de tyrannie auquel le législateur se croit obligé de mettre un frein ; la femme, protégée par les siens, sentant sa force, s'exagérant ses droits, devient insolente, aspire à l'égalité ; les enfants, à peine adultes, obtiennent l'émancipation ; la famille devient une pépinière de discorde, et le serment conjugal, sanctionné par le divorce, une promesse tacite de résiliation.

Alors, malgré les phrases pompeuses des juristes, qui continuaient à définir le mariage une *participation du droit divin et humain*, il devint clair pour tout le monde que cette prétendue participation se réduisait à une pure association de biens et de gains, à une communauté de profits et pertes, dont les enfants formaient le principal article. Dans un contrat de cette espèce, auquel suffisait le ministère du tabellion, les stipulations d'intérêt tenant toute la place, l'amour laissé à ses propres risques, le mot de mariage retenu par habitude et pour les convenances, l'union des époux, quant à la couche, ne se distinguait en rien de celle des concubinaires, que dis-je? des simples fornicateurs; de sorte qu'entre le mariage, le concubinage et la prostitution légale, il n'y avait plus de différence essentielle.

Rien n'est impitoyable comme la logique. Le voile nuptial, *flammeum*, déchiré; l'amour céleste, promis aux époux, changé *ipso facto* en caresse lascive, la fidélité maritale jetée aux vents, la pudeur féminine tombée en *bégueulerie*, le mariage dut être et fut pris pour ce qu'il était, un marché de dupes.

XX. — Que de raisons aux deux sexes de s'en abstenir !

La vieille Rome avait présenté ce miracle de cinq cent vingt années passées sans un divorce : nous pouvons hardiment en conclure que les adultères, soigneusement dissimulés, furent rares. Quel merveilleux amour, quel respect, quelle charité, quelle force de continence ce seul fait raconté par tous les historiens comme étant de notoriété publique, officielle, suppose chez les Quirites et leurs matrones!... Une telle race était faite pour conquérir le monde.

Mais voici qu'avec la religion nuptiale la pudicité s'est envolée; et les mêmes hommes, les mêmes femmes, qui ont étonné le monde par leur chasteté, l'étonneront par leur luxure.

A une époque de dissolution générale, dans un milieu enfiévré par le luxe et les jouissances, dénué de vie publique, sans communion sociale, tout créait aux époux des antipathies sans fin, tout leur devenait motif de divorce, tout militait par conséquent contre le mariage.

L'avarice, d'abord, côté faible de l'âme romaine : les frais de maison sont trop lourds ; l'entretien des enfants et leur éducation sont autant de retranché pour le bien-être personnel. Au dessus de la maxime *chacun chez soi, chacun pour soi*, dont le triomphe a amené la désertion du *forum* et assuré la fortune de César, règne, sévit le féroce *primo mihi*. Tout pour moi ! Devant cet indomptable égoïsme, que devient l'amour ? Un objet de consommation, comme le pain, le vin, la baignoire, le spectacle, qu'il faut obtenir au plus juste prix. Donc point de mariage.

Le dégoût du travail : le noble et le chevalier s'en déchargent sur la plèbe, qui le renvoie aux esclaves. Sans travail, ne fût-ce que celui de la surveillance et de l'administration, point de fortune qui se puisse soutenir ; d'ailleurs, point de Justice. Si le riche, indolent et désœuvré, se trouve pauvre, que sera-ce du citoyen sans patrimoine, à qui de vastes possessions ne produisent pas de rente ? Se marier, c'est se condamner à travailler : donc, point de mariage.

L'horreur de la progéniture : la femme n'en veut plus, dans l'intérêt de sa beauté ; l'homme, qui met sa vie à fonds perdus, pour qui la République se réduit à la personne du prince, s'en soucie encore moins. Paternité, patrie, patriciat, autant de fables : donc, point de mariage.

La surexcitation de l'idéalisme, qui sous toutes les formes, philosophie, littérature, arts, envahit la société ; l'empire et ses pompes ; la superstition et ses recherches. Une seule pensée gouverne le monde, apparaît au fond de toutes les doctrines, se fait jour dans toutes les œuvres de l'esprit, sert de mobile à toutes les actions, la VOLUPTÉ. Le concubinage déjà n'y suffit plus : sans doute il est préférable au mariage, plus économique, plus commode. A l'homme il promet plus de licence, à la femme plus d'égalité, mais lui aussi fatigue par la monotonie : il faut de la variété, de la mise en scène, une excitation orgiastique ; pour rendre à l'amour ses ravissements, une ressource s'offre encore, la débauche.

Arrivé là, toute dignité, toute Justice s'évanouît. Plus de respect, ni pour l'âge, ni pour le sang, ni pour le lien. Toutes les barrières sont franchies : du concubinage légal, puis de la tolérance du *lupanar*, ou, ce qui revient au même, de la voltige amoureuse qu'entraîne le concubinage, nous entrons comme de plain-pied dans la région du crime : adultère, stupre, inceste, viol. Possible que cette série éprouve de fréquentes interversions : il en est du crime comme de la valeur, qui *aux âmes bien nées n'attend pas*, dit le poète, *le nombre des années*. Je raisonne sur la moyenne de la moralité publique, et l'on ne saurait nier que la marche de la dépravation dans cette moyenne ne suive le progrès indiqué plus haut :

1. Réduction du mariage religieux à une convention purement civile ;

2. Assimilation de l'amour conjugal à l'amour concubinaire ;

3. Désertion du mariage pour le concubinage ;

4° Le concubinage abandonné à son tour pour la prostitution ;

5. Promiscuité générale, débauche et crime.

Sommes-nous à la fin ? Pas encore : la logique est inexorable, et il nous manque une conclusion.

Dans ce mouvement rétrograde, que signifie la femme ? À quoi répond-elle ? Quelle idée sert-elle ? Quelle est, devant la société et devant la nature, sa destination ?

La femme, épouse, concubine ou prostituée, moyen de fortune pour quelques-uns, ustensile de ménage ou article de mode pour la masse, objet de consommation pour tous ; la femme, hors de la luxure universelle, n'a pas de destinée, pas de raison d'existence, ni politique, ni économique, ni philosophique ou esthétique, ni familiale ; elle n'a plus même de raison puerpérale puisque le motif principal qui fait fuir le mariage, rechercher le concubinage et l'amour libre, est la crainte de la grossesse, l'horreur de la progéniture.

Allons donc jusqu'au bout.

La génération déclarée incompatible avec la félicité domestique ; la femme d'autre part, en raison de son infirmité naturelle, devenue plus à charge qu'à profit, sans raison d'existence, la sexualité est de trop. A quoi bon ce dualisme, si contrariant par sa fécondité intempestive ? La nature s'est trompée. Ne pouvait-elle autrement pourvoir à la conservation de l'espèce, séparer le travail de la génération des jouissances de l'amour ? La femme, dans cette

hypothèse, ne conservant de sa constitution actuelle que
ce qu'il en faut pour la volupté, devenant l'égale de
l'homme, aurait pu, sans être à charge, conserver son indépendance, remplir aussi les fonctions politiques et économiques; ou plutôt toute distinction de famille, de propriété et de sexe étant supprimée, l'humanité eut vécu
dans une communauté de biens et d'amour où la Justice,
objet de tant de disputes, eût été aussi inconnue que l'inégalité même.

L'*unisexualité*, tel est le dernier mot de cette dégradation de l'amour. Or, comme il ne se peut rien concevoir
par l'entendement qui ne tende à se réaliser dans le fait,
l'unisexualité a pour expression pratique, chez tous les
peuples, la PÉDÉRASTIE.

XXI. — Je voudrais qu'il en fût de notre langage comme
du latin, dont Boileau a dit :

Le latin dans les mots brave l'honnêteté.

Il est des choses dont on n'inspire bien l'horreur qu'en en
parlant comme le peuple, dans les termes les plus énergi-
ques, toute expression détournée pouvant paraître une atté-
nuation du crime plutôt qu'un égard aux bienséances.
Puisqu'il m'est défendu d'imiter Juvénal, je prie le lecteur
d'avoir égard à la contrainte où me réduit l'usage, et de
suppléer de son mieux à la modestie de mes paroles.

Le christianisme a rangé le péché de sodomie parmi
ceux qui crient vengeance contre le ciel; à l'exemple du
judaïsme, *Lévit.* xx, 13, il l'a jugé digne de mort. Sans
aller jusqu'à la mort, je regrette que cette infamie, qui
commence à se propager parmi nous, soit traitée avec tant
d'indulgence. Je voudrais qu'elle fût, dans tous les cas,
assimilée au viol, et punie de vingt ans de réclusion. Mais
le mieux serait d'y trouver un antidote, et peut-être les
pages qu'on va lire, et que j'abrégerai le plus possible,
fourniront sur ce triste sujet d'utiles lumières.

Chez les anciens Romains, de même que chez les barbares du Nord, Gaulois, Germains, Scandinaves, la pédérastie semble avoir été à peu près inconnue : je n'en veux
pour preuve que la révolution arrivée à Rome, l'an 326
avant Jésus-Christ, à la suite du crime de Papirius. C'est

ux Grecs, leurs maîtres ès-arts et belles manières, que les
lomains des derniers temps de la république empruntè-
ent cette variété de l'art d'aimer, contre leur inclination
ropre, et par pure émulation de raffinement. Quant aux
Bulgares ou Boulgres, dont le nom est devenu au moyen
ge synonyme de sodomite ou pédéraste, j'attribue leur
nfection à la même origine : ce n'est pas d'aujourd'hui
ue les civilisés inoculent aux nations dans l'enfance leur
ébauche et leur vérole.

Mais les Grecs eux-mêmes s'y étaient-ils adonnés de
eur propre nature, ou n'en auraient-ils pas pris d'ailleurs
habitude? Je penche pour cette dernière opinion. Les
Grecs appartiennent au groupe des races celtiques ou drui-
iques, belliqueuses et chastes. Leurs premiers initia-
eurs, Olin, Linus, l'ancien Orphée, descendus de Thrace,
essemblent bien plus aux bardes d'Ossian qu'au mystago-
ues phrygiens, assyriens et autres. Le génie esthétique
es Grecs, incomparable pour la pureté, la sobriété, la
ignité, m'est encore un argument de leur chasteté natu-
elle. C'est par l'Ionie, contiguë à l'Orient, que la Grèce
ut infectée de ce mal, en même temps que de ses innom-
rables divinités et de ses mystères. C'est en Ionie que
amour unisexuel, comme l'appelle Fourier, fut d'abord
hanté et divinisé; puis, le mythe formé, une philosophie
ensuivit, et, ce que des poètes avaient célébré, il se
rouva bientôt des penseurs pour le réduire en maximes.
Or, c'est surtout cette poétique de pédérastes qu'il s'agit
expliquer; autant pour l'intelligence de l'antique corrup-
ion que pour la cautérisation de la nôtre.

Il y a trente ans, l'idée seule de cette frénésie me don-
ait des nausées; il m'eût été impossible d'y arrêter pen-
ant une minute mon attention : combien moins me
erais-je avisé d'en entreprendre, si j'ose ainsi dire, la
sychologie! Mais la pudeur de l'homme de cinquante
ns ne peut être celle de l'adolescent de vingt; et nous
vons trop d'intérêt, amis de la Révolution et pères de
amille, à ce que tous les mystères du cœur humain soient
nfin dévoilés, toutes les sources de l'immoralité recon-
ues, pour reculer devant aucune investigation, si ré-
ugnante pour la nature, si navrante pour la raison
u'elle soit.

XXII. — Je trouve dans la pédérastie, comme dans toutes les affections du corps et de l'âme, divers degrés de malignité, qu'il importe de reconnaître.

D'abord, elle peut résulter de la privation prolongée jointe à l'incontinence des sens. Sous ce rapport, elle ne me paraît pas différer beaucoup de la masturbation à deux, si commune dans les maisons d'éducation et que chacun s'explique. Un autre de ses analogues est la *bestialité*, dans laquelle il ne faut guère voir non plus qu'un supplément de coït. Dans ces conditions, peut-on dire que la pédérastie existe? C'est une turpitude qu'il vaudrait mieux punir du bâton que de la prison, et qui, à moins de récidive, ne tourne pas à conséquence.

Plus souvent c'est l'effet d'une volupté furieuse que rien ne peut plus assouvir. Alors, que le magistrat sévisse : l'acte sodomitique est le signe d'une dépravation sans remède.

Que des misérables, manquant de femmes, se procurent entre eux de telles jouissances; que d'autres, plus scélérats, pour qui le crime a des charmes, s'en vantent : tout cela se conçoit. Mais jamais la philosophie ne s'empara du vol, du parjure, de l'assassinat, pour en faire l'objet de ses théories; jamais la poésie ne prit de tels monstres pour objet de ses chants : même en matière d'amour, l'adultère, le viol, l'inceste, répugnent au poète. Comment la sodomie, dernier terme de la dépravation érotique, fit-elle jadis exception? Comment de grands poètes en vinrent-ils à célébrer cette monstrueuse ardeur, privilége, à les entendre, des dieux et des héros? Y aurait-il dans cet accouplement contre nature, dans ce *frictus* de deux mâles, de deux femelles, une jouissance âcre, qui réveille les sens blasés, comme la chair humaine qui, dit-on, rend fastidieux au cannibale tout autre festin? La pédérastie serait-elle un succédané de l'anthropophagie?

Sur ces horreurs il faudrait entendre ceux qui en font passe-temps; mais ils se cachent, leur aspect dégoûte : impossible d'obtenir, de soutenir une explication. A défaut de dépositions orales, j'ai consulté les témoignages écrits; j'ai interrogé ces anciens qui surent mettre de la poésie, de la philosophie partout, et qui, parlant à une société habituée aux mœurs socratiques, ne se gênaient guère.

Voici à quelles conclusions je suis arrivé : elles confirment le tout point la théorie donnée plus haut de l'amour et du mariage, et de leur dégradation.

Il est consolant pour la moralité humaine de reconnaître que tous les vices, même les plus infects, ont pour point de départ une erreur du jugement produite par un illusion de l'idéal, et que c'est en poursuivant le beau et le bien, mais par une fausse route, que le cœur se souille et que la conscience se déprave. Ce que je vais dire, sans rendre le moins du monde excusable une passion en tout état de cause hideuse, aura du moins l'avantage d'alléger singulièrement le crime de ceux qui les premiers s'en firent les chantres et les panégyristes, en même temps qu'elle nous avertira, nous civilisés du dix-neuvième siècle qui déjà penchons du côté où s'abîma l'amour antique, de nous tenir sur nos gardes.

Je passe sur l'explication de saint Paul, qui croit avoir tout dit quand il attribue le phénomène qui nous occupe au culte des faux dieux :

C'est pour avoir remplacé, dit-il, la gloire du Dieu incorruptible par les simulacres d'hommes et d'animaux, c'est pour avoir servi la créature au lieu du créateur, qu'ils en sont venus à outrager leurs propres corps, et qu'ils ont été livrés à des passions d'ignominie. (*Rom.*, chap. Ier.)

Il était tout simple que le christianisme, attaquant l'ancienne religion et la société fondée par elle, imputât au polythéisme les abominations dont il venait purger la terre. Mais sans compter que le christianisme n'a pas réussi dans son entreprise, et que les *passions d'ignominie* se sont perpétuées dans l'Eglise du Christ comme dans la synagogue de Bélial, il est clair que l'explication de saint Paul n'explique rien. Quel rapport y a-t-il entre l'idolâtrie et le péché de sodomie ? C'est ce que je voudrais savoir, et ce que l'Apôtre ne me dit pas.

XXIII. — Le dédain réciproque des sexes, et la dépravation de l'amour qui en fut la conséquence, eut sa cause, d'abord dans l'excessive facilité de relations qu'avait créée le paganisme, et qu'il était dans son génie de créer, au point de vue même de l'intérêt et de la dignité de la femme;

puis, dans l'idéalisme universel, qu'une Justice trop faible ne refrénait pas.

J'ai parlé ailleurs de l'idéalisme politique, de l'idéalisme artistique et littéraire, de l'idéalisme métaphysique et religieux. L'idéalisme érotique ferme la série ; il nous donne le dernier mot de toutes les rétrogradations sociales.

Avant tout, pensaient les anciens, l'homme ne peut vivre sans amour ; sans amour la vie est une anticipation de la mort. L'antiquité est pleine de cette idée ; elle a chanté et préconisé l'amour ; elle a disputé à perte de vue de sa nature comme elle a disputé du souverain Bien, et plus d'une fois il lui est arrivé de les confondre. Avec la même puissance que ses artistes idéalisaient la forme humaine, ses philosophes et ses poètes idéalisèrent l'Amour, âme de la nature, souverain des dieux et des hommes ; et comme ils s'efforçaient, par diverses méthodes, d'arriver, les uns à la sagesse, les autres au bonheur, ce fut encore, parmi eux, à qui découvrirait et réaliserait le parfait amour.

La recherche de l'absolu est le caractère du génie humain ; c'est à cela qu'il doit ses aberrations et ses chefs-d'œuvre.

Mais cette idéalité de l'amour, où la trouver ? Comment en jouir, et dans quelle mesure ?

Est-ce le mariage, est-ce cette union entourée de tous les honneurs de la religion, de toutes les prérogatives de la cité, qui comblera notre imagination et notre erreur ?

Le mariage est le tombeau de l'amour, dit un proverbe ; et cela était vrai pour les Grecs, il y a vingt-quatre siècles, incomparablement plus qu'il ne l'est pour nous. Certes, la vertu, comme le vice, est contemporaine de l'humanité, et l'amour conjugal a eu de tout temps ses héros et ses héroïnes ; mais il faut raisonner sur des moyennes, non sur des types qui trop souvent ne sont que des exceptions. Or, la première barbarie, favorable à une rude continence, ayant cédé bientôt devant les premiers triomphes de la civilisation, l'inégalité des conditions s'étant développpée, la religion étant de moins en moins sentie, le mariage perdit bientôt de son faible prestige, et le cœur, mal défendu par la conscience, se trouva livré à tous les emportements de l'amour. La dignité d'épouse, aristocra‹

tique dans son principe et dans sa forme, ne conférait guère à la femme antique que de hautaines prétentions, qui la rendaient peu aimable ; quant à sa chasteté, on peut s'en faire une idée en relisant la scène burlesque entre Sosie et sa femme, dans l'*Amphitryon* de Molière.

En fait, la chasteté fut médiocrement comprise des anciens. Tous les épithalames, depuis le Cantique des cantiques jusqu'aux vers fescennins, en font foi. Qu'attendre dès lors, pour l'amour, d'un pareil commerce? Fénelon l'a dit quelque part, avec ce sentiment profond qui supplée à l'expérience : Celui qui dans le mariage cherche la satisfaction des sens y sera trompé, et s'en repentira. L'épouse telle qu'au sortir de l'âge héroïque la civilisation dut la faire, n'ayant pour elle que son orgueil, la trivialité de ses occupations et son importune lascivité, que réprimaient à peine les ennuis de la grossesse et les rebuffades maritales, l'amour s'envolait au matin des noces, et le cœur restait désert. — " Il n'y a pas la moindre parcelle d'amour dans " le gynécée, „ dit énergiquement Plutarque, et la comédie de *Lysistrate*, d'Aristophane, en donne la raison. Point d'amour dans les œuvres de la chair; voilà ce que, bien des siècles avant le christianisme, l'éthique, toute spiritualiste, des anciens, leur avait appris; ce que Plutarque et Lucien tour à tour expriment, avec une crudité de langage qu'il m'est impossible d'imiter.

Le mariage, comme s'en était formellement expliqué devant le peuple romain le grave censeur Métellus Numidicus, ne servait qu'à la conservation de la race libre :

Si nous pouvions nous entretenir sans femmes, citoyens, nous chasserions loin de nous cette incommodité ; mais puisque la nature a voulu que nous ne pussions nous en passer, il est de notre devoir de sacrifier à la perpétuité de la république, plutôt qu'au plaisir d'un instant.

C'est en ces termes que l'honnête magistrat recommandait au peuple la pratique du mariage.

Si l'union conjugale est ainsi destituée d'idéal, partant d'amour, le demanderons-nous à l'*hetaïra*, à la concubine? Descendrons-nous plus bas encore, à la courtisane?

Contradictions : l'amour morganatique, recherché en dehors des charges et obligations du mariage, amour essentiellement égoïste, provisoire, sous réserve, de même que l'amour à gages, est toujours l'amour à distance, l'amour réduit à une satisfaction de la vanité et des sens, une sécrétion de l'organisme, une sentine. — Boire, manger, dormir, et le reste, observe Plutarque, est-ce de l'amour? — Je possède Laïs, dit Aristippe, mais elle ne me possède point. Je l'aime, dites-vous; oui, comme j'aime le vin, le poisson et tout ce qui me donne du plaisir. Quant à sa personne, je ne sens rien.

Ainsi l'*hetaïra* et la courtisane n'offrant rien de plus, quant à la délectation amoureuse, offrant même moins que la femme légitime, l'amour tel que le veut l'âme humaine, l'amour idéalisé devient impossible entre les deux sexes, bien qu'il résulte de leur différence, qu'il n'ait d'autre but que leur union Il faut ou renoncer à l'amour, ou sortir de la sexualité.

Les anciens n'avaient que trop bien suivi cette analyse. Ils comprenaient merveilleusement que la beauté, au physique comme au moral, est immatérielle, que l'amour qu'elle inspire est tout entier dans l'âme, que par conséquent la volupté que procure la possession n'a rien non plus de la chair, et que tout le plaisir que nous percevons de ce côté est passion et illusion. L'acte vénérien est ridicule, dégoûtant pour celui qui en est témoin, pénible et triste pour l'acteur, qui y perd le sentiment et la liberté. L'âme y sent quelque chose de honteux. *Je hais*, dit Hippolyte dans Euripide, *une déesse qui a besoin des ténèbres*. Le christianisme en a fait un des signes de notre déchéance, et il est sûr que les cyniques n'ont pas réussi à le réhabiliter. La nature elle-même semble d'accord avec la théologie : *Post coitum omne animal triste.*

Où donc, se demandait l'homme de l'antiquité, où trouver l'amour sans lequel je ne puis vivre, et que je ne puis saisir ni avec ma femme, ni avec ma maîtresse, ni avec mon esclave? Où est-il, cet amour, feu follet qui ne se montre que pour tromper les hommes? *J'ai trouvé la femme plus amère que la mort*, s'écrie Salomon; il désigne évidemment, non pas la personne, mais le sexe. Néant partout, amour nulle part : que reste-t-il, conclut le roi dévot, sinon de servir Dieu et de s'endormir dans l'égoïsme?

XXIV. — C'est ici qu'il faut suivre la marche de cette séduction idéaliste, qui, faute d'une intelligence suffisante de la Justice, après avoir fait repousser le mariage comme étranger par sa nature à l'amour, aboutit à l'hallucination la plus exécrable.

Il y a, suivant Plutarque, deux espèces d'amour : l'amour vulgaire, qui, comme on vient de le voir, n'est pas de l'amour, et l'amour céleste, qui est universel et n'a point de sexe, οὐδετέρου γένους. Il est absurde de faire consister l'amour uniquement dans l'instinct qui pousse un sexe vers l'autre : toute puissance qui porte les êtres à s'unir est amour ; tout ce qui réunit à un degré supérieur les conditions de la force, de la beauté, de l'intelligence et de la vertu, est propre à l'inspirer.

Définition hyperbolique : Dieu sait où elle nous conduira.

Cette idée de la non-sexualité de l'amour est exactement la même qu'exprime Jésus-Christ, quand il apprend aux Saducéens, adversaires de la résurrection, que dans le ciel, séjour de l'amour parfait, il n'y a plus d'union conjugale, *neque nubent, neque nubentur*, mais que tous sont comme des anges, des êtres neutres, devant la face de Dieu.

Le véritable amour, continue Plutarque, n'a donc plus rien des défectuosités de la matière et du dévergondage des sens, rien de mou, de lâche, d'efféminé. Allumé dans une âme généreuse, il se résout, à force de se purifier par sa propre flamme, en vertu, εἰς ἀρετὴν τελευτᾷ. Et il cite en exemple la célèbre courtisane Laïs, qui, devenue amoureuse, quitta aussitôt son commerce et sacrifia tous ses amants, sa fortune, sa gloire, à l'homme qu'elle avait choisi. Lucien rapporte des faits bien autrement étranges : des hommes qui, dégoûtés de tout commerce charnel et possédés du véritable amour, passaient leur vie dans les sanctuaires des déesses, obtenant des gardiens, à prix d'or, la permission de contempler leurs statues sans voiles, leur parlant comme si elles eussent été en vie, les baisant amoureusement, et s'estimant plus heureux de telles faveurs que de la possession des plus belles femmes.

C'est donc par un raffinement de délicatesse en même temps que par une recherche quintessenciée du beau et de l'honnête que les anciens en vinrent à mépriser l'amour conjugal, et avec lui tout rapport physique avec la femme. Pétrarque, l'amant idéaliste de Laure, fit-il toute sa vie autre chose? Et les femmes de son siècle n'auraient-elles pas eu lieu de se plaindre de lui autant que les femmes de Thrace crurent avoir à se plaindre d'Orphée?... Là était, en effet, l'écueil où devait périr la moralité grecque. L'union des sexes écartée par la logique de l'idéal, l'amour n'a plus de base; nous sommes arrivés à la contradiction : la catastrophe ne se fera pas attendre.

XXV. — L'amour n'existe qu'à la condition d'une dualité, d'une polarité, diraient aujourd'hui les philosophes. Cette condition nécessaire, comment la remplir? En composant le couple amoureux de deux personnes du même sexe, bien entendu sans aucune idée d'union charnelle. La filiation des idées et des termes y conduisait. L'amour, dit Plutarque, c'est la vertu ; et la vertu, en grec comme en latin, porte un nom qui rappelle la masculinité, ἀρετή *virtus*.

Telle est la série d'idées par laquelle les Grecs, à force de spéculer sur l'amour et de le dégager des indignités de la chair, arrivèrent aux derniers excès. Cela peut paraître prodigieux, mais cela est ; et l'histoire entière en témoigne. Ce qu'ils cherchaient dans l'amour universel, ce ne fut pas, dans le principe, qu'on le sache bien, une horrible jouissance : à cet égard les partisans du *véritable amour*, que Plutarque et Lucien font parler dans leurs dialogues, protestent avec indignation contre l'infamie qu'on leur prête ; ceux qui s'y livrent, assurent-ils, violent et déshonorent l'amour, qu'ils connaissent encore moins que les habitués des courtisanes.

Anacréon, suivant Elien, étant à la cour de Polycrate, tyran de Samos, conçut une vive affection pour un jeune homme nommé Smerdias. Il le chérissait, dit l'historien, pour son âme, *non pour son corps*. De son côté, l'adolescent avait une affection *respectueuse* pour le poète.

Et Plutarque a soin de noter à ce propos qu'il en est de cet amour à faces semblables comme de celui que l'homme éprouve pour la femme : la jouissance est son tombeau ; il s'éteint aussitôt qu'il y a eu rapprochement et souillure des corps. Il regarde ce résultat comme fatal, et il cite des exemples de la haine atroce que l'objet malheureux d'un amour ainsi profané conçoit aussitôt pour le monstre qui a abusé de sa personne.

Il faut bien croire que cette théorie extraordinaire était entrée jusqu'à certain point dans les mœurs, quand on voit les hommes les plus vertueux de l'antiquité et les moins suspects en faire profession. Socrate, qui donna son nom à l'amour parfait avant que Platon lui eût donné le sien, faisait, au vu et su de toute la ville, l'amour à Alcibiade. Il lui enseignait la philosophie, lui reprochait son orgueil, l'arrachait aux séductions des courtisanes, le formait à la continence, et, par son exemple et ses discours, apprenait aux Athéniens à aimer la jeunesse et à la respecter. Il y a une belle leçon de lui dans le dialogue de Platon appelé le *Théétète*. Théétète est un jeune homme sans grâce, au nez camus, aux petits yeux enfoncés, vrai portrait de Socrate, et qui est présenté et recommandé au philosophe par un citoyen d'Athènes, que ses amis accusaient ironiquement, et à son grand déplaisir, de faire l'amour à ce vilain garçon. Socrate interroge Théétète, le force par ses questions de montrer son intelligence, fait ressortir son heureux naturel, et lui dit à la fin devant tout le monde : Va, tu es beau, Théétète; car tu possèdes la beauté de l'âme, mille fois plus précieuse que celle du corps. Parole digne de l'Evangile, qui dut frapper vivement les Athéniens, et que Platon n'aurait eu garde de perdre.

Cornélius Népos, dans la vie d'Epaminondas, raconte que, le roi de Perse ayant eu dessein de l'acheter, Diomédon de Cyzique, qui était chargé de la commission, commença par mettre dans ses intérêts un tout jeune homme, appelé Micythus, qu'Epaminondas aimait de tout son cœur, *quem tùm plurimùm diligebat.* Que fit le héros thébain ? Après avoir admonesté sévèrement l'entremetteur du grand roi, il dit à son jeune ami : Pour toi, Micythus, rends-lui vite son argent, ou je te dénonce au magistrat !... Etrange occupation pour des pédérastes, de prêcher à leurs gitons, de parole et d'exemple, la modestie, l'étude le désintéressement, la chasteté, tous les genres de vertu, et de les menacer du châtiment s'ils s'en écartent !...

Dans une guerre que ceux de Chalcis soutenaient contre leurs voisins, ils durent la victoire au courage de Cléomaque, un des leurs, qui se dévoua à la manière d'Arnold de Winkelried, à la seule condition de recevoir auparavant, en présence de l'armée, un baiser de son *ami*, et de mourir sous ses yeux. C'est Plutarque qui raconte le fait. Je voudrais savoir si la chevalerie a produit rien de plus beau et de plus chaste que ce trait?

Tout le monde sait que le bataillon sacré de Thèbes. qui périt tout entier à Chéronée, était formé de trois cents jeunes gens, 150 paires, dont l'amour autant que le patriotisme formait la discipline. J'avoue qu'il me répugne souverainement de voir dans cette héroïque jeunesse, formée à l'école de Pélopidas et d'Epaminondas, d'affreux initiés au culte de Sodome.

Une loi de Solon permettait aux esclaves le commerce des femmes; elle leur interdisait l'amour des jeunes gens. Que signifie cette interdiction du législateur? L'esclave n'est pas sûr, parce qu'il n'est pas pur : je ne puis y voir autre chose.

Au reste, nous avons un témoignage décisif. Virgile, chantant le messianisme romain et la régénération universelle; Virgile, disciple de Platon, n'oublie pas cette épuration de l'amour pédérastique. Son épisode de Nisus et Euryale est une imitation de l'*amitié grecque*. Unis par l'amour et par l'ardeur guerrière,

His amor unus erat, pariterque in bella ruebant,

dit-il des jeunes héros : Euryale, type de jeunesse splendide et de grâce vertueuse, que toute l'armée aime autant qu'elle l'admire,

Euryalus formâ insignis viridique juventâ...
Gratior et pulchro veniens in corpore virtus;

Nisus, son pur et pieux amant, *Nisus amore pio pueri*. Lisez aux 5e et 9e livres de l'Enéide l'histoire touchante de cet amour : on dirait un épisode du bataillon sacré de Thèbes. Et c'est après avoir raconté leur mort que le poète s'écrie : Heureux couple! si mes vers ont quelque puissance, votre mémoire durera autant que le Capitole, aussi longtemps que Rome tiendra l'empire du monde !

XXVI. — Pourquoi nous étonner si fort, après tout, d'un attachement qui a des racines dans la nature même? Ne savons-nous pas qu'il existe entre l'adolescent et l'homme fait une inclination réciproque, qui se compose de mille sentiments divers et dont les effets vont bien au delà de la simple amitié? Qu'était-ce que l'affection de Fénelon pour le duc de Bourgogne, cet enfant de son cœur et de son génie, qu'il avait créé, formé, la Bible dirait engendré, comme il avait créé son Télémaque? De l'amour, dans le sens le plus pur et le plus élevé que lui donnaient les Grecs. Fénelon instruisant le duc de Bourgogne, c'est Socrate révélant à ses auditeurs la beauté de Théétète, c'est Epaminondas réprimandant Micythus. Qu'il eût voulu mourir pour ce fruit de ses entrailles, le tendre Fénelon !

J'irai plus loin : qu'était cette prédilection tant remarquée du Christ pour le plus jeune de ses apôtres (JEAN, XIII, 23 ; XIX, 26, 27 ; XXI, 20)? Je ne sais quel incrédule a pris occasion de ces passages pour jeter sur les mœurs de Jésus un odieux soupçon ; pour moi, j'y vois, comme dans l'épisode de Nisus et Euryale, une imitation chrétienne de l'amour grec. Et ce n'est pas la moindre preuve à mes yeux que l'auteur du 4ᵉ Evangile ne fut pas un Hébreu de Jérusalem, incapable de ces délicatesses, mais un helléniste d'Alexandrie, qui connaissait son public, et ne trouvait rien de mieux, pour vanter la sainteté du Christ, que d'en faire un amant à la manière de Socrate. Nous calomnions les anciens, et nous ne voyons pas que leurs idées, ramenées à leur juste mesure, ont leur source dans le cœur humain, et qu'elles ont coulé jusque dans notre religion.

La distinction des amours et la différence de leurs caractère était si bien établie chez les Grecs, que nous les voyons habiter ensemble, sans se combattre ni se confondre : chose qui n'a pas lieu, assure-t-on, pour les sodomites. Achille a pour compagne de sa couche, *hetaïra*, Briséis, la belle captive ; pour ami de cœur, Patrocle, son *hetaïros*. Aussi, quelle différence dans les regrets qu'il leur donne! Pour Briséis, il pleure, il jure de ne plus combattre et de retourner en Thessalie ; pour Patrocle, il viole son serment, tue Hector, massacre ses captifs et décide la prise de Troie.

Tous les poètes grecs qui ont chanté l'amour sous sa double hypostase ont suivi l'exemple d'Homère. Je veux que le Bathylle d'Anacréon soit suspect : l'indiscrétion du poète, dans le portrait qu'il a tracé de son ami, a laissé tomber sur la pureté de l'original une ombre obscène ; mais combien le sentiment que Bathylle lui inspire l'emporte sur toutes ses fantaisies de maîtresses ! Quoi de plus ravissant que cette chanson de la colombe messagère ! Et quelle rêverie dans ces deux couplets, que les traducteurs séparent comme si c'étaient deux odes :

Rafraîchissez, ô femmes, de vin doux ma gorge desséchée ; rafraîchissez de roses nouvelles ma tête brûlante. Mais qui rafraîchira mon cœur, incendié par les amours ?

Je m'assoirai à l'ombre de Bathylle, le jeune arbre à la verdoyante chevelure ; auprès de lui coule et murmure la fontaine de persuasion. C'est là, voyageur épuisé, que je prendrai une nouvelle force...

Faut-il, pour donner un sens à ces vers si limpides et si tendres, que je m'ingénie à y trouver d'horribles métaphores ? La comparaison de Bathylle à un arbre jeune et verdoyant est familière aux Orientaux : ces vers d'Anacréon semblent traduits mot pour mot du psaume Ier, v. 3-4 : " Il en sera de l'homme vertueux, dit le Psalmiste, comme " d'un arbre planté au bord d'une eau courante, et qui " donne son fruit dans sa saison : son feuillage ne séchera " pas, et toutes ses œuvres seront prospères. „ Tout ce qui nous reste de Sapho se réduit à peu près à deux odes. Dans la première, *A Vénus*, Sapho prie la déesse de combattre avec elle et de ramener à ses pieds son volage amant. Peut-être cette ode nous paraîtrait le *nec plus ultra* du sentiment, si le hasard ne nous avait conservé la suivante, *A une Femme...* Je n'entreprendrai pas de la traduire ; je croirais violer la Poésie elle-même. Mais je nie, pour Sapho comme pour Anacréon, le sens que l'opinion commune donne à ces vers. Ce qui m'étonne dans toute cette poésie socratique, platonique, anacréontique ou saphique, comme on voudra l'appeler, c'est

'extraordinaire chasteté de la pensée aussi bien que du
angage, chasteté qui n'a d'égale que l'ardeur de la pas-
ion. M'explique qui pourra, dans l'hypothèse d'un amour
mpie, cet inconcevable mélange de tout ce que la tendresse
a plus exaltée, la pensée la plus sévère, la poésie la plus
livine, pouvaient offrir de traits pénétrants, d'images
racieuses et d'ineffable harmonie, avec ce que la rage
les sens aurait fait inventer de plus atroce ; quant à moi,
ine pareille alliance du ciel et de l'enfer dans un même
œur me paraît inadmissible, et je reste convaincu que,
'il y a là-dessous quelque horreur, elle est toute nôtre.

XXVII. — J'avoue cependant, et en cela je ne fais que
uivre ma propre pensée, j'avoue que cet érotisme *ho-
ioïousien*, quelque spiritualiste qu'en soit le principe, n'en
lemeure pas moins un délit contre le droit mutuel des
exes, et que ce mensonge à la destinée, après de si beaux
ommencements, méritait d'avoir une fin épouvantable.

Un des interlocuteurs de Plutarque, celui qui défend la
ause de l'amour androgyne ou bi-sexuel, fait à son adver-
aire, qui protestait au nom des sectateurs du *parfait
mour* contre les accusations dont on les chargeait, l'ob-
ection suivante : Vous prétendez que votre amour est pur
e tout rapprochement des corps, et que l'union n'existe
u'entre les âmes ; mais comment peut-il y avoir amour
i où il n'y a pas possession ? C'est comme si vous parliez
e vous enivrer en faisant une libation aux dieux, ou
'apaiser votre faim à l'odeur des victimes.

À cette objection, pas de reponse. Quelque opinion que
on se fasse de la distinction des corps et des âmes, il
este toujours que celles-ci ne s'unissent que par le rap-
rochement de ceux-là : de ce moment l'honnêteté est en
éril.

Tout amour, si idéal qu'en soit l'objet, tel qu'est par
xemple l'amour des religieuses pour le Christ ou celui
es moines pour la Vierge, à plus forte raison l'amour qui
e rapporte à un être vivant et palpable, retentit nécessai-
ement dans l'organisme et ébranle la sexualité. Il y a de
i délectation amoureuse chez la jeune vierge qui caresse
a tourterelle ; et quel délire, on le sait trop, allume dans
urs sens consumés l'imagination des mystiques !... Par-

venu au sommet de l'empyrée, l'*amour céleste*, attiré par
cette beauté matérielle dont la contemplation le poursuit,
retombe vers l'abîme : c'est Éloa, la belle archange,
amoureuse de Satan, qu'il lui suffit de regarder pour se
perdre.

Telle est donc l'antinomie à laquelle l'amour, comme
toute passion, est soumis : de même qu'il ne peut se passer
d'idéal, il ne peut pas non plus se passer de possession.
Le premier le pousse invinciblement à la seconde, mais
celle-ci obtenue, l'idéal est souillé et l'amour expire, à
moins qu'une grâce supérieure ne le ranime et ne lui rende
l'équilibre.

C'est ainsi que chez les anciens la femme se trouva peu
à peu exclue du pur amour, et le mariage, malgré ses
honneurs d'institution, tacitement réputé ignoble. Créé
par les sens et l'imagination, l'amour, que ne soutenait
pas une conscience vigoureuse, s'éteignait comme un mé-
téore tombé du ciel dans la mer morte du mariage. Dès le
lendemain des noces la femme avait perdu son prestige;
le lit conjugal avait englouti, en une nuit, et son pucelage
et sa virginité. Nulle poésie de l'âme, nulle tendresse du
cœur, nulle surveillance des sens, ne pouvait, aux regards
d'un époux assouvi, réhabiliter cette infortunée formée à
la luxure par sa propre mère. L'illusion irréparablement
détruite, le dégoût devenait invincible. Il existe de Sapho
un distique dans lequel cette pensée est rendue avec une
mélancolie profonde : *Virginité, Virginité! Où fuis-tu
que tu m'abandonnes?* Et la Virginité de répondre : *Plus
jamais je ne reviendrai vers toi, plus jamais je ne reviendrai.*

O France! tu étais vierge, quand tu possédais la Justice,
la virginité des nations. Et maintenant tu as perdu ta
fleur, tu ne relèves plus de ton droit, tu as cessé d'être
chaste. Tes enfants t'appellent prostituée. Qui te la rendra, ô patrie, cette virginité bienheureuse, qui te la rendra?...

Puis, l'amour vit de sacrifices : sacrifice à la patrie par
l'accomplissement des devoirs civiques; sacrifice à la famille, par le travail; sacrifice à la femme, par la continence. Anacréon feint dans une ode que l'Amour, voulant
l'éprouver, l'a sommé de le suivre; qu'il l'a fait courir à

travers les forêts, les torrents, les montagnes, et que le dieu, le voyant épuisé et hors d'haleine, l'a frappé de son aile en lui laissant pour adieu ce reproche : *Tu ne peux pas aimer !* Qui ne sait endurer, en effet, ne sait pas aimer : telle est la pensée qui ne fait que traverser le cerveau du poète. Comment pourrait exister le sacrifice dans cette société basée sur l'esclavage, où toute liberté dégénère en tyrannie, où le travail est en horreur, où la volupté se donne pour si peu de chose ?

Une autre idée, un éclair brille aux yeux d'Anacréon. Il volait à travers l'espace porté sur deux ailes, quand l'Amour, avec des bottines de plomb, se met à sa poursuite et l'arrête en trois pas. Que veut dire ce songe ? Les jeunes filles le fuient, les femmes se moquent de son front dénudé, les jeunes hommes lui reprochent qu'il ne sait plus boire : s'il terminait sa carrière amoureuse par un amour constant ?... Mais ce n'est qu'un songe : comment serait-il constant, lui pour qui l'amour multiplie et pullule comme les têtes de l'hydre ?

Sans chasteté, sans sacrifice, sans constance, point d'amour entre l'homme et la femme. L'Hyménée, ce *gardien de la vie*, n'est plus qu'un dieu pénible, le frère chagrin et détesté de l'Amour.

Alors le cœur, de plus en plus vide, demande à la fantaisie ce que la nature lui refuse. De là, *l'amour céleste* des anciens philosophes. Mais, en amour comme en toute chose, l'idéalisme c'est l'absolu, et l'absolu n'a pas de limite. De l'idéalisme proprement dit l'imagination passe à un panthéisme érotique, à ce que Fourier, dans son style métis, appelait *omnigamie*. Tout le monde connaît cette ode délirante, tant de fois imitée, où Anacréon dit à sa maîtresse :

Que ne suis-je ton miroir ! je te verrais chaque jour. Que ne suis je ta tunique ! tu me porterais toujours. Que ne suis-je ta ceinture ! je te ceindrais tous les jours...

C'est bien mal comprendre Anacréon de ne voir dans cette pièce qu'une fantaisie galante. Le panérotisme qui l'inspire éclate ici dans toute la force. Cet amour suprême, qui débrouilla le chaos et qui anime tous les êtres, n'a pas besoin, pour jouir, de la forme humaine. Pour lui, les règnes, les genres, les espèces, les sexes, tout est confondu. C'est le cygne de Léda, le taureau d'Europe, le laurier de Daphné, le jonc de Syrinx, le tournesol de Clytie, la rose d'Adonis. C'est Cénis, changée de fille en garçon; Hermaphrodite, à la fois mâle et femelle; Protée, avec ses mille métamorphoses. Sur un plat d'argent ciselé, Anacréon représente Venus voguant sur la mer, et autour les poissons amoureux qui viennent becqueter le corps de la déesse et la chatouillent pour la faire rire. Théocrite va bien plus loin : dans une complainte sur la mort d'Adonis, il prétend que le sanglier qui le tua d'un coup de croc ne fut coupable que de maladresse. Le pauvre animal voulait donner un baiser à ce beau jeune homme : dans le transport de sa passion il le déchira!...

Quoi de plus! La sodomie, plus affreuse, dit Plutarque, qu'un sépulcre ouvert, la hideuse sodomie, cas particulier de l'amour idéaliste et panthéistique, longtemps avant Socrate désolait la Grèce. La logique du crime, chez les Syriens, les Babyloniens et autres Orientaux, n'avait pas eu besoin de cette déduction philosophique pour arriver, d'un saut, de la vision de l'idéal à la perpétration du plus grand des forfaits. De bonne heure la religion, commençant par où la théorie devait finir, avait fait de la pédérastie un de ses mystères. Tant il est vrai que l'absolu, sous toutes ses faces, est, par l'idolâtrie qu'il inspire, la cause de toute hypocrisie, de toute dissolution, de toute décadence. Et de quels rangs de la société sortent donc les infâmes que chaque jour une police trop peu sévère défère aux tribunaux? Sont-ce des paysans, des ouvriers, des hommes de pratique et de travail? Non, ces gens-là ne sont pas assez avancés dans le culte de l'idéal. Ce sont des raffinés, des artistes, des gens de lettres, des magistrats, des prêtres... O vous tous, jeunes hommes et jeunes filles, qui rêvez d'un amour parfait, sachez-le bien, votre platonisme est le droit chemin qui conduit à Sodome.

XXVIII. — J'ai dévoilé le sophisme qui perdit les Grecs. Viennent maintenant les Romains, avec leur débauche titanique, et la société va être engloutie.

Le Romain, esprit positif et sévère, impitoyable comme

son épée, n'a pas l'air de s'y connaître. L'*Alexis* de Virgile, imitation de Théocrite, est un exercice de poète philhellène, pour l'amusement de la fashion de Rome. Tous les traits de cette églogue sont tirés du lieu commun : c'est un nom de garçon mis à la place d'un nom de jeune fille. Virgile se met à la mode, voilà tout. C'est bien pis du Ligurinus d'Horace ; on dirait le singe de Bathylle. Cicéron se permet quelque part, sur ce honteux sujet, une plaisanterie qui prouve tout juste qu'il n'est point initié à la chose. Ne cherchons pas d'autres citations. Je ne puis dire si Trajan, qui fit faire l'apothéose de son Antinoüs, avait poussé jusqu'au bout la délicatesse de Socrate et d'Epaminondas : je le voudrais pour sa gloire. Ce qui est sûr, c'est que les Césars, à l'exception peut-être de l'imbécile Claude, furent tous, au rapport de Suétone, des infâmes.

A l'exemple des empereurs, tout le monde, sénateurs, chevaliers, plébéiens, sodomitisa. Car, dans cette Rome impériale, il fallait que tous, riches et pauvres, jouissent comme César : l'ordre social était à ce prix. Déjà nous savons que la femme, comme la frumentation, le bain, le spectacle, chose de première nécessité, se délivrait à peu près pour rien. Mais ce n'était pas assez que la femme. Un immense commerce de mâles se faisait par tout l'empire pour les joies du peuple-roi, une vraie conscription, dont Sénèque se lamente ni moins ni plus que s'il s'agissait de dîners à cent mille francs par tête et du vomitoire. *Transeo puerorum infelicium greges, agmina exoletorum per nationes coloresque descripta, quos post transacta convivia, aliæ cubiculi contumeliæ expectant.* C'est ce crime de lèse-humanité que dénonce l'Apocalypse, lorsqu'elle montre la nouvelle Babylone sous la figure d'une courtisane qui porte écrit sur le front : " *Mère de toutes les fornications et abominations de la terre.* „ Et c'est en même temps son supplice, comme l'atteste Juvénal :

> . . . . . Sævior armis
> Luxuria incubuit, victumque ulciscitur orbem.

Ainsi l'induction est confirmée par l'expérience ; la négation du mariage aboutit à la confusion des sexes, c'est l'affirmation de la sodomie.

8.

Et comme la désuétude du mariage a pour causes :
1° l'inintelligence du sacrement, resté à l'état de symbole ;
2° une surexcitation de l'idéalisme érotique, favorisée par
le développement des lettres et des arts ; 3° les gênes de
l'existence dans une société livrée au luxe et à l'agiotage,
dépourvue de balance dans son économie, d'équilibre dans
ses pouvoirs, de sincérité dans sa raison ; il s'ensuit que
toute nation en qui la Justice, à ces points de vue divers,
a défailli, est une nation que dévore la gangrène sodomitique, une congrégation de pédérastes.

Le communisme, ce prétendu antidote de l'inégalité,
que Platon oppose à la tyrannie et à la licence comme la
véritable forme de la république ; le communisme, je puis
le dire maintenant sans passer pour calomniateur, contient
dans son principe les mêmes infamies. Par sa négation de
la personnalité, de la propriété, de la famille, par son
esprit d'Eglise et son dédain de la Justice, il tend à la
confusion des sexes ; comme ses contraires, il est, au
point de vue des relations amoureuses, fatalement pédérastique.

Les faits prouvent la vérité de ces assertions. La fin la-
mentable des Romains, des Grecs, des anciens Orientaux,
en dit assez ; quant aux faiseurs d'utopies, la promiscuité
platonique, l'omnigamie de Fourier, l'androgynie sacerdotale des saints-simoniens, les débauches secrètes qui de
tout temps illustrèrent les communautés religieuses, les
casernes, les prisons et les bagnes, n'ont pas besoin de
commentaire.

Je finis par une citation qui doit frapper toute âme chrétienne. Le peuple de Dieu n'échappa pas à l'anathème ;
tous ses prophètes, depuis Moïse, l'accusent. Sans compter
qu'il n'eut jamais un sentiment fort élevé du mariage, on
le voit, dès le temps de Salomon, livré aux vices qui le
devaient conduire aux abominations de Sodome et de Gomorrhe : initiation aux mystères de Thammuz ou Adonis,
exploitation de la plèbe par l'usure et le servage, la morale remplacée par l'idéalisme esthétique (idolâtrie) ; pour
gouvernement, tantôt l'accord, tantôt la lutte de la royauté
et du pontificat, double forme du droit divin, double manifestation de l'idéal.

Tout ce qui, après avoir commencé par l'idéal, se poursuit par l'idéal, périra par l'idéal. Là est pour les sociétés le principe de toute déchéance, laquelle se traduit fatalement, pour la famille, le mariage et l'amour, par ce mot à jamais exécré, la pédérastie. Église du Christ, prends garde à toi! tu as commencé comme la Synagogue, et tu continues comme la Synagogue.

CHAPITRE IV

Doctrine de l'Église sur le mariage. — Communauté d'amours, concubinat, divorce, confusion des sexes : négation de la femme.

XXIX. — Lorsque le christianisme fit son entrée dans le monde, l'amour et le mariage, l'un par l'autre détruits, sur toute la face de l'empire agonisaient. Pour des réformateurs qui auraient eu l'intelligence des symptômes, la médication était indiquée.

Il fallait, en premier lieu, rétablir le vrai sens de l'amour, qui est le sacrifice et la mort; définir l'essence du mariage, tant au for intérieur qu'au for extérieur; déterminer le rôle moral de la femme dans la famille et la société; éteindre enfin, par la supériorité du nouvel idéal, cette luxure dévorante qui, faisant de l'union des deux sexes un commerce insipide, les poussait à des jouissances contre nature et à leur négation mutuelle.

Ces conditions, toutes de moralité personnelle, supposaient en outre, exigeaient une réforme générale des rapports économiques : division des grandes propriétés foncières, *latifundia;* abolition de l'esclavage, rétablissement des libertés locales et politiques. Sans liberté et sans égalité, il n'y a mariage ni famille qui se soutienne : cette vérité est de tous les siècles, et jamais son application ne fût venue plus à propos. L'homme alors redevenu travailleur et citoyen, la femme ménagère et première institutrice des enfants, l'amour rasséréné, le mariage remis en honneur, la prostitution tombait d'elle-même, le concubinat s'ennoblissait, l'horreur publique aurait fait justice du reste.

Mais une révolution qui se produisait au nom du ciel
ne pouvait procéder avec cette sagesse, et moins que de
personne on devait l'attendre des prédicateurs de l'Evangile. Le christianisme réagit contre la dissolution des
mœurs païennes de la même manière qu'il réagit contre
l'esclavage, l'exorbitance des propriétés et l'autocratie de
l'empereur : il changea, avec grand accompagnement
d'anathèmes, les termes de la question ; il ne la résolut
point. Comparée à la théorie romaine, la théorie chrétienne du mariage fut même un pas rétrograde.

Il faut voir sous quel bizarre aspect les fondateurs com-
mencèrent par envisager la chose.

XXX. — A peine les apôtres, persécutés à Jérusalem,
eurent-ils mis le pied sur la terre de la gentilité, qu'ils
eurent à résoudre, pour la direction des néophytes, cette
grave question de morale intime, qui tenait à toutes les
habitudes de l'existence païenne :

*S'il était permis à des chrétiens de fréquenter les lieux
consacrés à l'amour ?*

C'est dans les Actes des Apôtres, chap. xv, que se
trouve le détail de la consultation.

La proposition, ainsi qu'on peut s'en convaincre par le
texte des Actes, se borne aux filles ou prêtresses de Vénus :
elle ne regarde point les hétaires ou concubines, qu'il ne
pouvait entrer dans la tête de Juifs, polygames, exerçant
sur leurs servantes le droit du seigneur, et s'adressant à
des Gentils, de proscrire ; et elle fait abstraction du mariage. Elle fut solennellement débattue, en même temps
que la question de la circoncision, au concile de Jérusalem, tenu par les apôtres, autant que l'on peut conjecturer,
vers l'an 56, quatorze ans après la conversion de Paul,
vingt-huit après la mort du Christ, que je place, avec Lac-
tance et Gibbon, à l'an 29.

En même temps qu'elle déclara la circoncision inutile,
l'auguste assemblée prononça que la fréquentation des
femmes consacrées à Aphrodite était interdite ; mais sur
quels motifs ?

« Attendu que lesdits lieux d'amour sont placés sous
l'invocation d'une divinité païenne, la plus abominable de
toutes, d'après Moïse et les prophètes ; qu'il se fait dans

lesdits lieux, en l'honneur de la déesse, des libations et des sacrifices, et que le commerce avec les femmes est inséparable de la manducation des mets offerts, *idolothyta :* toutes choses dont l'ensemble constitue, d'après les Écritures, la fornication... „

Tel est le considérant, non pas exprimé, mais évidemment sous-entendu dans le texte des Actes, et que le sens du décret suppose. Ce qui choque la religion du collége apostolique, soit faiblesse de sens moral, soit ménagement pour la coutume, c'est, quoi ? la dégradation de la femme ? non ; — les licences de la Venus vulgaire ? ils n'y pensent pas ; — c'est la participation à l'idolâtrie, pour eux le plus capital des crimes. D'après le Décalogue et la tradition des prophètes, dont le Christ fermait la série, la défense de l'idolâtrie est absolue ; elle emporte la renonciation aux filles de joie. C'est ce que déclare le concile pas son décret :

Il a plu au Saint-Esprit et à nous, *Visum est Spiritui Sancto et nobis,* que vous vous absteniez des viandes immolées aux idoles, des boudins, civets (la loi de Moïse défendait de manger le sang, la chair des animaux étouffés ou cuite dans leur sang), et de fornication : *Ut abstineatis vos ab immolatis simulacrorum, et sanguine, et suffocato, et fornicatione.* Ce que faisant vous serez sans reproche. Adieu. *A quibus custodientes vos bene agetis. Valete.*

Singulier effet du préjugé : ces hommes, qui osaient rompre avec la foi d'Israël et reprendre leur prépuce, s'effraient d'une vaine cérémonie polythéiste ; dans leur cervelle étroite, la condamnation du boudin bénit est placée sur la même ligne que la fornication. Les idolâtres ne faisait pas l'amour à jeun ; le temple de Vénus servait aussi de restaurant : tout cela, à leurs yeux, est de l'idolâtrie ; c'est à l'aide de cette généralisation qu'ils attaquent l'amour libre. Qu'est devenu le prophète de Nazareth ? Qu'aurait pensé sa haute intelligence en voyant ses légats, Pierre, Paul, Jacques, Jean et toute l'Église, gravement occupés de tels scrupules ?

XXXI. — Du moins, pensez-vous, en vertu de cette décision canonique, la femme va monter d'un grade : plus de courtisanes, plus de mercenaires, plus de ces femmes dont les charmes sont à tous et le cœur à personne ; la femme désormais sera épouse, ou du moins compagnonne.

Doucement, s'il vous plaît ; n'allons pas plus vite que l'histoire. La défense de la fornication ne levait pas, pour la majorité des fidèles, la difficulté économique du concubinat. Aussi, admirez le tour imprévu que prit l'affaire. Puisque, sous le nom de fornication, c'était avant tout le culte des dieux que le concile avait voulu atteindre, le péché, pensait-on, cesserait, si les chrétiens, au lieu de recourir aux *saintes* du paganisme, s'adressaient à leurs *sœurs* c'est à dire à des femmes de leur secte, avec lesquelles ils ne couraient plus risque de manger des viandes défendues. — " Nous sommes tous membres du Saint-Esprit, disaient-ils dans leur jargon ; nous ne pouvons nous unir aux filles de Vénus, à des membres du démon. Mais les sœurs ont reçu comme nous le Saint-Esprit : comment perdrions-nous l'Esprit en nous unissant à elles ? „

Telle fut l'origine des amours libres entre *frères* et *sœurs*, c'est à dire entre chrétiens et chrétiennes, amours dont la coutume passa jusqu'au quatrième siècle et motiva ces accusations de promiscuité que les églises rivales portaient les unes contre les autres, et qui retentirent tant de fois devant les tribunaux de l'empire. L'Église de Pergame, où dominait Nicolaüs : celle de Thyatire, qui n'était pas encore fondée en 96, sont dénoncées dans l'Apocalypse comme outre-passant la limite posée par le concile, et permettant aux *frères* non seulement la jouissance des *sœurs*, mais la fréquentation des bosquets de Vénus et la participation aux festins des courtisanes, *fornicari et manducare de idolothytis*. On les compare pour ce fait à Balaam, qui, d'après le livre des *Nombres*, avait conseillé à Balac, roi de Moab, d'envoyer des filles aux Hébreux pour les initier au culte de Belphégor, et par là irriter contre eux leur dieu Jéhovah. Il paraît même que les Nicolaïtes trouvaient à cette latitude un sens mystique, *altitudines*, *mysteria*. Ce fut la grande tentation du premier siècle.

La fornication qui distinguait les disciples de Nicolaüs des autres sectes messianiques était en vérité trop minime pour motiver une déclaration d'hérésie de la part des puritains : aussi l'Apocalypse n'a-t-elle pas l'air d'en faire

une question de dissidence, *habeo adversùm te pauca*, bien
que, dans son zèle biblique, elle menace de mort les pré-
varicateurs. Ce ne fut que postérieurement que l'interdiction qui frappait les femmes publiques fut étendue à cette
promiscuité fraternitaire, devenue en peu de temps pire
que la débauche païenne. Pierre, et les autres que l'Eglise
romaine a rangés parmi les vrais apôtres; Pierre, qui avait
frappé de mort Ananias et Saphira pour une infraction
légère au droit communiste, fut le premier, si les deux
épîtres qu'on lui attribue sont authentiques, à battre en
retraite sur la question de l'amour libre : il décida que
chacun aurait sa chacune, et donna lui-même l'exemple
du concubinat. Mais les partisans de la communauté
tinrent bon : l'épître de Jude, quinzième évêque de Jérusalem, publiée entre 117 et 138, et que l'Eglise a placée
dans le canon comme étant de l'apôtre, les dénonce avec
fureur ; elle les appelle *corrupteurs de la chair, contemp-
teurs de la hiérarchie, blasphémateurs du pouvoir*, et les menace du supplice de Sodome et de Gomorrhe. Pauvres
raisons, vraiment, pour des gens qui faisaient de la communauté des amours une loi de charité, et qui se regar-
daient tous comme égaux ! Aussi la partie la plus fervente
de la chrétienté persista dans la pratique des libres amours
jusqu'à ce que l'empereur, embrassant la foi du Christ,
vînt nettoyer son bercail : on voit dans les lettres de Cyprien, évêque de Carthage, décapité en 258, les martyrs
recevoir dans leurs cachots la visite des *sœurs*, et, tout
couverts du sang de leurs tortures, les embrasser en Jésus-
Christ et Cupidon, au grand scandale du chaste évêque.

Je sais bien que l'Eglise dite orthodoxe décline la responsabilité de ces aberrations, qu'elle rejette sur l'*hérésie*.
Mais vous avouerez, Monseigneur, que la pensée première
de votre Eglise fut communiste, son idéal communiste,
son administration communiste, ses repas même communistes ; et quand j'ajoute que l'amour y fut aussi communiste, qu'il ne cessa de l'être que lorsque les repas et
l'autorité furent sortis de l'indivision, je ne fais que tirer la
conséquence du principe qui pendant la première période
régit la secte, et rappeler une pratique dont la longue
durée accuse la presque universalité originelle.

Ainsi, ce n'est pas comme honteux que le christianisme

condamne d'abord l'amour libre : le décret du premier
concile, l'épître de Jude et l'Apocalypse le prouvent ; c'est
uniquement comme incompatible avec la propriété, l'administration ecclésiastique, le respect du gouvernement.
Le concile apostolique avait défendu le commerce avec les
filles de Vénus en raison des viandes offertes à la déesse ;
maintenant le chef de l'apostolat défend la communauté
des amours par respect pour les mœurs de l'empire. A travers ces restrictions, on voit que le principe ne change
pas : la vraie foi du chrétien est que l'amour, comme le
travail et la propriété, doit être commun. Si Pierre et ses
successeurs y dérogent, c'est affaire de police et de cir-
constance, qui ne change rien à l'esprit de l'Evangile et
aux tendances de l'Eglise, et n'affecte en rien l'essence du
dogme.

XXXII. — Avec Pierre et ses acolytes, nous voici donc
arrivés au concubinat. Comment les apôtres du Christ,
maîtres de morale, ne crurent-ils pas devoir compléter
d'emblée la pensée d'Auguste ? Pourquoi, dès le début, au
lieu de se tenir dans ce milieu concubinaire, qui n'avait
pour lui ni la dignité patricienne ni la franchise de
l'amour libre, n'affirmèrent-ils pas exclusivement le mariage ? D'où leur vint ce modérantisme ? Les *justes noces*
étaient-elles réservées pour ce jour terrible, qui faisait le
fond de l'espérance messianique, où, sur les ruines de
Rome et de l'univers, devaient se célébrer les noces de
l'Agneau ?

C'est un fait que les modernes historiens de l'Église dis-
simulent tant qu'ils peuvent, mais qui ressort avec évidence d'une lecture attentive des originaux, que jusqu'à
une époque avancée le concubinage fut non seulement autorisé, mais d'usage vulgaire dans l'Eglise. De Potter,
*Histoire philosophique, politique et critique du christia-
nisme*, cite saint Augustin, disant : " Que les concubines
" ne sont pas des épouses, non parce que la bénédiction
" nuptiale leur manque, mais parce qu'il n'y a point d'acte
" civil constitutif de la dot. „ Le même auteur rapporte
le concile de Tolède, qui autorise le concubinage, comme
supplément du mariage. On cite encore, en faveur de cette
opinion, le recueil de Gratien, célèbre canoniste du dou-

zième siècle. De bonne heure, cependant, le concubinat paraît avoir été interdit aux évêques, dont les femmes devaient être épouses légitimes. Le mariage pour les hauts dignitaires, le concubinat pour le commun des fidèles : c'est justement ainsi qu'avait débuté la vieille Rome, avec sa distinction du mariage par confarréation, coemption et usucapion. On sait quelles résistances éprouva le saint-siége, lors de l'institution du célibat ecclésiastique. Le peuple faisait cause commune avec les prêtres : le concubinat étant le mariage populaire, l'interdiction brutale dont on le frappait dans la personne des curés et vicaires devenait une injure à la démocratie. Pour triompher de l'opposition, le pape Grégoire VII, entrant ou feignant d'entrer dans les idées de l'époque, soutint au contraire que le célibat des prêtres avait précisément pour objet d'empêcher l'envahissement de l'Église par la féodalité, en rendant impossible l'appropriation, par les desservants et leurs familles, des fonctions et propriétés ecclésiastiques. Toujours la politique à la place des principes, la discipline à la place de la morale : comme si le droit conjugal était chose variable au gré de la raison d'État, comme si la famille n'était pas la base de toute morale.

Quelle est donc, enfin, sur le mariage, la pensée, la vraie pensée de l'Église? Où en est-elle aujourd'hui?

Chose singulière, que personne ne me semble avoir remarquée, mais qui ressort avec éclat de l'histoire de l'Eglise et de toute sa discipline, l'Eglise, moins avancée que le paganisme, n'a jamais distingué le mariage du concubinat. Pour elle, c'est tout un. Elle bénit les époux, elle bénit les concubinaires, comme elle bénit toutes choses; elle bénissait naguère les draps du lit nuptial, que les mariés portaient avec eux à l'Eglise; elle bénit autrefois l'amour libre; si elle l'osait, elle le bénirait encore. Qu'on se marie, ou que l'on se contente de coucher ensemble, de telles distinctions, toutes de tempérament, de convenance ou d'intérêt, ne la regardent point; qu'on lui demande sa bénédiction seulement, et tout sera pour le mieux. L'Eglise, en un mot, qui, sur toutes les autres parties de la philosophie sociale, a porté si loin la spéculation théologique, l'Eglise est restée, sur la question du mariage, dans le pur naturalisme; elle n'a littéralement pas de religion.

Quoi! dites-vous, il n'est pas vrai que l'Eglise compte le mariage au nombre de ses *sacrements?*... — Un instant, Monseigneur; les paroles sont les paroles, et les choses sont les choses. Vous avez pour tout de beaux mots, et je ne nie pas qu'on lise dans saint Paul cette phrase magnifique, à propos de l'union de l'homme et de la femme, *sacramentum hoc magnum est;* ceci est un grand sacrement, ou mieux un grand mystère. Sous la pression de la conscience universelle, qui de tout temps fit du mariage l'acte le plus religieux de la vie, l'Eglise, distancée par le paganisme, dut comprendre qu'elle ne pouvait entièrement abandonner aux définitions de la loi civile ce qu'il y a de plus véritablement sacramentel dans l'humanité. Elle eut donc aussi son sacrement de mariage, le dernier en rang comme en date, sacrement sur lequel, au rapport de Bergier, hésitaient saint Thomas, saint Bonaventure et Scot, et que rejeta plus tard la prétendue Réforme! elle eut sa messe de fiançailles, sa messe d'épousailles, sa formule de bénédiction nuptiale, tout l'équivalent du rituel de Romulus et de Numa. Mais, vous le savez mieux que moi, la lettre tue, l'esprit vivifie; et je vous demande : Quel est l'esprit de ce grand sacrement? Il n'est pas de jeune fille chez laquelle ce mystérieux nom ne réveille un sentiment indéfinissable, bien différent de l'amour ; que vous dit, à vous théologien, votre conscience? Qu'est-ce enfin que le mariage? Vous êtes embarrassé : « On dispute, dit Bergier, pour savoir quelle est la matière de ce sacrement, « quelle en est la forme; si le prêtre en est le ministre, « ou s'il n'en est que le témoin. » Le *fond,* la *forme,* le sujet, le ministre, vous ignorez tout. Laissez-moi donc vous dire à vous-même ce que vous pensez ; je vous dirai après ce que pense la Révolution.

XXXIII. — Les premiers chrétiens, par leur communauté d'amours; le premier concile de Jérusalem, par son décret touchant les femmes vouées à Vénus; Pierre, le chef des apôtres, par sa déclaration en faveur du concubinat; toute l'Eglise, en un mot, par sa pratique et sa foi, tendaient à l'abaissement du mariage. Il ne manquait à cette tendance que d'être convertie en doctrine : ce fut Saül ou Saul, devenu si célèbre sous le nom de Paul, qui s'en chargea.

Faisons connaissance avec ce personnage.

Saul, de la tribu de Benjamin et de la secte des phari-siens, né à Tarsus en Cilicie, disciple de Gamaliel, incli-nant, malgré son éducation hébraïque, vers l'hellénisme, après avoir servi la persécution contre les chrétiens, finit par comprendre, à l'exemple des Simon, des Ménandre et d'une foule d'autres, que c'était fait du mosaïsme, et que le siècle marchait à une rénovation religieuse et sociale qui entraînait tous les peuples, sans distinction de culte ni de langue. Les hérodiens avaient disparu; les sadu-céens, les pharisiens, étaient impopulaires; le sacerdoce haï; Theudas, Judas de Galilée et leurs pareils, par le ri-dicule de leurs entreprises, avaient discrédité le messia-nisme, tel du moins que, jusqu'à Jésus de Nazareth, l'opi-nion l'avait généralement compris. Par contre une réaction s'opérait en faveur de ce dernier, exécuté d'un commun accord et malgré sa protestation par le proconsul romain et le pontificat : la disgrâce de Ponce-Pilate, l'exil d'Hé-rode et d'Hérodias, la fin tragique de Caligula, étaient cités hautement par les chrétiens comme des marques de la vengeance divine. La mort subite d'Agrippa, arrivée l'an 43, quelque temps après le martyre de Jacques, premier évêque de Jérusalem, et regardée par la secte comme une nouvelle marque de la colère d'en haut, acheva d'étonner les esprits et plongea la nation dans le découragement. C'était par la permission de ce prince, dont les États com-prenaient, avec la Judée, la Samarie et une partie de la Syrie, et qui désirait plaire aux Juifs, que le pontificat de Jérusalem faisait poursuivre jusqu'à Damas les Nazaréens, contre lesquels Saul lui-même avait obtenu une commis-sion. Agrippa mort, la Judée réduite en province romaine, le peuple, en Asie comme partout, abandonnant les idées nationales en haine de l'aristocratie, que restait-il, pour un génie remuant, dogmatique, aussi propre à jouer le rôle de martyr que celui de bourreau, tel enfin qu'était Saul? Se faire chrétien : il se fût fait christ si la place n'eût été prise.

Tout à coup il disparaît; il a des visions, fait une retraite de trois ans en Arabie : celle de Jésus n'avait été que de quarante jours; puis les frères apprennent, à leur grande surprise, que celui qui jadis les persécutait avec tant de fureur maintenant évangélise la foi de Jésus-Christ. Le moyen de refuser une mission surnaturelle à un homme transfiguré miraculeusement, qui a foulé aux pieds tous les liens de la chair et du sang, *non acquievi carni et sanguini;* qui est monté au troisième ciel, d'où il a rapporté des choses extraordinaires? Aussi Paul rappelle-t-il sans cesse qu'il a été instruit par Jésus-Christ en personne, bien qu'il ne l'ait jamais vu; quant aux apôtres, il ne leur doit rien. Il a conféré avec Pierre, il est vrai, pendant un séjour de deux semaines qu'il a fait à Jérusalem; il a aperçu Jacques une fois : qu'est-ce que cela prouve? Si plus tard il a cru devoir se rendre au concile, en compagnie de Titus et Barnabas, il l'a fait ensuite d'une révélation, *secundùm revelationem*, et afin de confronter les Evangiles, mais non pour obéir à une autorité qu'il ne reconnaît pas. Que chacun dirige comme il l'entend sa propre mission : il ne se mêle pas des églises des autres, et il ne souffrira pas qu'on se mêle des siennes. Surtout il revendique l'apostolat des nations comme lui appartenant en propre et ne permet pas que sur ce point on le contredise. C'est en vain que Pierre, au concile de Jérusalem, proteste contre cet accaparement, rappelle sa mission de Césarée, où il convertit le centurion Cornélius; son voyage à Rome, entrepris alors que Saul n'était pas même baptisé : l'ex-pharisien n'entend pas raison. " A moi, dit-il, l'évangile du prépuce; à Pierre, celui de la circoncision. „ Le prépuce, c'était tout l'empire, 120 millions d'âmes; la circoncision, c'était la Judée et la Samarie, plus les synagogues répandues par le monde, trois millions d'âmes, peut-être, ce qu'il y avait de plus réfractaire au mouvement.

On lui objecte qu'il n'a pas reçu le ministère des mains de Jésus-Christ :

Ces hommes, réplique-t-il, parlant de Pierre, Jacques et Jean, ne sont pas chrétiens, car ils transigent avec la circoncision. Mais moi, qui ai renié Israël sans restriction, je suis le vrai représentant du Christ; je suis cloué sur sa croix; je ne suis même plus vivant, je ne suis pas moi, je suis le Christ qui vit en moi et qui vous parle par ma bouche : *Vivo ego jam non ego, vivit verò in me Christus.*

Une exposition sincère des épîtres de ce maniaque serait l'histoire la plus curieuse des temps apostoliques, et mon-

rerait par quel mirage du fanatisme religieux le plus
haïssable des caractères, l'esprit le plus faux, devint la
gloire de l'Eglise et l'oracle de la théologie.

J'ai remarqué déjà, en parlant de l'esclavage, quelles
étaient les préoccupations de l'Apôtre. Ce qu'il voulait
n'était pas une refonte des mœurs et des institutions : la
chose à ses yeux n'en valait pas la peine; c'était de préparer les fidèles, Juifs et Gentils, au retour prochain du
Christ, qui devait mettre fin à toutes choses. De là, sa
disposition à envisager les questions de morale, d'ordre
public et domestique, à travers le prisme de son expecta-
tion messianique. On a vu (*Etude V*) comment il engageait
les esclaves à prendre leur parti de la servitude : c'est
dans le même esprit qu'il s'occupe du mariage. Bien petits
d'intelligence, pense-t-il, sont ceux qui s'embarrassent de
ce détail, comme s'il s'agissait de statuer pour des siècles!
« Le Christ arrive, s'écrie-t-il; jeûnez, priez, mortifiez-
vous; méritez, par votre pénitence, de participer au nouveau règne. »

Paul est par excellence le docteur de la chute, de la
grâce, de la supériorité de la foi sur la Justice et de l'idée
millénaire. Sur tous ces points, il se sépare de ses collègues, qui le trouvaient *difficile à entendre*, faisaient de
leur mieux, par leurs concessions, pour conserver l'unité
avec le *très cher frère Paul*, et, ne mettant pas leurs prévisions palingénésiques à si courte échéance, conciliaient
de leur mieux les exigences de leurs ménages avec les
devoirs de leur apostolat.

On s'est partagé sur le point de savoir si Paul avait été
marié : d'après les passages que je rapporterai de ses lettres, et surtout d'après sa manière de penser sur les femmes, la question ne me semble pas douteuse: il était, il
fut toute sa vie célibataire. Dans l'absorption de son zèle,
il ne souffre auprès de lui ni *sœur* ni concubine; à plus
forte raison ne tolérerait-il pas une épouse. Comment se
chargerait-il de ce joug, lui qui oublie même de prendre
de la nourriture?

N'ai-je pas, s'écrie-t-il, le droit de rompre le jeûne, de boire et de
manger, comme les autres apôtres? N'ai-je pas le droit de traîner partout avec moi une femme, sœur, comme font les frères de Jésus, et

Pierre? Pourquoi donc n'en usé-je pas? C'est que je suis tout entier à la prédication. Et je n'y ai pas de mérite; car je suis un homme de prédication, moi. C'est pour moi une seconde nature, une nécessité : *Necessitas mihi incumbit.* Je suis malade, si je ne prêche : *Væ enim mihi est si non evangelizavero!*

Il se vante, l'orgueilleux apôtre. Dans une autre lettre, il fait l'aveu de ses tribulations charnelles : *Il m'a été donné un démon de chair qui me colaphize,* dit-il en propres termes. J'aime mieux Anacréon demandant un rafraîchissement à l'amour qui le consume : *Couronnez de fleurs fraîches, ô femmes, ma tête brûlante!*... Oui, malgré ses naufrages, ses voyages, ses bastonnades, ses jeûnes, ses veilles, malgré sa prédication incessante, Paul ne peut échapper à la lasciveté proverbiale de sa race. Sa continence obstinée le rend malheureux, atrabilaire, cataleptique; elle lui donne des hallucinations, de la rage. Que ne met-il en pratique sa maxime :*Mieux vaut épouser que de brûler?* Que ne prend-il une sœur, une concubine, s'il ne veut une femme solennelle? Pourquoi ce martyre ridicule, indécent, qui trouble sa raison, nuit à sa liberté et fausse sa vertu?

La théorie de Paul sur le mariage nous fera peut-être pénétrer ce secret. Elle nous intéresse d'autant plus qu'elle fait loi dans l'Eglise.

XXXIV. — Ceux de Corinthe, ville célèbre de temps immémorial pour la beauté et les talents de ses courtisanes; où la continence, dit naïvement dom Calmet, était d'une pratique plus difficile que nulle part ailleurs, lui avaient écrit sur le sujet qui intéressait si vivement les néophytes, à savoir la fornication, ou, pour mieux dire, l'amour libre. Les choses allaient loin parmi les frères de Corinthe, puisque, dans le pêle-mêle, le fils prenait la maîtresse du père (*I Cor.*, v).

Que répond le terrible prêcheur, l'apôtre humoriste, savant dans les traditions pharisiennes, qui de plus avait étudié les poètes et les philosophes grecs?

Ceux de mes lecteurs qui n'ont jamais lu l'Apôtre ne s'y attendent certainement pas. La pensée de Paul sur le mariage est exactement la même que celle des païens qu'il a la prétention de convertir : c'est la pensée de Métellus Numidicus, déclarant la femme un mal nécessaire; la pensée de Ménandre, qui dans ces deux vers dit la même chose :

> Γαμεῖν, ἐάν τις ἀλήθειαν σκοπῇ,
> Κακὸν μὲν ἐστι, ἀλλ' ἀναγκαῖον κακόν.

C'est le vœu exprimé dans ce vers d'Homère, que tout le monde prenait pour devise :

> Αἴθ' ὄφελον ἄγαμος τ' ἔμεναι, ἀγονὸς τ' ἀπολέσθαι,
> Vivre sans femme et mourir sans enfants !

Voilà le thème que Paul délaie dans sa première aux Corinthiens, chap. VII.

En principe, dit-il, il est bien à l'homme de ne pas toucher femme.

C'est à merveille, très excellent Paul ! Mais le commun des fidèles ne s'accommode pas de cette haute vertu, qu'il consent à admirer chez les prêtres de Cybèle et les évangélistes de votre trempe ; puis, ce n'est pas avec des boutades qu'on moralise les hommes. A ces conditions, le christianisme est impossible, il ne passe pas. Paul le sent bien, il propose donc, sans autre transition, la monogamie, soit mariage solennel, soit concubinat légalisé de par la loi *Julia Poppæa :* il n'y tient pas, il n'en fait aucune distinction.

Mais à cause des fornications, que chaque homme ait sa femme, et chaque femme son mari.

La Vulgate dit *propter fornicationem;* le grec porte διὰ τὰς πορνείας, au pluriel. Par ces *fornications*, l'Apôtre entend, d'abord, la fréquentation des courtisanes païennes, conformément au décret apostolique; puis, la communauté d'amour entre chrétiens et chrétiennes, introduite par les premiers messianistes, et contre laquelle réagissent Paul et Céphas; enfin, et surtout, les amours pédérastiques, dont il se faisait un commerce pour les deux sexes, d'après ce que rapporte Paul lui-même. (*Rom.,* I, 26 et 27).

Tel est, selon lui, la raison évangélique du mariage : retour *à l'usage naturel*, tombé en désuétude chez les païens, et renoncement à toutes les prostitutions. La Genèse avait dit, avec infiniment plus de dignité : *Il n'est pas bon que l'homme soit seul; donnons-lui une compagne de son espèce.* La philosophie de Paul est autre : pour lui, le mariage n'est qu'un remède à l'incontinence. Dom Calmet, qui suit saint Chysostome, trouve le motif apostolique plus relevé que celui de la Genèse ; pardonnons au digne bénédictin, il était, comme ses auteurs, célibataire.

Loin d'élever l'épouse et d'honorer le mariage, Paul **les** prend donc, la première comme la remplaçante de la courtisane, le second comme supplément de la fornication. Quant à la difficulté économique, si bien mise en lumière de nos jours par Malthus, Paul ne s'en inquiète aucunement ; loin de là, on dirait qu'il s'en applaudit. Le mariage est une concession regrettable faite à la chair : on ne saurait l'entourer de trop d'épines, le racheter par trop de tribulations. Aussi raisonne-t-il de l'usage du mariage en digne précurseur de Mahomet :

Que le mari rende le devoir à la femme, et semblablement la femme au mari.

Car la femme n'a plus la propriété de son corps, mais le mari ; et l'homme n'a pas non plus la propriété du sien, mais la femme.

Tout à l'heure on nous disait que le mariage était institué pour empêcher la fornication ; mais n'est-ce pas fornication pure que ce commerce conjugal, à la manière dont l'entend Paul, et toute l'Eglise après lui ? Que deviennent ici, entre les conjoints, la personnalité, la dignité ? L'épouse, assujettie au *devoir*, est moins que la concubine, qui, conservant sa liberté, peut du moins exiger de son amant qu'il soit aimable, réservé, même respectueux. Le mari, à son tour, est moins que l'amant libre, à qui son *hetaïra*, si elle est digne de son nom, ne reprochera jamais sa lassitude et son impuissance.

Après un si beau précepte, il ne manquait plus que de régler les heures et le nombre. Sous la loi du Coran, les crieurs publics, du haut des minarets, rappellent à leur devoir les maris paresseux. Paul se borne à recommander la bonne foi dans l'échange ; il laisse le chiffre *ad libitum.*

Ne vous sevrez pas l'un l'autre, *nolite fraudare invicem*, ou, suivant dom Calmet : Ne vous faites pas banqueroute, comme des débiteurs de mauvaise foi, si ce n'est d'un commun accord, et pour vaquer au jeûne et à la prière.

La Vulgate supprime le mot *au jeûne*, qui se trouve dans le grec, et qu'exige le sens. Par mesure d'hygiène, l'Apôtre dispense les époux de se rendre le *devoir* lorsqu'ils jeûnent, d'après l'aphorisme hippocratique : *Sine Baccho et Cerere friget Venus.*

Et quand vous avez fini de prier et de jeûner, revenez-y encore, *iterùm revertimini in idipsum*, de peur que Satan ne vous tente par votre incontinence.

Il veut dire, de peur que l'ardeur de chair, vous poussant à la fornication, ne vous fasse retomber dans l'idolâtrie.

L'apôtre Pierre, dans sa première Epître, ch. III, v. 7, recommande la même chose, et pour le même motif, aux maris, mais en donnant à entendre que c'est surtout par charité pour les femmes, dont la nature est plus faible, et qui n'en sont pas moins, avec les hommes, cohéritières de la grâce : *Quasi infirmiori vasculo muliebri impertientes honorem, tanquam et cohæredibus gratiæ vestræ.* Le mot *muliebri*, qui dans la Vulgate est adjectif et rend la phase embarrassée, est substantif dans le grec, τῷ γυναικείῳ, le gynécée, terme honnête, pour indiquer les parties naturelles de la femme. Pauvres femmes ! ce n'est pas assez de les assujettir au devoir, voici qu'on accuse leurs tempérament. Que devient l'amour ?

Il est entendu, continue Paul, que ce que j'en dis est de pure tolérance, *secundùm indulgentiam :* je n'en fais pas une loi.

La loi, suivant lui, serait l'abstention absolue.

Mais comme tous n'ont pas reçu de Dieu la même grâce dont je jouis (il parle de sa continence !), je répète aux célibataires et aux veuves que, s'ils ne se peuvent tenir et rester ainsi comme je fais, eh bien, qu'ils se marient : mieux vaut se marier que brûler.

Que dites-vous, Monseigneur, qui vantez si fort la pudeur évangélique, de ce matérialisme? C'est pourtant là toute votre vertu : vertu brutale, digne du siècle qui la vit paraître. Comment la délicatesse grecque, comment la gravité romaine, comment la pudeur germanique ont-elles pu, sans protestation, recevoir cette doctrine avilissante, inspirée par la lasciveté des races phénico-arabes, et dans laquelle viennent se donner la main deux réformateurs partis des extrêmes opposés de l'ascétisme et de la volupté, Paul et Mahomet?

Chez les Romains, il était le principe, non pas juridique mais moral, que l'honnête femme ne pouvait, en thèse générale, se marier qu'une fois. De quelque manière qu'elle eût perdu son époux, la bienséance lui faisait un devoir de garder sa mémoire; sa gloire était d'être appelée *univira*. Paul n'atteint pas à ce degré de convenance conjugale. Il autorise les veuves à se remarier, et si plus tard l'Eglise latine condamne les secondes noces, nous savons que par ce mot elle entendait le mariage contracté à la suite du divorce, qu'il est dans sa tradition particulière de ne point admettre. Pour ce qui est du remariage après décès, elle permet les secondes et même les quatrièmes noces, et déclare hérétiques ceux qui les blâment : *Il vaut mieux se marier que brûler!* O saintes Cornélie, Porcie, Agrippine, trop heureuses d'être nées idolâtres, à l'abri des accommodements de la chasteté chrétienne!

XXXV. — Qu'après cela Paul dise : *Ceci est un grand sacrement* ou un grand *mystère*, car le mot *sacramentum* se prend au sens de *mysterium* chez les anciens Pères, il n'y a vraiment pas là de quoi établir la religion de l'Eglise à l'endroit du mariage, d'autant moins que l'Apôtre prend soin d'expliquer lui-même ce qu'il veut dire quand il qualifie le mariage de mystère :

Femmes, soyez soumises à vos maris comme au Seigneur : car le mari est le chef de la femme, comme le Christ est le chef de l'Eglise, dont il a sauvé le corps; et comme l'Eglise est soumise au Christ, ainsi les femmes doivent en toutes choses être soumises à leurs maris.

Maris, à votre tour, aimez vos épouses : comme le Christ a aimé son Eglise et s'est livré pour elle, afin de la sanctifier, laver et purifier par la parole de vie, et de se faire une Eglise glorieuse, sans tache, sans ide, pure et immaculée ; ainsi les maris doivent aimer leurs épouses omme leurs propres corps.

Ceci est un grand mystère : je vous le dis en Christ et en l'Eglise. — *Aux Ephésiens.*)

Tout le monde ne devine pas comment ces banalités sur a soumission des femmes et l'affection des maris couvrent in mystère en Jésus-Christ et en l'Eglise. Il faut pour cela se reporter aux Ecritures dont Paul est rempli, se rappeler que sous l'ancienne loi le pacte de Jéhovah avec la Synagogue était représenté sous l'allégorie d'un mariage ; voir encore, aux chap. XVI et XXIII d'Ezéchiel l'histoire les amours malheureuses de ce Jéhovah, qui se prend de passion pour deux jeunes filles, Jérusalem et Samarie, es tire de la boue et de l'ignominie, en fait ses épouses, puis est payé de son dévoûment par la plus abominable infidélité. Ainsi a fait Jésus-Christ : il a aimé l'Eglise, pauvre et esclave ; il s'est livré pour elle ; il l'a purifiée par son sang ; il la glorifie, la nourrit, la réchauffe (*nutrit et fovet*), et il attend de notre fidélité sa récompense : tel est le mystère.

Rien de plus clair, à l'aide du rapprochement des deux Alliances, que toute cette allégorie du mariage. La femme, selon l'Apôtre, est un être dégradé, impur, que l'homme qui s'en approche doit, par charité, relever en s'unissant à elle, nettoyer et embellir, comme Jéhovah et le Christ son fils ont fait l'un et l'autre, le premier pour la Synagogue, le second pour l'Eglise.

A la suite de cette tirade, Paul cite aux Ephésiens le passage de la Genèse : *L'homme quittera son père et sa mère et s'attachera à sa femme, et ils seront deux dans une seule chair.*

Pour comprendre ce texte et n'en pas exagérer la portée, il est indispensable de rappeler l'histoire de la création.

A l'occasion des animaux, la Genèse avait dit que Dieu les créa *chacun suivant un type particulier*, marquant ainsi l'originalité et l'inconvertibilité des espèces. Quand ce vient à l'homme, elle parle d'une tout autre manière : Dieu ne le crée pas comme il eût fait un nouveau terme de la série animale, suivant un type particulier, conçu selon le bon plaisir de l'entendement divin ; il le fait *à son image*, de lui créateur. La Vulgate n'a pas rendu cette opposition, que MM. Glaire et Frank, dans leur traduction littérale de la Genèse, ont encore moins entendue, et qu'aucun interprète, que je connaisse, n'a saisie. Maintenant il s'agit de la femme : à l'image de qui sera-t-elle faite ? — " *Il n'est pas bon*, se dit l'Eternel, *que l'homme soit seul : faisons-lui un aide semblable* A LUI. „

Telle est donc la marche de l'idée génésiaque : en premier lieu les animaux, créés tous d'après des conceptions particulières de l'Esprit divin, quadrupèdes, oiseaux, poissons, reptiles, insectes ; l'homme ensuite, fait, par exception, à l'image de Dieu et tiré de la terre ; la femme, enfin, faite à l'image de l'homme et prise d'une de ses côtes. Dans tout cela qu'a voulu la Genèse ? Marquer la dépendance et l'infériorité de la femme : elle doit être pour l'homme un auxiliaire ; c'est pour cela qu'elle est faite à son image et prise de sa substance. L'Apôtre le rappelle ailleurs en termes singuliers :

Que l'homme se tienne à l'église nu-tête, parce qu'il est l'image et la gloire de Dieu ; mais que la femme soit voilée, parce qu'elle est la gloire de son mari : sinon qu'on la rase.

Car l'homme n'est pas de la femme, mais la femme de l'homme ; et l'homme n'a point été créé pour la femme, mais la femme pour l'homme. (*Première aux Corinthiens*, chap. XI.)

Entre ces deux êtres semblables, mais inégaux, quel sera le rapport ? Telle est la question à laquelle va maintenant répondre la Genèse, et saint Paul à sa suite. La femme créée, Dieu ne procède point, à l'égard de cette création dernière, comme il avait fait au sujet des animaux, des plantes et des astres, s'approuvant lui-même et prononçant que c'était *bien !* Il présente à Adam tous les animaux pour qu'il les nomme, et la femme en dernier lieu. La revue se passe d'abord avec tranquillité ; puis tout à coup, à la vue de la femme, Adam s'écrie hors de lui : *La voilà ! Chair de ma chair, os de mes os, moitié de ma vie !... L'homme quittera son père et sa mère*, etc.

La Bible, en faisant ainsi parler le premier amant, rappelle l'androgyne de Platon, dont les deux moitiés séparées tendent avec ardeur à se rejoindre. La dérivation *ischah*, femme, de *isch*, homme, sur laquelle insiste en cet endroit la Genèse, témoigne de l'intention : Isch *quittera père et mère et s'attachera à* ISCHAH. Les derniers mots font image : *Ils seront deux dans une seule chair.* Le sens est donc que la création d'Ève, Adam pris pour juge, a réussi, trop bien réussi peut-être, au sens physique et passionnel. C'est l'histoire de la naissance de l'amour ; il n'y a pas un mot qui se rapporte spécialement à l'institution du mariage. L'amour, voilà, selon la Genèse, la destination de la femme : c'est par son amour qu'elle doit aider l'homme ; que si plus tard elle le trompe, si elle tombe dans l'impureté et se montre infidèle, si l'amour qu'elle inspire devient pour la société un fléau, la faute en est au serpent qui a séduit Ève et fait de cette source de vie (*Heva*, en grec *Zôè*, vie) un instrument de mort. Dans ces conditions, l'homme qui prend une femme doit se souvenir avant tout qu'il est son rédempteur comme le Christ a été celui de l'Église : telle est, selon l'Apôtre, l'économie du mariage.

Supposons que la Genèse, à propos de la première rencontre d'Adam et d'Ève, au lieu de peindre la fascination que la femme exerce sur l'homme, eût voulu inculquer l'idée du mariage, elle aurait dit, en intervertissant les termes et restant dans la vérité de la nature : *La femme quittera son père et sa mère, et s'attachera à son mari ; et ils seront* UN *en deux corps.*

L'unanimité dans la dualité corporelle, sous la prépondérance de l'homme : c'était le mariage.

La dualité de volonté dans l'unité couplée des corps, jointe à l'entraînement de l'homme par la femme : voilà le concubinat.

L'expression est claire, et l'intention de l'écrivain n'est pas douteuse : il a voulu représenter, non pas l'union des âmes, ce qui est le propre du mariage, mais leur dualité amoureuse ; pas plus que saint Paul il n'a eu la vraie notion du mariage.

C'est ainsi que l'a entendu l'Apôtre dans sa deuxième aux Corinthiens, chapitre VI, quand, pour détourner ses néophytes de la fréquentation des prostituées, il leur dit :

Ignorez-vous que celui qui s'accouple à une prostituée fait un avec elle ? Car il écrit : « Ils seront deux dans une seule chair. »

Lors donc que l'Apôtre se prévaut du même passage de la Genèse, tantôt avec les Éphésiens, pour leur rappeler ce que le mari doit de charité à sa femme ; tantôt avec les Corinthiens, pour les détourner de leurs habitudes de mauvais lieux, il est clair que pour lui l'amour permis ne diffère pas intrinsèquement de l'amour illicite, le mariage ou concubinat de la fornication ; à ses yeux ces différents états ne se distinguent que par des circonstances extérieures, comme la continuité des rapports, la communauté d'habitation, et, autant que possible, la participation à la même foi. Dans ces conditions, l'amour conjugal étant accordé seulement comme un remède à la fornication, l'œuvre de chair assimilée à un service commutatif, *nolite fraudare invicem*, l'unité de conscience, d'esprit, de cœur, se trouve de fait exclue ; le mariage se réduit à une *tolérance*. Le mot est ignominieux, mais il est pris de saint Paul, et il n'y en a pas d'autre pour exprimer la pensée chrétienne.

XXXVI. — Tous les Pères se sont inspirés, à l'égard du mariage, des sentiments de l'apôtre. Ils ont dénoncé ce dualisme, si redoutable à la paix de l'âme et au salut, dévoilé cette souillure ineffaçable du lit nuptial, pour laquelle le mari doit demander sans cesse grâce au Christ, la femme grâce à son mari. De là leurs anathèmes, si peu compris, contre la femme, anathèmes qui ne s'adressent point à la personne, participante comme son époux du sang de Jésus-Christ, mais à cette sexualité aux séductions puissantes, cause de tant de douleurs et de tant de crimes.

Souveraine peste que la femme ! s'écrie saint Jean Chrysostome ; *dard aigu du démon ! Par la femme, le diable a triomphé d'Adam, et lui a fait perdre le Paradis.*

Que de malédictions cette maudite allégorie du fruit défendu a attirées sur le sexe !

La femme, dit saint Augustin, *ne peut ni enseigner, ni témoigner, ni compromettre, ni juger, à plus forte raison commander.*

Saint Jean de Damas : *La femme est une méchante bourrique, un affreux ténia, qui a son siège dans le cœur de l'homme ; fille du mensonge, sentinelle avancée de l'enfer, qui a chassé Adam du paradis ; indomptable Bellone, ennemie jurée de la paix.*

Saint Jean Chrysologue : *Elle est la cause du mal, l'auteur du péché, la pierre du tombeau, la porte de l'enfer, la fatalité de nos misères.*

Saint Antonin : *Tête du crime, arme du diable. Quand vous voyez une femme, croyez que vous avez devant vous, non pas un être humain, non pas une bête féroce, mais le diable en personne. Sa voix est le sifflet du serpent.*

Saint Cyprien aimerait mieux entendre le *sifflement du basilic* que le chant d'une femme.

Saint Bonaventure la compare au *scorpion, toujours prêt à piquer ;* il l'appelle *lance du démon.* C'est aussi l'avis d'Eusèbe de Césarée, que *la femme est la flèche du diable.*

Saint Grégoire le Grand : *La femme n'a pas le sens du bien.*

Saint Jérôme : *La femme, livrée à elle-même, ne tarde pas à tomber dans l'impureté.* Et encore : *Une femme sans reproche est plus rare que le phénix. C'est la porte du démon, le chemin de l'iniquité, le dard du scorpion, au total une dangereuse espèce.*

Nos écrivains damerets affectent une grande colère à la lecture de ces imprécations ; il serait plus simple d'y voir un hommage désespéré rendu au pouvoir de la femme.

Au reste, la méditation du dogme évangélique et la lecture de la Bible étaient peu faites pour inspirer à des âmes ascétiques le respect de la femme et du mariage. Le paganisme, venu au début de la civilisation, plein de joie et d'espérance, avait idéalisé la femme dans ses nymphes, ses muses, ses déesses ; il avait sanctifié le mariage, élevé la famille à la hauteur d'une royauté et d'un sacerdoce.

Le christianisme, provoqué par une corruption sans exemple, vit dans la génération le principe, dans la femme l'instrument de toutes nos souillures. Sans doute, après comme avant la prédication de l'Evangile, l'espèce continua de se reproduire par la voie ordinaire : comme autrefois on fit l'amour et l'on s'épousa ; la femme ne cessa pas d'être la bienvenue auprès de l'homme ; sa condition, son caractère, gagnèrent même quelque chose. Théologiquement le mariage fut sans honneur, la femme sans estime. Le baptême, administré aussitôt après la naissance, n'eut plus d'autre objet que de laver l'impureté génitale. L'influence de la Bible, inspirée, en ce qui touche la femme, de mœurs et traditions du harem, fut désastreuse.

Quels types de femmes que les femmes de la Bible ! Ève,

la **Pandore** hébraïque, dont la curiosité ouvre le monde au péché et à la mort ; les antédiluviennes, qui séduisent les anges et accouchent de géants ; Sara, femme d'Abraham, maussade, incrédule, jalouse et vindicative ; Agar, la favorite insolente ; la femme de Loth, changée en statue de sel ; ses filles, amoureuses de leur père ; Rébecca, qui **apprend** à son fils Jacob, dont le nom signifie le Filou, à **tromper** son père et son frère ; Lia, glorieuse et sotte ; **Rachel**, qui vole les marmousets de son père ; Dina, l'effrontée ; **la Putiphar**, dont le nom est passé en proverbe ; Marie **sœur** de Moïse, qui conspire contre lui ; la femme de Job, **qui** l'insulte sur son fumier. Que dire d'Abigaïl, de Michol, **de Bethsabée**, de la reine de Saba, d'une Jahel, d'une **Rahab**, d'une Dalila, d'une Esther, d'une Judith ?

A l'imitation des Pères, les casuistes ont traité la matière conjugale en vrais Turcs ; ils ont si bien fait que leurs noms sont demeurés infâmes parmi les honnêtes gens. Les honnêtes gens ont tort : accuse-t-on le médecin qui se voue à la guérison des maladies honteuses, alors même que ses remèdes ont pour effet de les aggraver ? Après tout, les dissertations d'un Sanchez et d'un saint Liguori ne font honte qu'à leur religion et à leur siècle ; le traité *De Matrimonio* est contemporain de l'*Aloysia*. De pareils livres sont autant de témoignages que, du fait de l'Eglise et jusqu'au seizième siècle, l'honnêteté n'exista nulle part dans le mariage des chrétiens.

XXXVII. — Il est vrai pourtant que l'Eglise, après une longue et inutile attente, ayant pris le parti d'abandonner l'opinion millénaire, force lui fut de modifier sa théorie du mariage. Le monde ne finissant pas, là où Paul n'avait vu qu'un sédatif aux titillations de la chair, elle finit par découvrir la loi de conservation du genre humain, et, ce qui lui importait davantage, l'instrument de sa propre propagation. Elle condamna donc les hérétiques, qui, sur la foi des premières traditions, comptant toujours sur la venue du *Fils de l'homme*, et jugeant inutile de faire des enfants, réprouvaient à la fois la génération et le mariage, et elle rétablit l'union conjugale dans son antique et païenne dignité de sacrement.

Mais cette restauration n'eut lieu, au moins de la part

des prêtres, que pour la forme. La religion du mariage, abrogée par la foi primitive, se reforma peu à peu dans la conscience des peuples ; le clergé, voué au célibat, à qui l'amour était d'autant plus suspect que sa continence mal entendue lui était plus pénible, continua de regarder le mariage comme un état de pollution habituelle ; et tandis que le calendrier regorge de prétendues vierges, canonisées, comme une Thérèse d'Avila et une Marie Alacoque, pour avoir, pendant une vie de langueur, enduré les soufflets d'Asmodée, c'est à peine si l'on y rencontre une mère de famille.

Au seizième siècle paraît la Réforme. Vous croyez qu'elle va réhabiliter le mariage ! Dieu l'en préserve ! Sur ce point comme sur tous les autres, elle accuse l'Eglise romaine de superstition, et, revenant à la foi primitive, elle commence par ôter au mariage le titre, que Rome avait fini par lui accorder, de sacrement.

Eh bien, direz-vous, allez-vous faire un crime aux orthodoxes du sacrilége des protestants ?

Telle n'est pas ma pensée. La réforme accusait l'Eglise d'avoir, en ce qui touche le mariage, varié dans la foi, ajouté à la tradition apostolique et à l'Evangile : je prétends que l'Eglise n'a point varié du tout, si ce n'est peut-être dans les mots. Après comme avant le concile de Trente, l'Eglise de Rome, d'accord avec les chrétiens primitifs comme avec les réformés, nie le mariage, qu'elle confond toujours avec le concubinat.

La société conjugale, disent nos modernes théologiens, peut exister sous trois formes, donner lieu à trois sortes de contrats ; le contrat *naturel*, le contrat *civil*, le contrat *religieux*.

Le contrat naturel est l'union spontanément formée par un homme et une femme, antérieurement à l'existence de l'ordre civil, ou en dehors de cet ordre. C'est, à proprement parler, le concubinat.

Le contrat civil est le même que le précédent, mais accompagné, pour les époux, de certaines obligations et prérogatives réciproques, exprimées ou sous-entendues, et garanties par la société, lesquelles obligations et prérogatives font du concubinat une société civile de biens et de gains, chose que par lui-même le concubinat ne comporte pas nécessairement.

Le contrat religieux consiste dans la bénédiction donnée par le prêtre à deux personnes conjointes, soit seulement de par la nature, soit en outre devant la société : l'Eglise ne se préoccupe pas plus de l'un que de l'autre.

8.

L'Eglise, elle le proclame elle-même, ne connaît pas et se soucie encore moins du contrat civil. Elle prétend pouvoir marier nonobstant ce contrat; rendre époux, par la vertu de sa bénédiction, des concubinaires qui repoussent le mariage civil et l'intervention de la société. Le mariage romain, par *coemptio* ou *usucapio*, valait du moins, par sa publicité, pour le for extérieur; mais le mariage conféré par l'Église, en dehors de la garantie sociale et sans autre motif que de donner absolution du péché, ne vaut en réalité ni pour le dedans ni pour le dehors : c'est la négation même du mariage.

En deux mots : selon l'esprit de l'Église, le mariage, quel qu'il soit, n'est point chose sacrée ; c'est un acte essentiellement entaché d'impureté, que la bénédiction du prêtre a pour objet de laver, comme une sorte de baptême donné à l'amour.

Jusqu'au concile de Trente, l'Église fut dans l'habitude de donner à tous ceux qui la lui demandaient la bénédiction nuptiale, sans témoins, sans annonce préalable, sans nul souci des familles et des tiers, et c'est encore ainsi qu'elle en use dans les pays de franc catholicisme. Uu de mes amis, établi à Valparaiso, se marie. Il fait venir sa fiancée de Paris et l'épouse au débarqué, dans une sacristie, sans publication ni témoins. Le sacrement, en effet, étant un don de Dieu, ne requiert pas l'assistance des hommes. Les unitaires d'Amérique en usent de même, fidèles sur ce point à la tradition de Rome. De là ce fléau des mariages clandestins, auquel le concile de Trente fut obligé, sur la réquisition formelle des souverains, de porter remède, en décrétant qu'à l'avenir tout mariage devait, à peine de nullité, être célébré par le curé des parties ou par son délégué, accompagné de deux ou de trois témoins.

Ainsi la distinction, telle qu'on la fait aujourd'hui, entre le mariage et le concubinage, cette distinction, tout imparfaite qu'elle est encore, ne vient pas de l'Église; elle appartient à l'autorité civile, qui, au seizième siècle imposa à l'Église la publication des bans, l'assistance des témoins, et le ministère ou la délégation de l'ordinaire.

La Révolution a fait plus : ne jugeant pas la sécurité

des familles et l'ordre public suffisamment protégés par l'Église, elle a séparé radicalement, pour le fond et pour la forme, le mariage civil et la cérémonie ecclésiastique. Mais l'Église, qui ne renonce pas à ses idées, proteste contre cette séparation outrageuse; elle revendique pour elle seule le pouvoir de marier, elle devrait dire, pour rester dans l'esprit et la lettre de ses auteurs, le privilége de bénir les concubinaires. A l'heure où j'écris, il est des prêtres qui, malgré le concile et le concordat, poussés par un zèle factieux, s'ingèrent de marier en secret les concubinaires; d'autres qui administrent le prétendu sacrement sans attendre l'acte civil, et ne s'aperçoivent pas que ce sacrement, donné hors de la société, est une consécration du concubinage, un sacrilége.

XXXVIII. — A ce propos, je ne puis m'empêcher de dire ici quelques mots d'une affaire qui a vivement occupé dans ces derniers temps l'attention publique, je veux parler du procès entre madame Weber et les héritiers Pescatore.

Voici le problème :

En France, depuis la Révolution, le mariage civil doit précéder toujours le mariage religieux.

En Espagne, il n'y a pas de mariage civil : le mariage religieux, conformément à la discipline du concile de Trente, tient lieu de tout.

Un concubin français, pour plaire à sa concubine, désire se marier religieusement, mais non pas civilement; faire, comme l'a dit ironiquement M. Dufaure, un *mariage de conscience*, non un mariage social et solennel; surtout éviter la publicité. A cet effet, il obtient la recommandation d'un évêque français auprès d'un curé espagnol, lequel passe d'emblée à la célébration, sans autre formalité en France ni publication. On demande si le mariage religieux ainsi fait à l'étranger emporte pour la France mariage civil, d'après l'art. 170 du Code; et si la concubine, lavée, purifiée, épongée par l'Église, peut se dire épouse et commune en biens ?

Cinq consultants, MM. O. Barrot, Bethmont, Marie, Buignet, Demolombe, d'accord avec les évêques de Reims, de Bordeaux, de Paris, de Versailles, répondent : Oui. —

Le tribunal, d'accord avec le ministère public et le défenseur des héritiers, M. Dufaure, dit : Non.

Qui est dans la vérité, dans le droit? J'ajoute : Qui, de MM. Barrot, Bethmont, Marie, Buignet, Demolombe, ou du tribunal, a le mieux saisi l'esprit de la Révolution?

Après l'exposé qu'on vient de lire, la réponse ne peut être douteuse.

En principe, aux termes de la théologie chrétienne, de la tradition et de la pratique ecclésiastique, le mariage religieux n'est pas un MARIAGE ; c'est une union *naturelle*, contractée, si vous voulez, devant Dieu, mais non pas devant la société ; union sanctifiée, pour le croyant, par la bénédiction du prêtre et son exorcisme, mais qui n'emporte point par elle-même d'effets civils ; en un mot, c'est un contrat de concubinage.

Le mot déplaît, mais ce n'est pas ma faute. Je voudrais, comme l'empereur Auguste, comme les Apôtres, comme toute l'Eglise, qu'il pût être rendu honnête ; à ce titre, j'accepterais avec reconnaissance la bénédiction religieuse. Mais que vous vous mariiez devant le Christ, comme M. Pescatore, ou devant le Soleil, comme Murat, qu'importe cette symbolique? Dès lors que vous écartez votre pays, ne demandez rien à votre pays : vous ne pouvez pas réunir à la fois les *franchises* du contrat naturel, même sanctifié par le culte, avec les *droits* du contrat civil que votre intention a été d'esquiver. Peut-être en croirait-on votre protestation, si l'Espagne, encore sous le joug des prêtres, eût été le seul pays où il vous fût possible de vous marier ; mais vous étiez en France, où la régularisation de votre communauté n'eût certes pas été de mauvais exemple : qu'alliez vous faire en Espagne?

XXXIX. — J'ai prononcé le mot de divorce.

L'Eglise, et je parle de toutes les Eglises, grecque, latine, réformée, sans exception, l'Eglise, par la manière dont elle a traité le divorce, l'admettant tour à tour et le rejetant, a montré une fois de plus sa pensée secrète sur l'identité du mariage et du concubinage.

D'après la tradition suivie par les rédacteurs des trois premiers Evangiles, le rabbi Jésus s'était exprimé sur le divorce en termes précis, qu'aucune interprétation ne saurait obscurcir :

Vous savez qu'il a été dit aux anciens : Quiconque voudra renvoyer sa femme lui signifiera l'act' de répudiation.

Et moi je vous dis que celui qui divorce avec sa femme, hors le cas d'adultère, la fait prostituée, et que celui qui épouse une femme divorcée est lui-même adultère.

Faut-il tant de pénétration pour comprendre la pensée du fondateur? Il prend en main la défense des femmes, livrées, par le privilége illimité de répudiation que la loi accordait à l'homme, à la brutalité des maris, et il pose une limite à un abus qui faisait dégénérer l'institution en promiscuité. Il restreignait, en un mot, le divorce au cas d'adultère : c'était ainsi que le comprirent les disciples immédiats, qui avaient vu et entendu Jésus, et l'Église grecque est là tout entière pour affirmer la vérité de cette tradition.

Mais Paul a aussi *son Évangile*, plein de choses qui ne se trouvent pas dans l'Évangile de Pierre, comme par exemple de rompre toute relation avec la société civile et de s'abstenir de ses tribunaux, malgré le mot si connu du Maître : *Mon royaume n'est pas de ce monde*. Jésus avait fait profession d'obéissance à l'autorité établie; Paul prêche la sécession, la sédition. Jésus s'était montré indulgent pour les pécheurs; Paul tranche du rigoriste. Sur tous les points il aspire à surpasser Jésus dans la morale et dans la gnose, il ne lui laisse que la messianité. A ceux qui lui font des objections sur son enseignement, dont certaines parties ne se trouvaient pas dans celui du Galiléen, il répond avec aigreur :

Dieu a suscité le Maître, j'en conviens; mais moi aussi il me suscitera par sa vertu; *Deus vero et Dominum suscitavit ; et nos suscitabit per virtutem suam.* — Tout m'est permis, mais tout ne me convient pas, et je ne relève d'aucune autorité.

Oui, vous avez été faits membres (enfants) du Christ; mais quoi ! est-ce qu'en vous reprenant au point où vous a laissés le Christ, je ferai de vous des bâtards? *Tollens ergo membra Christi faciam membra meretricis ?*

Passage qui prouve encore que Paul, à Corinthe

aussi bien qu'à Rome, avait été devancé par les autres apôtres.

Après cette verte apostrophe aux Corinthiens réfractaires, il poursuit son exposition ; et c'est alors que, enchérissant sur Jésus comme celui-ci avait enchéri sur Moïse, et singeant jusqu'à sa manière ; il prononce cet oracle :

Vous savez que le Maître a défendu le divorce, hors le cas d'adultère.

Mais moi je vous dis ceci : Si un frère fidèle a une épouse infidèle et que celle-ci consente à cohabiter avec lui, il doit la garder ; et réciproquement, si une fidèle a un mari infidèle, elle ne le quittera pas.

Deux mots d'explication sur ce texte. D'après l'ancienne loi, à laquelle Jésus avait fait allusion, le mari seul avait la faculté de signifier le divorce ; la femme maltraitée ne pouvait que s'enfuir et se retirer chez ses parents.

D'autre part, par le mot *infidélité* il faut entendre tout à la fois : 1° l'idolâtrie, le plus grand des crimes d'après le Pentateuque, et qui constituait entre les Juifs et les races proscrites un empêchement absolu au mariage ; 2° la fornication, et conséquemment l'infidélité conjugale, ainsi que je l'ai expliqué plus haut.

Paul, embrassant dans sa définition la retraite de la femme chez ses parents et la répudiation du mari, les prohibe toutes deux, même dans le cas d'idolâtrie, à plus forte raison dans le cas d'adultère. " Le fidèle, dit-il, devra rester, quand même, avec l'infidèle. „ Et la raison, divin Apôtre ?

C'est que l'honorabilité de l'époux fidèle couvre la fornication de l'infidèle, et que par là les enfants, qui sans cela seraient bâtards, sont rendus légitimes. *Sanctificatus est vir infidelis per mulierem fidelem, et sanctificata est mulier infidelis per virum fidelem : alioquin filii vestri immundi essent, nunc autem sancti sunt.*

D'après le style des prophètes, dont Paul affecte de se servir, il est évident que les mots *fidèle* et *infidèle* se rapportent à deux ordres d'idées, le culte et le mariage : le parallèle qu'il établit entre la doctrine de Jésus et la sienne le prouve d'ailleurs.

Ne voilà-t-il pas une belle raison en faveur du cocuage?

Comment! C'est pour annuler la bâtardise que vous réprouvez le divorce et passez l'éponge sur l'adultère? Vraiment les adultérins vous auront obligation. Mais que devient la foi conjugale? Que devient la sainteté du mariage? Que deviennent l'amour et le respect?

Bagatelles! Est-ce que le mariage n'est pas institué, d'après Paul, simplement pour remédier à la *fornication?* Est-ce qu'un homme sérieux, un esprit grave, un vrai chrétien, peut se soucier de l'amour de sa femme? Qu'importe, en vérité, de quel père sortent les enfants, pourvu qu'ils soient baptisés! Passe encore si le mari qui demande le divorce, si la femme qui se sépare, alléguait le refus du *debitum* : alors il y aurait lieu à rupture, le service pour lequel le mariage est octroyé n'étant pas rempli. Mais si le mari infidèle, si la femme infidèle, *consent à la cohabitation*, plus le moindre sujet de plainte : c'est à l'époux fidèle à ramener, par la raison et la douceur, l'infidèle.

C'est d'après cette solution, logiquement déduite de l'épître aux Corinthiens, que l'Eglise latine, qui repousse le divorce, même pour cause d'adultère, autorise l'annulation du mariage pour cause d'impuissance : *Si impos.* Tout le monde ici se rappelle l'édifiante formalité du congrès, imaginé, sous l'influence de cette casuistique orthodoxe, pour constater les cas d'impuissance, si un mari *naturait* ou s'il ne *naturait* pas; formalité qui ne fut abrogée que sous le règne de Louis XIV.

L'impuissance dans le mariage jugée moins excusable que l'idolâtrie, moins excusable que l'adultère!... Ne trouvez-vous pas, Monseigneur, qu'après cet enfantement, Paul a le droit de s'écrier avec un légitime orgueil :

Certes, je crois que moi aussi j'ai l'esprit de Dieu ; *Puto autem quòd et ego spiritum Dei habeam?*

XL. — Que la théologie chrétienne ait fait descendre le mariage de la hauteur où l'inspiration polythéiste l'avait placé, c'est un fait que l'histoire de l'Eglise, que ses Ecritures, ses définitions, sa pratique et toutes ses autorités démontrent avec la dernière évidence.

Mais on voudrait savoir encore quelle a été la raison

supérieure de ce mouvement rétrograde, que n'expliquerait pas suffisamment la grossièreté primitive de la secte, ni l'esprit oriental de ses missionnaires. Indiquer cette raison, ce sera compléter ma critique.

Le polythéisme, avec ses dieux mâles et femelles, couplés, mariés, l'un de l'autre engendrés, avait donc idéalisé la famille et le mariage; il avait fait de cet idéal le sommet de Justice et d'honneur auquel il conviait toutes les races humaines, toutes les conditions sociales. Hercule, après sa mort, reçu dans le ciel et devenant l'époux d'Hébé, était l'emblème de la barbarie qui s'élève des violences de l'amour à la sainteté du mariage. On a vu ensuite par quelle dégradation du sentiment religieux et quel concours de circonstances la famille païenne déchut de cet idéal; comment, enfin, par les raffinements de son érotisme, la société grecque et latine s'abîma dans la volupté unisexuelle.

Que va faire le christianisme?

C'est une loi de l'histoire, qui a son principe dans le mouvement évolutif des idées, que toute révolution, en même temps qu'elle nie et abroge l'état antérieur, ne fait pourtant que le continuer. Nous en avons vu un exemple, à propos du travail, dans la succession des lois qui le régissent tour à tour : *Loi d'égoïsme, Loi d'amour, Loi de Justice.*

Ainsi le christianisme devait reprendre les choses au point où les avait laissées le polythéisme, faire pour le mariage ce qu'il faisait pour l'esclavage, ce qu'il avait fait pour toute sa théologie. Ce fut en effet ce qui arriva.

Témoin de la dégradation des mœurs domestiques, de l'hypocrisie du mariage, de l'insociabilité de la famille, des misères de la prostitution, des horreurs de l'amour pédérastique; frappé en même temps de la logique, au moins apparente, du concubinat, si commode, si populaire; convaincu, du reste, par la théorie platonicienne autant que par ses monstrueux résultats, que le véritable amour n'est pas de ce monde, n'appartient point à des natures mortelles, le christianisme condamna la chair, nia, du point de vue religieux, la sexualité; quant à la vie terrestre, il affirma en principe la communauté des femmes, mais se contenta, dans l'application et par forme de tolérance, du concubinat.

Le christianisme, en un mot, prit pour point de départ le terme où s'étaient arrêtés les philosophes de l'école de Socrate et d'Epaminondas, l'unisexualité spirituelle.

Au fond, tandis que le polythéisme, en instituant le mariage, s'était borné à appeler la Justice au secours de l'amour, le christianisme, faisant un pas de plus, prononça la subordination de celui-ci : en cela il servit le progrès, et prépara la formule supérieure de l'institution. Dans la forme et d'après la lettre, le christianisme fit plus que subalterniser l'amour, il le réputa à péché et le condamna : toute sa discipline fut inspirée de cette condamnation.

J'ai cité déjà le mot du Christ, à qui l'on demandait lequel, des sept maris auxquels une femme avait successivement appartenu, lui resterait après la résurrection : *Dans le ciel*, répondit-il, *il n'y a plus ni époux ni épouses; tous sont comme des anges devant la face de Dieu.* Saint Paul, aux Galates, III, 28, professe la même doctrine : *En Christ il n'y a ni Juif ni Grec, ni esclave ni libre, ni mâle ni femelle.* Il pouvait dire encore : Il n'y a ni frère ni sœur, comme Chateaubriand l'a si bien fait voir dans son René. — *Je vous ai fiancés au Christ*, dit-il ailleurs, *comme une vierge chaste...* Toute la théorie du célibat religieux est fondé sur ce principe d'une noce spirituelle, où le sexe n'est plus de rien.

Niée dans le ciel, la sexualité, ainsi le veut la logique transcendantale, est condamnée sur la terre; la femme, pour mieux dire, aux yeux du chrétien, du vrai spirituel, n'existe pas. Erreur ou accident de la nature, tourment de l'homme, image fausse de l'amour, elle ne vaut, comme personne, qu'autant que, se dépouillant de son sexe, elle revêt l'individualité chrétienne, suivant la formule : *Ni hommes ni femmes, tous anges devant l'Absolu.*

De là cette conséquence qui anéantit le mariage, que, l'union de l'homme et de la femme n'ayant de valeur que pour la procréation des enfants, tout au plus comme préservatif de la fornication, les personnes conjointes demeurent, quant à la conscience, indépendantes l'une de l'autre, ne relevant que de leur foi, c'est à dire de l'Eglise.

Le concubinat, prenez-y garde, est, à défaut de la communauté des amours, la seule forme d'union que puisse accorder une autorité religieuse à ses membres des deux sexes, et moins qu'une autre l'Eglise du Christ pouvait déroger à cette loi. Il y a dans le mariage ce fait redoutable pour toute Eglise, qu'il se forme entre de justes époux une conscience commune, religion de famille, justice domestique, incompatible avec la souveraineté du dehors.

Le concubinat, qui rapproche les personnes, mais ne les identifie pas ; qui unit les corps, en laissant le libre arbitre aux cœurs ; le concubinat, sans Justice propre et sans idéal moral, était tout ce que pouvait supporter la nouvelle religion.

De là aussi l'introduction dans le ménage chrétien d'une tierce influence, qui témoigne énergiquement de sa nature concubinaire.

Chez les anciens, nul ne pouvait pénétrer dans la famille : le gynécée était muré ; ni prêtre ni magistrat n'avait à y voir.

Dans le christianisme, c'est toute autre chose : le prêtre confesse la femme ; il est son époux spirituel ; à lui l'âme, la conscience, le cœur ; au mari, *géniteur*, le corps. Lui et Elle ne sont plus unanimes, c'est à dire ils ne font pas un esprit dans deux corps séparés ; *ils sont deux*, au contraire, comme dit la Genèse, *dans une seule chair*.

Ainsi l'Église, après avoir flétri l'amour et déshonoré, sans le comprendre, le culte de Vénus, sépare l'épouse de l'époux, malgré l'ordre de Dieu. Au lieu d'initier la femme à la Justice par le mari, le père ou le frère, comme le voulait le mariage romain et comme le veut la nature, elle prétend l'instruire elle-même, par le directeur. Comme dans le ménage fouriériste, le mari, amant charnel, emplira le ventre de la femme ; le prêtre, amant spirituel, emplira l'esprit. De sorte que le mariage chrétien pourrait se définir un cocuage mystique : *Hoc est magnum sacramentum!*

Partout où le catholicisme a conservé sa puissance, le prêtre est maître de la maison. Que d'incestes spirituels et d'adultères! Que de maris désespérés par cette aliénation de leurs femmes!

Et toute religion fera de même, j'en atteste Platon et le père Enfantin. Dès lors que la société, au lieu de reposer directement sur la Justice, prend sa base sur une foi, un dogme, un respect transcendantal, il faut qu'elle rompe

ntre l'homme et la femme le serment matrimonial, ou
tout est perdu. De même qu'en leur qualité de citoyens ils
relèvent de l'autorité publique, il doivent en relever en
qualité d'époux. Ainsi en usaient avec leurs néophytes les
Jésuites du Paraguay. Ou la communauté des amours,
comme la voulurent Platon et les premiers chrétiens ; ou
la subordination du mariage au prêtre, c'est à dire le concubinage. Hors de là, point d'Église, point de religion.

CHAPITRE V

Corruption de l'amour et du mariage chez les chrétiens. Caractère de la lubricité
moderne.

XLI. — A l'idéal d'amour qu'avaient rêvé l'une après
l'autre, de la diversité de leur point de vue, l'école spiritualiste de Socrate et l'école sensualiste d'Épicure, le
christianisme ne fit donc que substituer, de son point de
vue particulier, un autre idéal, l'amour mystique. Des réformateurs judicieux n'eussent eu à faire qu'une chose,
c'était, en interprétant le symbole sacramentel, de rétablir
le sens juridique du mariage. Fidèles à leur haine de la
nature et de l'humanité, les missionnaires du Christ en-
chérirent sur tous les raffinements de la philosophie
païenne. La même cause qui avait perdu la famille antique
devait perdre aussi la famille nouvelle : de quelque manière que vous absorbiez le poison, en poudre, en liquide
ou en vapeur, il vous tue.

Qu'est-ce d'abord que cet amour mystique ?

L'amour mystique, variété de l'amour platonique, consiste à rapporter à Dieu, beauté éternelle, amour créateur, le sentiment que la nature a établi entre l'homme et
la femme, et que les Grecs indiscrets avaient étendu à la
nature entière, sans distinction de règne, d'espèce ni de
sexe. Du reste, de même que l'amour platonique, et bien
plus encore que l'amour platonique, l'amour mystique
tend à une continence absolue, à la castration mentale :

ce qui emporte toujours la négation de la sexualité, et finalement de l'amour même.

L'origine de ce mysticisme se confond avec celle des religions. Sans parler des mystères aphrodisiaques, qui y conduisaient, on sait que chaque cité se regardait comme unie conjugalement à un dieu, qui la prenait sous sa protection et à qui elle se dévouait par un culte spécial. Les prophètes sont pleins de cette idée : Jéhovah a trouvé la cité israélite nue et proscrite ; il l'a recueillie, épousée, chargée de parures et d'or ; la *Loi* est son contrat de mariage, le fameux *Cantique* son épithalame.

La poésie mystique de l'Inde a pour texte habituel l'amour passionné et extatique de l'âme pour son créateur. Cet amour, le plus éthéré et le plus saint que l'homme puisse sentir, s'y exprime par les images sensuelles du *Cantique des cantiques*, mais avec une candeur d'expression que l'hébreu lui-même n'atteint pas. On y sent la nudité innocente de l'homme et de la femme dans la pureté sans tache et sans ombre d'un autre Eden. (*Cours familier de littérature*, par M. DE LAMARTINE, citation du baron d'Eckstein.)

Le christianisme, condamnant la chair et tout attachement à la créature, devait porter au plus haut degré l'amour mystique, le développer, l'enseigner sous toutes les formes, en faire un précepte et une condition de salut. — " *Je vous ai fiancés tous à un seul époux*, dit Paul aux " Corinthiens, *au Christ, comme une Vierge chaste.* „ Le Nouveau Testament, les Pères, les mystiques, les sermonaires, ne parlent que des noces du Christ avec son Église, du mariage de l'âme avec son Créateur, de l'union des vierges avec Jésus, leur divin époux. De même que le paganisme, on peut dire que le christianisme se résout tout entier dans une idée, l'amour.

On comprend que dans ce système le mariage soit regardé comme une espèce d'infidélité, dont l'auteur de tout bien, de toute beauté et de tout amour, Dieu, est jaloux, et qu'il ne permet que par un excès de miséricorde.

Celui qui est sans femme, dit l'Apôtre, ne songe qu'à plaire à Dieu, tandis que l'homme marié doit contenter encore son épouse. Pareillement la vierge qui se garde pure de cœur et de corps ne songe à plaire ju'au Seigneur; au lieu que la femme mariée doit s'occuper encore du monde et plaire à son mari.

De fait et de droit le mariage chrétien, accordé par tolérance, réservant à Dieu, à l'Eglise, au prêtre, les préférences intimes du cœur, est un concubinage, pis que cela, un adultère.

Suivons, dans ses conséquences logiques et pratiques, cette nouvelle théorie de l'amour.

XLII. — La contradiction apparaît d'abord dans le langage des mystiques. Il leur est impossible de parler de l'amour divin sans employer continuellement les images de l'amour charnel :

On peut dire, avec Denis le Chartreux, que le divin Epoux, voyant l'âme tout éprise de son amour, se communique à elle, se présente à elle, l'embrasse, l'attire au dedans de lui-même, la baise, la serre étroitement avec une complaisance merveilleuse...

On peut dire, avec saint Bernard, que cet embrassement, ce baiser, cette touche, cette union, n'est point dans l'imagination ni dans les sens, mais dans la partie la plus spirituelle de notre être, dans le plus intime de notre cœur, où l'âme, par une singulière prérogative, reçoit son bien-aimé, non par figure, mais par infusion, non par image, mais par impression... (BOSSUET, *Sur l'union de Jésus-Christ avec son épouse.*)

Peut-être ce matérialisme d'expression, dont les exemples rempliraient des volumes, fut-il nécessaire au commencement pour enlever les cœurs égarés au matérialisme de la débauche, et c'est pourquoi je ne saurais faire de semblables textes un motif d'accusation contre les mystiques. Quelle puissance de chasteté n'a-t-il pas fallu à ces hommes, un saint Bernard, un Fénelon, un Bossuet, pour faire passer un langage qui, appliqué à son objet légitime, serait presque obscène! Je ne le redouterais même pas si les conséquences devaient s'arrêter là, pour des enfants. Ce n'est pas dans les paroles que gît le mal : il est dans l'idée, qui fait de Dieu l'objet d'un amour dont l'union conjugale est déclarée, par article de foi, indigne.

Adam, notre premier père, s'étant élevé contre Dieu, perdit aussitôt l'empire naturel qu'il avait sur ses appétits. Sa désobéissance fut vengée par une autre désobéissance. Il sentit une rébellion à laquelle il ne s'attendait pas, et la partie inférieure s'étant inopinément soulevée contre la raison, il resta tout confus de ce qu'il ne pouvait la réduire. Mais ce qu'il y a de plus déplorable, c'est que ces convoitises brutales qui s'élèvent dans nos sens, à la confusion de l'esprit, aient si grande part à notre naissance. De là vient je ne sais quoi de honteux, à cause que nous venons tous de ces appétits déréglés qui firent rougir notre premier père. Comprenez, s'il vous plaît, ces vérités, et épargnez-moi la pudeur de repasser encore une fois sur des choses si pleines d'ignominie, et toutefois sans lesquelles il est impossible que vous entendiez ce que c'est que le péché d'origine ; car c'est par ces canaux que le venin et la peste découlent dans notre nature. Qui nous engendre nous tue. Nous recevons en même temps, et de la même racine, et la vie du corps et la mort de l'âme. La masse dont nous sommes formés étant infectée dans sa source, elle empoisonne notre âme par sa funeste contagion... (BOSSUET, *Sermon sur la fête de la Conception de la sainte Vierge*.)

Quelle âme de boue pourrait se scandaliser d'un pareil langage? Bossuet est aussi chaste que sublime lorsqu'il parle de l'amour et de tout ce qui lui appartient : Milton seul peut lui être comparé. N'est-ce pas une belle et noble chose d'avoir su, par la force du mysticisme, faire oublier le sens matériel des mots, pour ne faire penser qu'au sentiment? Nos romanciers font juste le contraire : sous des paroles honnêtes, leur talent et leur but est de faire penser aux choses qui le sont le moins. Cherchez, dans toutes les littératures du monde, quelque chose qui approche de cet autre passage :

Il est un endroit, ô Seigneur, où le diable se vante d'être invincible ; il dit qu'on ne l'en peut chasser : c'est le moment de la conception, dans lequel il brave votre pouvoir...

Quand je vois mon Libérateur dans cette étroite et volontaire prison (du sein maternel), je dis quelquefois à part moi : Se pourrait-il bien faire que Dieu eût voulu abandonner au diable, quand ce n'aurait été qu'un moment, ce temple sacré qu'il destinait à son fils, ce saint tabernacle où il prendra un si long et si admirable repos, ce lit tout virginal où il célébrera des noces toutes spirituelles avec notre nature? C'est ainsi que je me parle à moi-même. Puis, retournant au Sauveur : Béni enfant, lui dis-je, ne le souffrez pas, ne permettez pas que votre mère soit violée ! Ah ! que si Satan osait l'aborder pendant que, demeurant en elle, vous y faites un paradis, que de foudres vous feriez éclater sur sa tête ! Avec quelle jalousie vous défendriez l'honneur et l'innocence de votre mère !..

Et il conclut, comme Pie IX et toute l'Eglise viennent de conclure :

Si donc nous voyons en Marie un enfantement sans douleur, une chair sans fragilité, des sens sans rébellion, une vie sans tache, une mort sans peine ; si son époux n'est que son gardien, son mariage le voile sacré qui protége et qui couvre sa virginité, son fils bien aimé une fleur que son intégrité a poussée ; si, lorsqu'elle le conçut, la nature, étonnée et confuse, crut que toutes ses lois allaient être à jamais abolies ; si le Saint-Esprit tint sa place, et les délices de la virginité celle qui est ordinairement occupée par la convoitise, qui pourra croire qu'il n'y ait rien eu de surnaturel dans la conception de cette princesse, et que ce soit le seul endroit de sa vie qui ne soit point marqué de quelque insigne miracle ? (*Ibid.*)

Pour moi, je me prosterne devant ce style, j'adore cette pureté incomparable. Ce contraste de l'enfance innocente et sain.. reposant sur un trône maculé ; cette suite de pré-rogatives virginales dont se compose la vie de la femme modèle, et qui ne saurait prendre son commencement dans la souillure des conceptions vulgaires ; ces images de temple, de tabernacle, de lit nuptial, de maternité, tout cela me ravit, et je dis, après Bossuet, mais en généralisant sa pensée : Non, il n'est pas possible que la conception humaine soit souillée, que la véritable épouse cesse d'être vierge en devenant mère, et que cet amour, qui sert de fondement à la famille et à la société, soit livré aux trans-ports de la concupiscence. Tout cela, dis-je, est de la bête, non de l'homme. Si le christianisme s'est trompé, c'est en faisant de la règle l'exception, c'est en restreignant au Christ et à la Vierge ce qui doit être le privilége de toute naissance légitime.

Bossuet et les mystiques doivent donc être tenus pour innocents, et ma critique ne s'adresse point à leurs ex-pressions, pas plus qu'à leurs mœurs. C'est leur foi, c'est leur dogme que je considère.

Le christianisme a beau élever son idéal, protester que son langage est pure métaphore : la parole implique l'idée, et par son idée le christianisme, malgré qu'il en ait, rend hommage à l'amour ; il en reconnaît la condition essen-tielle, qui est la distinction et l'union des sexes ; et plus il s'exalte dans sa contemplation érotico-théologique, plus il

rend chez le mystique l'union amoureuse souhaitable,
irrésistible, instante.

Je comprends, jusqu'à certain point, qu'on prenne pour
une allégorie la noce mystique de l'âme avec Dieu ; mais
le Christ proposé pour époux à la religieuse, mais la Vierge
immaculée qu'adorent à l'envi carmes et franciscains,
mais le mariage de Marie et Joseph, qui leur sert de modèle, sont-ce là des métaphores ? Et ne sommes-nous pas
sur la pente d'une corruption d'autant plus profonde,
qu'elle aura enfoncé plus avant ses racines dans l'idéal ?

Au reste, c'est par leurs fruits que se jugent les doctrines, dit l'Évangile : *A fructibus eorum cognoscetis eos.*
Descendons de ce ciel de l'amour chrétien, et voyons ce
que sa semence a produit sur la terre.

XLIII. — Soit que le christianisme se bornât à abolir
la prostitution, plus ou moins sacrée, en élevant les *saintes*
de Vénus au rang des concubines ; soit, ce qui eût été plus
démocratique et plus décisif, qu'il fît disparaître d'un seul
coup les deux modes inférieurs de l'union des sexes en
décidant que tout amour serait élevé à la dignité du mariage, il fallait, pour cette réforme, assurer préalablement
à tout homme les moyens d'entretenir femme et enfants,
ce qui impliquait, comme je l'ai dit, la reconstitution économique de la société. Loin de rebuter les réformateurs,
une telle perspective était faite pour exciter de plus en
plus leur enthousiasme. Le socialisme de 1848 l'avait compris ; il ne recula pas devant l'idée. Tous tant que nous
étions alors, nous affirmions avec une égale énergie le
droit au travail et le droit au mariage, le premier comme
gage et condition du second : c'est dans la combinaison de
ce double droit de l'homme et du citoyen qu'est toute
l'*émancipation* de la femme.

Le christianisme avec son dogme de la chute, avec sa
légende désespérée du travail, avec ses concessions à l'endroit du servage, avec ses préventions contre le commerce
et l'industrie, avec son ignorance absolue des lois de la
production et de la circulation de la richesse, avec son esprit d'autorité, de hiérarchie et de patriciat, était au dessous de l'entreprise.

La famille et la société désorganisées, il se trouva donc

mpuissant à rien rétablir ; il n'eut d'énergie que pour flé-
rir l'homme et la nature, détruire les monuments de l'an-
ien culte, persécuter ses ministres, s'emparer de ses biens
t dotations, et se déchirer lui-même pour la définition de
es dogmes. De même qu'il ne sut pas sauver l'empire de
a dissolution et de l'invasion, il ne sut pas davantage
réserver le mariage et la famille de la lèpre qui les ron-
eait. Le mal ne fut pas guéri ; il changea de caractère.
Comme une éruption répercutée, il passa à l'état chro-
ique, et la constitution tout entière fut ébranlée.

Et d'abord, l'idolâtrie interdite, les sectes communistes
xterminées, la femme qui jadis, sous la protection du
ulte public, se vouait à l'amour libre, fut jetée sans forme
le procès aux gémonies... Regretterons-nous la prostitu-
ion religieuse ? A Dieu ne plaise ; mais il est permis de regretter que des créatures humaines qu'on n'a pas su pour-
oir, dont on est forcé de tolérer, de protéger le commerce,
'aient gagné à la réforme évangélique qu'un degré de plus
l'avilissement. La prostitution ne finit pas avec le poly-
héisme, comme nous savons tous : mariée à la misère,
proscrite devant les dieux et devant les hommes, écrasée
sous l'infamie, elle devint plus abominable, plus hideuse.
Plus de consécration qui demande grâce pour la courtisane, plus de poésie ni de chant, pas le moindre idéal qui
la relève. Pendant un temps, à Rome, à Venise, l'imitation de l'antique sembla la ressusciter : ce scandale a disparu. La fille de joie est telle à peu près partout que l'exige
son baptême, un être voisin de la guenon, pouvant servir
de modèle au péché d'origine. Si la police s'en occupe,
c'est pour arrêter à temps l'infection dont la bête immonde
menace la population honnête. Encore la pudeur chrétienne a-t-elle protesté contre cet encouragement donné à
la débauche : M. Benjamin Delessert fut blâmé par les
dévots pour avoir créé le Dispensaire, et tenté d'étouffer
dans son antre la syphilis. Malédiction aux victimes de la
Vénus vulgaire ! Que l'homme pourrisse, et que le chancre
le ronge, avant qu'on appelle la science au secours de l'incontinence. Quant aux malheureuses, nous avons lu tous
l'histoire de Manon Lescaut : le gouvernement, s'il
n'écoutait que sa conscience chrétienne, en ferait de temps
à autre des fournées pour la Guyane et Noukahiva.

XLIV.—L'état moyen du concubinat, expression exacte de l'idée chrétienne, semblait devoir obtenir grâce : il n'en fut rien. Son nom était impur : il dut opter entre la bénédiction du prêtre et la déclaration d'infamie. On alla plus loin : les femmes des prêtres, au moyen âge, furent assimilées aux concubines, et quand le célibat eut été déclaré obligatoire pour tout le clergé séculier, il fut question, dans un concile de Tolède, d'accorder à ces concubines, à titre d'indemnité, les galères. Point de théocratie sans célibat, et sans théocratie point d'Eglise, point de religion, point d'obéissance. Si le mariage laïque est déjà une menace pour l'autorité, à combien plus forte raison le mariage du prêtre !

Ici encore, tout en formant des vœux sincères pour l'extinction du concubinat, je ne puis m'empêcher de dire que le christianisme, qui l'a flétri sans pouvoir le faire cesser, au lieu de servir la morale y a porté une nouvelle atteinte.

Le 10 juillet 1855, la cour d'assises de la Seine condamnait à deux ans de prison une femme convaincue de bigamie dans les circonstances suivantes :

Abandonnée par son mari, elle avait trouvé un amant qui, l'ayant emmenée dans son pays et voulant honorer son union, l'épousa. Tout poussait au mariage l'infortunée : l'abandon du premier mari, le vœu de l'amant et de sa famille, les convenances de la société, qui n'accepte plus, grâce au christianisme, le concubinat, la pudeur même. Il y a mieux : cette femme qu'on accuse de bigamie est en réalité monogame, et plus, pour la convaincre, on insiste sur les circonstances qui l'ont déterminée à célébrer des secondes noces, plus, en dépit de l'Eglise et de la loi qui l'imite, je la proclame innocente et digne de respect.

Qu'est-ce qui fait son crime ? A-t-elle vécu simultanément avec deux maris ? Non : abondonnée du premier, elle s'est attachée au second par un engagement loyal, sinon légal. C'est contre la légalité, non contre l'amour, la Justice, la raison, la pudeur, qu'elle a péché. Or, qu'est-ce que cette légalité ? Un état violent, créé par la spéculation théologique, qui ne laisse pas de moyen terme à la femme abandonnée entre une prétendue bigamie, déclarée crime, et le libertinage, qui emporte l'exclusion de la société. Comme si la Justice consistait à créer des situations impossibles, au lieu de s'emparer de celles qu'a faites la raison des temps et des choses, pour les relever peu à peu par l'application du droit!

Supposez cependant, à défaut du divorce que nos lois repoussent et que je ne réclame point, le concubinat reconnu, entouré d'un caractère légal, tel à peu près que l'avait fait l'empereur Auguste et que l'Eglise l'admit si longtemps : que serait-il arrivé de cette femme? C'est qu'elle eût trouvé avec un compagnon honnête homme une famille d'adoption, des enfants, une part dans la considération publique, les égards du magistrat; la société, la morale, la raison, la Justice, étaient satisfaites. Au lieu de cela, parce qu'elle a voulu trancher un nœud qui ne se pouvait défaire, la même femme est déclarée, de par la religion et les lois, d'un côté, pour ses nouvelles amours, libertine, adultère, prostituée; de l'autre, pour sa tentative de remariage, bigame, faussaire, sacrilége. Sur quoi, deux années de prison, rupture des secondes comme des premières noces, abandon universel, flétrissure. A sa sortie de prison il ne lui reste qu'à se jeter à l'eau.

Au surplus, il est arrivé du concubinage comme de la prostitution : il n'a jamais cessé d'exister; il grandit tous les jours parmi le peuple, qui, ne comprenant du lien légitime que la dot, l'abandonne aux riches. On dirait que le cœur humain, trompé par sa religion, trompé par ses légistes, cherche dans les joies économiques de l'union concubinaire la restauration du mariage.

XLV. — L'Eglise, pudibonde et sévère, n'a donc voulu conserver que le sacrement : on a vu au chapitre précédent ce qu'entre ses mains le sacrement est devenu.

De même, selon l'Evangile, que la Justice, la liberté, la richesse, la science et la paix ne peuvent s'obtenir ici-bas et doivent être regardées comme des prérogatives de l'autre vie; de même le pur et parfait amour est promis seulement pour le Ciel, là où l'on ne se marie plus, dit le Christ, puisqu'il n'y a plus de sexes, mais où l'on s'aime sans s'unir, à la manière des anges. Sur cette terre, où le démon plus encore que la nature nous a faits mâles et femelles, l'amour est essentiellement impur; et si le mariage, nécessaire à la conservation de l'espèce, jouit à cet effet d'une dispense de l'Eglise, il n'y faut voir toujours, comme dans l'eau du baptême et l'huile de la confirmation, qu'un signe physique, une figure creuse, qui ne contien de l'amour que le nom et n'en donne que l'ombre.

Sur ce point les casuistes sont d'accord, et ils sont logi- ques. Plus le prêtre, voué par état à l'amour mystique, endure de gêne, plus il aime à ravaler des jouissances que sa religion lui interdit. Ce que le vulgaire prend en lu pour l'inspiration d'une pudeur céleste n'est que l'outrage fait à la nature par le mysticisme. Maris dont les femme vont à confesse, chacune de vos caresses est comptée au saint Tribunal. Le voile d'ignominie s'est étendu sur vous les soufflets que le démon de la chair donne au prêtre, le prêtre les rend à sa pénitente, qui les rend à son mari. — " Toute femme mariée, dit l'évêque de Milan, Ambroise " sait qu'elle a de quoi rougir. „ — Cache-toi, femme j'aperçois sur ton visage la trace des baisers de ton époux

Tout cela n'eût été qu'impertinence de pédants et de cafards, si les laïques avaient pris le sage parti de se mo quer des clercs; mais on n'est pas religieux à moitié. Ce que la théologie avait séparé, la pratique séculière le sé para à son tour; et s'il est un trait qui distingue les mœur chrétiennes, c'est cette idée étrange, passée en aphorisme que, l'amour étant une chose, le mariage une autre, il es contre toute bienséance de les réunir.

Quelques-uns font honneur au christianisme de la ga lanterie chevaleresque et du respect dont elle entoura la femme. D'autres l'attribuent aux races du Nord, et ne manquent pas à ce propos de citer le fameux passage du livre de Tacite sur les mœurs des Germains. D'autres en core sont allés chercher les origines de la chevalerie chez les Maures; quelques-uns enfin la trouvent chez les Celtes

La femme, dit un écrivain de la *Revue des Deux Mondes* (févrie 1854), la femme, telle que l'a conçue la chevalerie, idéal de douceur e de beauté, posé comme but suprême de la vie, n'est une création n classique, ni chrétienne, ni germanique, mais bien réellement celtique

Pour moi, qui n'ai pas grande foi à la délicatesse bar bare, surtout lorsque cette barbarie s'est mise de la veill

n contact avec une civilisation raffinée, je crois que c'est
faire tort à nos ancêtres goths, ostrogoths, visigoths, lon-
gobards, sarrasins, normands et celtes, et les calomnier,
que de leur attribuer cette chevalerie qu'exista jamais
que dans des romans relativement modernes, que connu-
rent peu ou point les troubadours, et dont on cite à peine
quelques rares exemples, tels que ceux de Pétrarque et de
Bayard.

L'amour chevaleresque n'est autre chose que la transformation chrétienne de l'amour platonique, avec ce caractère nouveau qui suffit à en déceler l'origine et qu'on
oublie trop, c'est que d'après la théorie des cours d'amour,
l'ami de cœur d'une dame ne pouvait plus devenir son
mari, et que, si par aventure ils s'épousaient, elle devait
chercher un autre chevalier. N'est-ce pas ainsi qu'en usent
encore les dames italiennes ?

Ainsi, selon l'idéal chrétien, idéal théologique, féodal,
romanesque ou chevaleresque, comme il plaira de l'appeler, mais idéal le plus faux qui se puisse concevoir, le
mariage n'a rien de commun avec l'amour : c'est une fonction où tout est réglé en vue de la lignée, de la succession,
de l'alliance, des intérêts, mais dans lequel la suprême bienséance pour les conjoints est de rester, quant à l'amour, et
nonobstant la cohabitation et la génération, aussi étrangers l'un à l'autre que s'ils ne s'étaient vus jamais.

Sans doute, ici comme partout, la nature a fait fléchir
la doctrine ; le cœur humain, plus puissant, plus haut que
la théologie, a réparé de son mieux la brèche faite à la
morale par une sotte idéalité. Mais puisque toute société
se forme sur sa religion, j'ai le droit de juger la religion et
son idéal d'après les mœurs que cet idéal engendre : or,
je le demande maintenant à mes lecteurs, le christianisme,
qui a balayé, mais dans ses catéchismes seulement, la
fornication, et frappé sans succès le concubinage ; qui a
popularisé et mis à la mode, sous le sobriquet de chevalerie, son amour mystique, chanté, célébré par tous ses
orateurs et ses poètes ; qui, enfin, par ce raffinement absurde, séparant l'amour de l'hyménée, a séparé autant
qu'il était en lui l'époux de l'épouse, et rendu le divorce,
qu'il condamnait, universel, le christianisme peut-il se
vanter d'avoir purifié l'amour et relevé le mariage ?

XLVI. — Mais peut-être qu'au total cette confiscation dogmatique de l'amour parfait au profit des *eunuques spirituels*, peut-être que cette pratique non moins étrange qui fait du mariage deux parts, l'une, celle du cœur, pour le chevalier, l'autre celle des sens, pour le mari ; peut-être que cette honte versée à pleine coupe sur toutes les variétés de l'amour sexuel, libre ou conjugué, auront rendu les mœurs meilleures, et, sinon extirpé, au moins diminué notablement les vices enfantés par l'idéalisme païen : la masturbation solitaire, l'odieux inceste, le stupre pire que l'infanticide, et le lâche adultère, et l'*amour unisexuel*. Non, l'Hercule chrétien n'a terrassé aucun de ces monstres ; d'ailleurs, en supposant que depuis la propagation de l'Evangile il y ait eu dans la luxure générale une diminution d'intensité, ce léger avantage est plus que compensé par la bassesse et l'hypocrisie que le christianisme, par son idéal, devait faire naître dans les nouvelles mœurs.

Pour commencer par le mariage, je doute qu'il ait été déshonoré jamais par l'incontinence des époux, autant que chez les chrétiens. Si les Romains de la République étaient envers leurs femmes d'une tendresse médiocre, ce que nul ne saurait dire, du moins ils étaient graves dans les témoignages qu'ils leur en donnaient, et comme la fornication ne leur était pas imputée à péché mortel, ils réservaient à d'autres les fantaisies érotiques que repoussait la dignité de leurs matrones. Le chrétien a pris au pied de la lettre le précepte de l'Apôtre : *Afin de prévenir les fornications, que chacun ait sa chacune ; que tous deux se rendent le devoir et ne se fassent faute.* Consultez tous les auteurs de théologie morale, tous les manuels du confesseur, où se trouvent révélés, avec de si amples détails et une expérience consommée, les privautés du lit nuptial ; se peut-il rien de plus ignoble que l'amour marital entre chrétiens ? Tallemant des Réaux raconte dans ses *Histoires*, à propos du fameux Antoine Arnaud, le chef de cette race bigote qui peupla Port-Royal et remplit le monde de son rigorisme :

Cet homme était un des plus grands abatteurs de bois qu'on pût trouver ; mais il faisait cela de la façon la plus incommode du monde. Il poussait la nuit sa femme : Cataut ! Cataut ! la réveillait en lui disant :

C'est pour l'acquit de ma conscience. Puis, avant que d'en venir plus avant, il faisait une prière à Dieu pour sanctifier l'œuvre de chair; et cela lui prenait quelquefois cinq ou six fois en une nuit.

Voir encore, sur cet édifiant sujet, les Histoires de Bussi et de Brantôme, les Contes de Boccace, de la reine de Navarre et de La Fontaine, les dialogues latins de Chorier, les bouffonneries conjugales de Rabelais, et toute la littérature amoureuse, avant et depuis la Réforme. Ou je me trompe fort, ou l'on se convaincra que sous l'influence de la dévotion chrétienne les mœurs du mariage ne furent véritablement autres que celles du concubinage, avec la bégueulerie de plus. C'est au dix-septième siècle que la réaction commence, et qui en donne le signal? Je le regrette pour Molière autant que pour l'Église, cette réaction a pour auteurs les *Précieuses.*

Les prêtres, fascinés par leur mysticisme, en sont encore à savoir ce que sait toute honnête femme, qu'un homme qui a décidé de se marier a dit adieu à la passion ; que d'amant fougueux il devient aussitôt, par le fait de sa résolution, fiancé plein de réserve, de tendresse et de calme ; que le mariage, loin d'être une union pour le plaisir, est une société de continence mutuelle, et que ce mystère d'une génération sans tache, imaginé pour la gloire du Christ et de sa mère, se réalise à toute conception qu'un vrai mariage enveloppe de ses ombres.

Voici l'exorde d'un sermon prononcé, il y a quelques années à Marseille, par un jésuite, dans une conférence de femmes :

En ouvrant ces conférences, mes très chères sœurs, je crois devoir vous féliciter sur le zèle que vous mettez à nous seconder dans notre sainte mission. Grâce aux efforts de quelques-unes d'entre vous, des brebis égarées ont été ramenées au bercail. Persévérez dans cette voie. Employez tout ce que vous avez de moyens de persuasion auprès de vos pères, auprès de vos frères, auprès de vos époux, auprès de ceux qui *pourraient vous être chers à d'autres titres.* Que jamais votre travail de conversion ne se ralentisse. Travaillez à la vigne du Seigneur à tous les instants de votre vie ; travaillez-y le jour, travaillez-y le soir, *travaillez-y la nuit, la nuit surtout,* mes très chères sœurs : LA NUIT, C'EST VOTRE FORCE !...

Le malheureux ! Il assimilait dans sa pensée la condition

du mari à celle du moine qui demande à son supérieur une permission de tolérance : *Domine, ut eam ad lupanar*. Mais, plus sévère envers le mari que l'abbé envers ses moines, il exige des *chères sœurs* qu'au préalable elles s'assurent que les maris vont à confesse : pas de billet de confession, pas de tolérance.

Tout manque de respect envers soi-même entraîne la perte du respect des autres : comment le mariage serait-il sacré, quand la profanation a pour premiers auteurs les époux eux-mêmes ?

C'est surtout depuis l'établissement du christianisme, et grâce au développement des mœurs chevaleresques, que l'adultère, un des plus grands crimes aux yeux des anciens, a perdu sa gravité et s'est multiplié d'une si déplorable manière. Je n'ai pas besoin d'en expliquer la raison : elle est toute dans ce mot fatal, le *devoir*. Dès lors que l'amour, dans son idéalité, a été séparé du mariage, et que, d'autre part, l'un des conjoints, par impuissance ou autrement, néglige son devoir, l'infidélité devient pour l'autre excusable, *si impos*. De là le ridicule qui s'attache au mari trompé, le blâme réservé au jaloux, la réprobation qui tombe sur le vindicatif. Le cocuage devient le corollaire du mariage ; sous ce rapport, on peut dire qu'il est d'institution catholique et apostolique. Il fait partie du pacte conjugal, il entre avec les mariés à l'église, il en revient avec eux, il s'assied à la table, il veille au foyer ; c'est le dieu Lare qu'apporte, parmi ses hardes, toute épousée. Toute la littérature érotique et badine le chante ; les sages en prennent leur parti : il est le patron d'une confrérie qui embrasse tous ceux sur lesquels l'Eglise a prononcé le *conjungo*, la doublure de l'Hyménée, son bon génie, sa fortune. Si le mari peut se vanter de quelque avantage, ce sera, tout au plus, d'une vaine et douteuse priorité.

J'ai connu un jeune marié qui, sur les exhortations de son confesseur et l'avis des commères, s'étant avisé de passer blanches les trois premières nuits de ses noces, fut dans l'intervalle coiffé par sa femme, dont un galant avait surpris le secret, et qui ne put soutenir le ridicule de sa position. N'eût-il pas mieux valu pour cet imbécile, pour sa femme, pour l'avenir du jeune ménage, qu'il fît dès le premier jour une libation à la déesse Pertunda, au lieu de méditer sur l'amour mystique et les gloires de l'Immaculée ?

XLVII. — L'amour a son principe dans l'organisme et vit d'idéal : à ce double titre, il est soustrait au libre arbitre. Puis donc que la loyauté, l'honnêteté, sont absentes du commerce permis, se trouveraient-elles par hasard dans la contrebande ? Ces hommes à bonnes fortunes, ces femmes galantes, ces petites filles coquines, toute cette chevalerie errante, en pleine révolte contre la loi, comment est-elle dans ses amours clandestins ? Sans doute nous retrouverons chez de libres amants cette vertu, cette honorabilité si rare entre époux légitimes. Nous avons vu le mariage, considérons le libertinage.

Le sentiment le plus ordinaire qu'éprouve le chrétien pour la femme qui, hors mariage, s'est donnée à lui, est un mépris indéfinissable doublé d'aversion ; et ce mépris, cette aversion, la chrétienne les rend à son complice, dont elle n'attend ni estime ni miséricorde. La promesse ou le regret du mariage étant le prétexte, exprimé ou sous-entendu, de toute aventure, c'est à qui des deux trompera l'autre par une plus adroite hypocrisie. Jamais, chez les anciens, hommes et femmes, garçons et filles, ne se firent un tel jeu de la dignité personnelle et de l'honnéur des familles. Le magistrat, à défaut du père, du fils, du frère ou du mari, aurait sévi d'office : faire descendre, par une amourette, la femme libre au dessous de la courtisane, était presque un crime de lèse-majesté. Maintenant, grâce à notre galanterie prétendue chevaleresque, nous avons appris à nous traiter les uns les autres en affranchis. Encore si nous avions la passion pour excuse, nous pourrions être coupables, nous ne serions pas dépravés ; mais ce n'est que libertinage, passe-temps, mode. *Vitia ridemus, et corrumpere aut corrumpi sæculum vocatur !* Plus de considération ni de rang, ni d'âge, ni d'amitié, ni de morale publique, devant une débauche érigée en une sorte de mutualité, et dont les risques sont acceptés par l'opinion. Pas de famille qui ne paie, par quelqu'une de ses femelles, sa part contributive de chair à plaisir ; mais pas de famille non plus qui, par ses mâles, ne perçoive sa part du revenu. Gardez vos poules, disait devant moi une honnête bour-

geoise, mère de trois garçons; nos coqs sont lâchés!...
A l'amour comme à la guerre : *Chacun chez soi, chacun pour
soi!* Tant pis pour qui ne se tient pas sur ses gardes. J'ai
joui de vous, madame, mademoiselle; mais je vous ai fait
jouir aussi : partant quittes, promesses nulles. Vous
n'avez rien à me reprocher; votre mari, votre père, vos
frères, pas davantage. Leurs amours, à eux, couvrent les
miennes.

Par malheur, l'éducation n'est nullement en rapport avec
cette morale, qui demande une initiation particulière. On
prêche tant qu'on peut à la jeune fille la pudeur et la vertu,
on la berce de chevalerie, d'amours héroïques, on fait si
bien que jusqu'à ce qu'elle ait reçu la première façon elle
ne soupçonne rien de la réalité. Si plus tard elle devient
perfide et scélérate, il faut avouer qu'elle a commencé par
une excessive crédulité. Aussi, que de trahisons et de dé-
sespoirs! que de suicides!... Nous sommes si avilis, nous
avons si bien la conscience de notre solidarité dans ce car-
naval d'infamie, que si, par extraordinaire, il se produit un
fait de répression de la part d'un père ou d'un frère ou-
tragé, d'un mari déshonoré, et que mort s'ensuive, le magistrat s'empare de l'affaire, la Justice accuse, la famille
de l'insulteur puni demande vengeance, et le meurtrier
sera heureux si, par la divulgation judiciaire de sa honte,
il obtient enfin un acquittement.

Ce qu'il y a de plus odieux est de voir l'irresponsabilité
des suites assurée à l'homme et le risque incomber tout
entier à la femme : c'est le bouquet de l'amour chrétien, la
fleur de notre chevalerie. Malheur à la jeune fille surprise
et devenue mère! Pour elle, toute maison se ferme; la
pitié détourne la tête, l'aumône serre ses cordons. Honte à
la pécheresse! Malédiction sur son fruit! La lâche qui l'a
rendue mère est indemne de par la loi : *La recherche de la
paternité est interdite.*

XLVIII. — Si du moins le prêtre qui s'est donné la
mission de nous initier à l'amour des séraphins pouvait en
fournir de sa personne un exemple authentique et de bon
aloi, le miracle de cette vertu céleste accordée par grâce
spéciale aux instituteurs des nations fermerait la bouche
à l'incrédulité. A la vue de cet élu, heureux dès cette vie

e la privation du bien qu'il laisse aux autres, nous reconaîtrions la présence de l'Esprit de pureté dans un saceroce sans souillure.

Mais vous savez mieux que moi, Monseigneur, combien ous êtes loin de cet idéal. Quelle incontinence afflige le lergé, à tous les siècles de son histoire! Quelle paillarise sacrilége! Prenez le siècle des agapes ou celui de la nose; prenez celui des martyrs ou des solitaires; celui de 'héodora, de Grégoire VII ou des Turlupins; descendez u schisme d'Avignon, au concile de Constance, à celui de 'rente; poussez, si vous voulez, jusqu'aux jésuites; c'est oujours le même fond de débauche secrète, hypocrite et thée; toujours la même félonie du prêtre vis-à-vis de la emme, de l'enfant, de la famille, de l'humanité.

En raison de son caractère et de l'autorité qui lui est onfiée, le crime du prêtre est un composé de l'inceste, de 'adultère et du viol; tout ce que l'imagination peut enfanter e plus horrible se trouve réuni dans le prêtre libidineux.)h! vous parlez de l'incontinence des philosophes, dont les lus osés ne dépassent guère la limite de ce concubinat [ue vous bénissiez autrefois; mais vous, n'avez-vous donc las de scandales parmi vos lévites et jusque dans le chœur le vos cathédrales?...

Soyez tranquille, Monseigneur; je connais vos chagrins, t ce n'est pas moi qui ferai retomber sur le corps entier le l'Eglise le crime de quelques monstres. Je n'irai donc las, remontant le cours des âges, rappeler çà et là les ieilles turpitudes des cloîtres, le commerce de castrats le la nouvelle Rome, ni la *bougrerie* de ses cardinaux et le ses papes. Je passe sous silence les gaillardises des ré- ·érends pères du Paraguay, et le concubinage des prêtres lans toute l'Amérique espagnole; je ne vous citerai même las, de ce côté-ci de l'Atlantique, ni cet évêque, mort de-)uis peu, devenu père à lui tout seul d'une compagnie de ;ardes nationaux; ni ce curé qui, au vu et au su de ses pa- ·oissiens, possède de ses trois filles dix enfants vivants; ii cet autre dont vous pourriez dire l'histoire, qui fut forcé laguère de quitter le pays et mourut en prison après avoir ;âté, m'a-t-on dit, plus de cent cinquante enfants des deux iexes. Je laisse dans mon dossier ces histoires de curés, le vicaires, d'aumôniers, de religieuses et sœurs de cha-

rité, dont fourmille la chronique contemporaine : tirons le
rideau sur ces fringales de sacristie, sur cette luxure d'hô-
pital. Tout cela est usé, et ce n'est plus le temps de rire
Les hontes du césarisme ont été égalées par celles de la
théocratie ; les deux puissances n'ont rien à se reprocher
la sainteté profanée du mariage les condamne par un même
jugement.

Ce que je tiens à faire voir, c'est que l'incontinence qui
vous désole et qui vous rend si dignes de pitié a sa source
dans votre mysticisme, et que plus vous exaltez votre
cœur par le rêve de l'amour divin, plus, par l'inévitable
réaction du moral sur le physique, vous allumez en vous la
concupiscence.

XLIX. — Ecoutez d'abord ce témoignage d'une de vos
victimes; c'est le même dont j'ai cité les paroles dans ma
IVe Etude, à propos du gouvernement épiscopal :

Nos supérieurs, vieux séminaristes et rien de plus, placés en dehor
du monde, sans expérience de la vie réelle, nous poussent dans le sanc
tuaire, semblables à des aveugles conduisant d'autres aveugles; et parc
que, dans les exercices du séminaire, ils parviennent à triompher de
premiers troubles de notre jeunesse, ils croient la victoire assurée pou
le reste de nos jours.

La vie dure, régime sévère, travail pénible et assidu, surveillance
continuelle, existence en commun, assujettissement à la discipline ; es
clavage de l'esprit, des yeux, des oreilles, de l'imagination, du cœur
privation de boissons spiritueuses, de café, de bonne chère ; exaltatio
de l'âme, de la pensée, par la méditation, l'oraison, le jeûne, les conférences, etc.

Le corps succombe : par compensation l'esprit s'enivre, l'imagination s'allume, le cerveau s'embrase ; nous nous croyons dépouillés du
vieil homme, revêtus de la perfection angélique. Le moment des vœux
arrive ; il nous surprend ravis en extase au troisième ciel, et dominés
par la persuasion que

Le corps est un esclave et ne doit qu'obéir.

Sortis de là, aisance comparative, liberté, loisir, bonne chère, fré
quentation des femmes !...

Voilà bien, n'est-il pas vrai, l'histoire des vertus du
jeune prêtre, de ce sage de vingt-quatre ans, que ses supérieurs et lui-même prennent pour un ange, et qui

rendu à l'air libre, *respire Vénus tout entière?* Voici maintenant l'histoire de sa chute ; on dirait l'original du Jocelyn
de Lamartine :

J'ai vécu au collége avec un jeune élève doué de toutes les qualités
imaginables. Sa figure angélique où se reflétaient sa candeur, son ama-
bilité, ses talents, lui gagnèrent l'estime et l'affection de ses condisci-
ples et de ses maîtres. Jamais candidat ne réunit à un degré plus émi-
nent les conditions requises pour l'admission au sacerdoce. Aussi les
supérieurs, selon l'usage, mirent-ils tout en œuvre pour s'assurer un
sujet si précieux. Comme tous les enfants soumis à une pression forte
et habilement dirigée, Charles B. céda sans résistance. Il connut les
joies, les extases du noviciat et des ordinations ; prêtre avant vingt-
trois ans, grâce à une dispense d'âge, il devint vicaire à F...

Dès son arrivée, une immense considération s'attache à sa personne
et à son ministère. C'était *merveille de le voir* célébrer la messe, *merveille de l'ouïr* annoncer la parole de Dieu, et tonner contre les vices et
la corruption du siècle. Mais ses plus glorieux triomphes, il les obte-
nait au tribunal de la pénitence. Autour de son confessional, toujours
foule compacte et avide. A vingt-trois ans, directeur de femmes, de
jeunes filles, qui s'adressent avec tant de charme aux jeunes confes-
seurs !... Quelle créature n'a senti ces courants électriques !... La jeunesse attire invinciblement la jeunesse.

Parmi ses philothées les plus assidues, brillait au premier rang mademoiselle J. L***, ancienne élève de Saint-Denis, fille d'un officier
en retraite. Les rapports du ministère amènent entre eux des relations
sociales. Le cœur de M. le vicaire sort tout à coup de sa léthargie,
éveillé par une soudaine commotion. Toujours l'éternelle histoire
d'Adam et d'Eve, d'Héloïse et d'Abailard ; toujours la réalisation du
rêve de Platon, les deux moitiés de l'être humain séparées par un dieu
jaloux et tendant invinciblement à s'unir.

Ils s'aimèrent, comme on s'aime d'un premier amour...

La mort enleva successivement à mademoiselle J. L*** son père et
sa mère, et elle se retira en qualité de pensionnaire dans une communauté de femmes. Dans sa solitude, loin de son amant, les remords l'as-
saillirent. Elle acheta la paix de la conscience, comme il arrive presque
toujours, par la confession de son sacrilége au directeur de la maison.
L'homme de Dieu, scrupuleux observateur des règles canoniques, lui
arracha le nom de son séducteur et le livra à l'évêque. Celui-ci manda
le coupable, lui lança un interdit sans autre forme de procès. L'affaire
s'ébruita, et l'ange déchu s'en alla cacher son crime à la Trappe, où
il expia longtemps le crime d'avoir aimé.

Il raconte d'un autre prêtre :

Quelques mots échappés de la bouche d'un de mes amis donneront

une idée de nos tortures. Lui aussi, victime des influences de famill
et des recruteurs de la milice cléricale, se réveilla à trente-cinq an
dans son linceul, comme la Vestale qu'on enterrait vivante chez le
Romains. Sa mère s'efforçait d'endormir ses regrets : Ah! lui répondit
il, sachez bien que malgré tout mon amour pour vous, il ne se pass
pas de jour que je ne sois tenté de vous maudire!

J'affirme hardiment, conclut mon narrateur, que peu de prêtres ré
sistent aux lois de la nature et de l'amour... Pour moi, j'approche d
la soixantaine, et je commence à goûter un peu de calme. S'il me fal
lait recommencer ma vie sacerdotale et revenir à vingt-cinq ans, j'ai
merais mieux être fusillé sur l'heure!

Infortunés! J'en ai connu un, cœur de héros, d'une cha
rité à toute épreuve, d'une sincérité d'enfant, qui avai
fini par tomber comme les autres, et que je plaisantai
quelquefois. Qu'il me le pardonne! J'ai soutenu, le mieu
que j'ai pu dans ma carrière d'ouvrier, l'honneur de mor
célibat; mais je le déclare à la décharge de ces malheureu
ecclésiastiques, les tentations de l'homme qui sent sa li
berté, qui a devant lui l'avenir, avec lui le travail, qu
peut aimer au grand jour et regarder en face la jeune fill
en attendant qu'il la possède, ne sont rien auprès d
cette torture du prêtre que consume l'amour mystique, e
qui se dit tout bas en regardant une femme à la dérobée
Jamais!

Eh bien, n'est-ce pas là l'histoire de tous vos ascètes
d'un Antoine, qui jusqu'à plus de quatre-vingts ans voyait
dans ses hallucinations érotiques, sa Thébaïde peuplée d
courtisanes? d'un Jérôme, qui, dans sa tombe de Bethléem
épuisé d'ans, de jeûnes et de veilles, était sans cess
transporté en esprit dans les salons des dames de Rome
de celui-ci, dont j'ai oublié le nom, qui pour dompter s
chair se roulait tout nu sur les épines? de cet autre, qu
se jetait jusqu'au cou dans un étang glacé?... L'exténua
tion du corps, l'abolition du cœur, l'abêtissement de l'es
prit : voilà par quelles recettes les héros du christianism
s'élèvent à la sainte vertu de continence. Une décoction d
nénufar et une forte saignée sont pour vous, comme l
foie de poisson de Tobie, d'un effet assuré contre le malin
Il ne vous vient pas seulement à la pensée que ces préten
dus remèdes d'amour, comme ceux recommandés par
Ovide, au lieu de guérir le mal ne font que l'irriter. E

ous appelez cela de la chasteté ! La médecine, Monseigneur, la nommerait *satyriasis;* et si Votre Jurisprudence
oulait y regarder encore de plus près, elle verrait que ce
moral restraint auquel, sous prétexte de chasteté, vous
oumettez la jeunesse de vos séminaires, tombe juste dans
a catégorie des délits sans nom prévus par les articles 334
t 335 du Code pénal.

Au reste, tous ne poussent pas le sacrifice à ces extré-
mités. Dans un siècle de scepticisme libertin, où le public
ne tient compte d'aucune conviction, d'aucun effort, on a
bientôt pris son parti ; on se dit qu'on a été trompé ; on ne
eut pas davantage être dupe, et, pourvu que les bien-
éances soient sauves, on se regarde comme suffisamment
n règle avec le public et avec sa conscience. — *Evitez le
candale*, disait un vieux magistrat à ses jeunes confrères,
e reste n'est rien. — Cela ne se dit pas sans doute entre
ecclésiastiques; mais cela se pense, et, si bien prises que
oient les précautions, tout le monde sait que cela se pra-
ique. " Mon vœu de pauvreté, racontait un prélat de dernier siècle, m'a valu 200,000 livres de rente; mon vœu
l'obéissance m'a fait prince de l'Eglise. — Et votre vœu
le chasteté, Monseigneur ?... „ Il baissait les yeux, et se
aisait, *par respect pour les mœurs.*

L. — Puisque je suis en cause, qu'il s'agit ici beau-
oup moins de religion que de psychologie, et qu'après
out, en attaquant l'amour mystique je plaide en faveur de
nalheureux prêtres les circonstances atténuantes, qu'on
ne permette de rapporter une observation faite sur moi-
nême, et dans laquelle plus d'un lecteur se reconnaîtra.
Comme il arrive à beaucoup d'autres, ma jeunesse dé-
buta par un amour platonique qui me rendit bien sot et
bien triste, mais auquel je dus, par compensation, de res-
er pendant dix ans après ma puberté à l'état d'*agnus cas-
us.* Ce qui détermina en moi cette affection mentale, sur
aquelle les parents devraient veiller avec autant de soin
que sur les plus honteuses habitudes, fut la lecture de
Paul et Virginie, pastorale prétendue innocente et qui
levrait être à l'*index* de toutes les familles.
Tout écart produit par l'amour, en quelque sens que ce
soit, est mauvais et, selon moi, immoral. Il trouble l'âme,

amollit le caractère, fait perdre la liberté ; c'est une offen
envers soi-même, envers le sexe et envers la société. Po
toutes ces raisons, je ne fais pas de différences entre l
romans honnêtes et les ouvrages obscènes ; je les réprou
tous également. Et l'homme qui, sous prétexte d'inn
cence, inspire un amour de ce genre à une jeune pe
sonne, est aussi coupable à mes yeux que celui qui abu
de l'enivrement des sens : pour l'un comme pour l'autr
je voudrais que la loi déclarât qu'il y a rapt de séduction

Cette longue crise finie, je me crus libre ; mais c'est alo
que je fus assailli par le diable qui taquinait saint Paul, e
je puis le dire, à mon extrême déplaisir. Le diable, qui
longtemps m'avait brûlé du côté du cœur, maintenant n
rôtissait du côté du foie, sans que ni travail, ni lecture
ni promenades, ni réfrigérants d'aucune sorte, pussent n
rendre la tranquillité. J'étais victime de la réaction d
sens contre l'esprit. Mes principes — je prenais mon plat
nisme pour des principes — ayant eu le temps de se fixe
une scission douloureuse s'opérait en moi, entre la volon
et la nature. La chair disait : Je veux ; la conscience : .
ne veux pas. Allais-je me démentir, ou me consumer
nouveau dans cette mystification à laquelle je ne voyais p
de terme ? Combattre l'amour physique par l'amour plat
nique, cela ne se fait pas à commandement ; celui-ci épuis
l'autre éclatait dans toute sa violence. J'ai lu depuis l'hi
toire d'Abailard : le pauvre homme en était arrivé là quar
il fit la connaissance d'Héloïse.

Chez le séminariste et la religieuse, le zèle de la religi
et la ferveur du mysticisme produisent le même effet q
l'amour platonique. L'embrasement du cerveau absorbe l
étincelles qui partent des sens ; mais la fièvre passée, vo
n'avez plus que de lamentables martyrs de la continenc
d'enragés luxurieux que la fatigue du cœur livre sa
défense à la tyrannie de l'hypocondre.

C'est le cas, direz-vous, de suivre le précepte de l'ap
tre, *Mieux vaut se marier que brûler.* Le conseil est fo
sage ; mais remarquez que l'apôtre, qui prêche si bien l
autres, ne se marie point ; il repousse l'amour, légitime
non légitime ; il se macère, il insulte à la femme, qui seu
cependant peut lui rendre le repos. D'où vient cette cor
tradiction ?

Reconnaissons ici le péril de ce platonisme qu'une vaine littérature voudrait ériger en vertu.

Celui qu'une passion idéale a saisi de bonne heure et conduit fort avant dans la virilité est devenu, par son idéalisme même, gauche et maladroit avec le sexe, dédaigneux de la galanterie, où il ne réussit pas, brusque et sarcastique avec les jolies personnes, intraitable à l'endroit des positions mitoyennes, qu'il qualifie, non sans raison, d'immorales. Bref, il regimbe, malgré son appétit et ses dents, contre l'amour qui le pique, l'irrite, le fait rugir comme un lion. Si parfois, l'occasion et le diable aidant, il se laisse aller, il ne rencontre que dégoût, déplaisance, remords; il se sent extravagant, ridicule; il reconnaît avec dépit la justesse de ce mot si joli : *Laisse les femmes, Jean-Jacques, et etudie les mathématiques.*

Alors, comme l'apôtre, il prend en aversion et l'amour, et le mariage, et la femme. Mais méfiez-vous de ce tortueux célibataire; plus il vieillit, plus il tourne au satyre. Nulle chasteté véritable ne commence par l'amour : les vrais types de pureté, Kant, Leibnitz, Newton, n'aimèrent jamais. Eloignez du vieil amoureux vos enfants, vos jeunes filles : rien que son odeur les déflorerait.

Le phénomène que je viens de décrire peut se produire en sens inverse : il n'est pas rare qu'un voluptueux finisse par un exclusif et solide attachement, et ce qui arrive pour l'amour peut arriver aussi pour la religion; l'abbé de Rancé, fondateur de la Trappe, en est un illustre exemple.

LI. — Terminons par un dernier trait cette critique de l'amour et du mariage chrétiens, et résumons toute cette Etude.

Qu'est-ce que l'amour? se demandèrent les anciens. — C'est Dieu, répondirent d'une voix unanime poètes et philosophes. Et nous avons vu la société antique, en vertu de cette définition sublime, tomber comme le *Malade* de Molière, du mariage dans le concubinage, du concubinage dans la promiscuité, de la promiscuité dans la pédérastie, de la pédérastie dans l'omnigamie et la mort.

Qu'est-ce que l'amour? se demandèrent à leur tour les chrétiens. — C'est Dieu, répondirent d'une voix unanime les missionnaires de l'Evangile. Et depuis le premier jusqu'au dix-neuvième siècle, la chrétienté a vu tour à tour gnostiques, nicolaïtes, adamites, carpocratiens, condormans, manichéens, flagellants, quiétistes, etc., maudire la génération et le mariage ; tenir la fornication, l'adultère, l'inceste, pour choses insignifiantes ; se mettre tout nus , femmes et hommes, dans leurs assemblées ; s'accoupler au hasard des ténèbres et donner de leur mieux contentement à la chair, afin de vaquer ensuite, sans distraction du malin, à la contemplation de l'amour pur. Elle a vu la chevalerie déshonorer systématiquement la société conjugale ; le cocuage s'élever, par l'universalité du libertinage, à la hauteur d'une mutuelle tolérance ; le stupre et l'inceste souiller la famille, et le prêtre, après avoir répudié sa concubine, entrée dans son lit avec la bénédiction de l'Eglise, chercher dans des réalités sacriléges un soulagement au mysticisme qui le dévorait.

Plût à Dieu que ce fût tout ! Comme les anciens, nous sommes arrivés aux dernières aberrations de l'idéalisme ; et si le crime de sodomie est poursuivi par nos lois, le commerce n'en est pas moins florissant, et comme chez les anciens il a trouvé des apologistes. De la naissance à la mort nous voguons sur le fleuve de TENDRE entre les deux extrêmes de l'amour divin et de l'amour unisexuel, le premier enseigné aux petites filles à leur première communion, le second révélé aux adolescentes par les romans.

Les extraits suivants sont pris dans un livre de prières approuvé par Mg^r l'archevêque de Rouen et imposé aux enfants des deux sexes par les curés du diocèse ; ce n'est pas le style de Bossuet, mais c'en est l'idée :

Acte de désir. — Oh ! venez, le bien-aimé de mon cœur, chair adorable, ma joie, mes délices, mon amour, mon Dieu, mon tout !

Mon âme impatiente languit vers vous, soupire après vous, vous souhaite avec ardeur, mon trésor, mon bonheur, ma vie, mon tout.

Acte d'amour. — J'ai donc enfin le bonheur de vous posséder ! Embrasse-moi, brûlez, consumez mon cœur de votre amour. Mon bien-aimé est à moi ! Jésus se donne à moi ! Je vous aime de toute mon âme ; je vous aime pour l'amour de vous.

Après les actes viennent les cantiques, composés la

plupart sur des airs mondains que l'eucologe a soin d'indiquer.

AIR : *Te bien aimer, ó ma chère Zélie !*

Cédons, mon âme, à Jésus qui me presse :
En ce moment, il vient combler mes vœux.
Il me reçoit, m'embrasse, me caresse,
S'unit à moi par d'ineffables nœuds.
Douce union, mélange incomparable !
. . . .
Déjà mon cœur, plein d'un amour extrême,
Boit à longs traits les célestes douceurs,
Et, reposant dans le sein de Dieu même,
Y goûte en paix les plus rares faveurs.

AIR : *Dans un verger, Colinette.*

J'ai péché dès mon enfance,
J'ai chassé Dieu de mon cœur;
J'ai perdu mon innocence :
Quelle perte! ah! quel malheur!
Innocence inestimable,
Que je te connaissais peu,
Quand d'un bien si désirable
La perte m'était un jeu !

AIR : *Un inconnu pour vos charmes soupire.*

Cœur adorable (de Jésus),
Bonheur des cieux !
C'est lui, je sens, je reconnais ses feux !
Cédons, mon cœur, à son empire aimable.
. . . . . . Combien à ta présence
Naissent en moi de mouvements secrets !

. . . .
Il m'est offert ce baiser si divin!
Ne puis-je donc reposer sur ton sein,
De mon amour y parler sans contrainte?

Autre cantique :

Vous, épouses fidèles
Du plus fidèle époux,
Pour des ardeurs si belles
Quels plaisirs goûtez-vous?

Tout cela, dans la pensée de l'Eglise, est innocent : qui le nie? Mais c'est justement ce que je vous reproche, Monseigneur : vous ne vous connaissez pas ; vous ne savez pas plus, dans votre funeste innocence, ce qu'il y a au fond de votre mysticisme que vous ne connaissez l'amour.

Vous ressemblez à des enfants qui se poursuivent avec des bougies allumées dans un magasin à poudre. Et quand arrivent parmi vous ces éruptions furieuses qui, dans un Mingrat, un Léotade, épouvantent le monde, vous êtes les premiers à témoigner de votre affliction et de votre étonnement.

Voulez-vous savoir maintenant quel fruit les fillettes que vous catéchisez tirent de vos leçons? Lisez ce morceeau que j'extrais de *Lélia*.

Ecoutez, ma sœur... C'est dans vos bras innocents, c'est sur votre sein virginal que pour la première fois Dieu m'a révélé la puissance de la vie... Ne vous éloignez pas ainsi ; écoutez-moi sans préjugé !

Eh bien, nous dormions paisiblement sur l'herbe moite et chaude ; les cèdres exhalaient leur exquise senteur de baume, et le vent du midi passait son aile brûlante sur nos fronts humides. Jusqu'alors, insouciante et rieuse, j'accueillais chaque jour de ma vie comme un bienfait nouveau. Quelquefois des sensations brusques et pénétrantes faisaient bouillonner mon sang, une ardeur inconnue s'emparait de mon imagination ; la nature m'apparaissait sous des couleurs plus étincelantes ; la jeunesse palpitait plus vivace et plus riante dans mon sein ; et si je me regardais au miroir, je me trouvais dans ces instants-là plus vermeille et plus belle. Alors j'avais envie de m'embrasser dans cette glace qui me reflétait, et qui m'inspirait un amour insensé...

Ce jour-là, un rêve étrange, délirant, inouï, me révéla le mystère jusque-là impénétrable, et jusque-là tranquillement respecté. O ma sœur! niez l'influence du ciel, niez la sainteté du plaisir! Vous eussiez dit, si cette extase vous eût été donnée, qu'un ange envoyé vers vous du sein de Dieu se chargeait de vous initier aux épreuves sacrées de la vie humaine. Moi, je rêvai TOUT SIMPLEMENT d'un homme aux cheveux noirs qui se penchait vers moi pour effleurer mes lèvres de ses lèvres chaudes et vermeilles ; et je m'éveillai oppressée, palpitante, heureuse plus que je ne m'étais imaginé devoir l'être jamais. Je regardai autour de moi : le soleil semait ses reflets sur les profondeurs du bois ; l'air était bon et suave, et les cèdres élevaient avec splendeur leurs grands rameaux digités, semblables à des bras immenses, et à de longues mains tendues vers le ciel. Je vous regardai alors. O ma sœur, que vous étiez belle! Je ne vous avais jamais trouvée belle avant ce jour-là. Dans ma complaisante vanité de jeune fille, je me préférais à

vous ; il me semblait que mes joues brillantes, que mes épaules arron-
dies, que mes cheveux dorés me faisaient plus belle que vous. Mais en
cet instant le sens de la beauté se révélait à moi dans une autre créature. Je ne m'aimai plus seule : j'avais besoin de trouver hors de moi
un objet d'admiration et d'amour. Je me soulevai doucement, et je
vous contemplai avec une singulière curiosité, avec un étrange plaisir.
Vos épais cheveux noirs se collaient à votre front, et leurs boucles ser-
rées se roulaient sur elles-mêmes comme si un sentiment de vie les eût
crispées auprès de votre cou velouté d'ombre et de sueur. J'y passai mes
doigts ; il me sembla que vos cheveux me les serraient et m'attiraient
vers vous. Votre chemise, blanche et fine, serrée sur votre sein, faisait
paraître votre peau, hâlée par le soleil, plus brune encore qu'à l'ordinaire ; et vos longues paupières, appesanties par le sommeil, se dessinaient sur vos joues, alors animées d'un ton plus solide qu'aujourd'hui.
Oh ! vous étiez belle, Lélia ! mais belle autrement que moi, et cela me
troublait étrangement. Vos bras, plus maigres que les miens, étaient
couverts d'un imperceptible duvet noir que les soins du luxe ont fait
depuis disparaître. Vos pieds, si parfaitement beaux, baignaient dans
le ruisseau, et de longues veines bleus s'y dessinaient. Votre respiration
soulevait votre poitrine avec une régularité qui semblait annoncer le
calme et la force ; et dans tous vos traits, dans votre attitude, dans
vos formes plus arrêtées que les miennes, dans la teinte plus sombre de
votre peau, surtout dans cette expression fière et froide de votre visage
endormi, il y avait *je ne sais quoi de masculin et de fort* qui m'empê-
chait presque de vous reconnaître. Je trouvais que vous ressembliez à
ce bel enfant aux cheveux noirs dont je venais de rêver, et je baisai
votre bras en tremblant. Alors vous ouvrîtes les yeux, et votre regard
me pénétra d'une honte inconnue ; je me détournai comme si j'avais
fait une action coupable. Pourtant *aucune pensée impure ne s'était présentée à mon esprit.* Comment cela serait-il arrivé ? Je ne savais rien ;
je recevais de la nature et de Dieu, mon créateur et mon maître, ma
première leçon d'amour, ma première sensation de désir...

Reconnaissez-vous, à cet agaçant parlage, tout rempli
de *ciel*, de *Dieu*, d'*anges*, d'*extases*, de *mystères sacrés*, de
nature, de *pudeur*, mêlés de *peau* et de *chemise*, reconnaissez-vous le style moitié emphatique, moitié trivial, de vos
mystiques ? Madame Sand a été dévote, et les jésuites ont
conservé son estime : elle le raconte dans ses *Mémoires*.
Que dites-vous de cette combinaison érotique, où la fornication, l'inceste, le viol, la tribadie, se trouvent cumulés
tout simplement ? Il y a beaucoup de ces simplicités-là dans
les romans de George Sand.

Deux femmes, deux sœurs, l'une blonde et joyeuse courtisane, l'autre platonicienne désespérée, *ayant je ne sais quoi de masculin*, se rendent compte de leur vie. La première soutient la théorie du plaisir comme fin de l'existence ; l'autre, dégoûtée de la chair, ne croit plus à rien, pas même au plaisir. C'est dans le cours de cette conversation que la prostituée raconte de quelle manière elle a perdu son pucelage. La *chosette*, dirait Tallemant des Réaux, est arrivée ainsi : Pulchérie était couchée auprès de sa sœur... Tenons-la quitte du reste ; donnons-lui même acte qu'*aucune pensée impure ne s'était présentée à son esprit*.. Mais je vous le demande, pour combien pensez-vous que l'Eglise soit dans cette description ! Tout se tient, dans la littérature et dans l'histoire, et vous ne pouvez pas plus répudier la *Lélia* de George Sand que le *René* de Chateaubriand.

La France très chrétienne n'a plus rien à envier à la Rome et à la Grèce idolâtres. En toutes choses nous avons surpassé nos modèles : nous les avons surpassés par la philosophie et la science, surpassés par le droit et l'industrie, surpassés par la profondeur de notre idéal et l'héroïsme de notre révolution ; nous les surpassons encore par la bassesse et l'hypocrisie de notre débauche.

C'est l'impudicité qui a perdu la noblesse française et qui perd aujourd'hui bourgeoisie et plèbe. Les mœurs chevalières et galantes qui distinguèrent nos aïeux ont disparu ; le mariage devenu une affaire, le concubinage dédaigné, nous sommes en pleine promiscuité, tant la paillardise est devenue universelle, tant elle est pour nous chose légère. Nous voilà parvenus à l'amour unisexuel, on parle de parties fines où la *fashion* féminine se livre, comme les Romaines de Juvénal, à des combats tribadiques, *Ipsa Medullinæ frictum crissantis adorat ;* et l'on m'assure que l'usage commence à s'en répandre dans les pensionnats de demoiselles et parmi les ouvrières.

Dernier mot d'une société qui se meurt en appelant l'amour, et qui ne retrouvera l'amour, la vie, l'honneur, que le jour où s'échappera de sa conscience le cri de salut : Justice !

I. — L'homme et la femme sont-ils égaux entre eux ou équivalents? Ou bien sont-ils simplement complémentaires l'un de l'autre, de telle façon qu'il n'y ait entre les deux sexes ni égalité ni équivalence? Dans tous les cas, quelle est la fonction sociale de la femme? Partant, quelle est sa dignité? Quel est son droit? Quelle doit être sa considération dans la république?

Je fais pour un moment abstraction du mariage, à plus forte raison dois-je faire abstraction de la maternité. La femme peut n'être pas mère, et de fait elle ne l'est pas toujours. Avant de le devenir, elle a de longues années à vivre; après l'avoir été, elle en aura d'autres encore : elle a donc, dans la société, antérieurement et supérieurement aux charges maternelles, un emploi. Quel est-il? Pendant la maternité même, elle ne perd pas ses droits de membre de la société; ajoutons que la liquidation des charges maternelles, charges qui naturellement, et pour la part la plus forte, lui incombent, cette liquidation, dis-je, devra se faire, non pas seulement en raison du travail et de la dépense, mais en raison de la dignité sociale, morale, de la femme. Tout se réunit donc pour nous faire un devoir de rechercher la nature et l'étendue de cette dignité, **qui a** pour terme de comparaison la dignité de l'homme.

J'ai longtemps hésité devant la question que je me décide à traiter aujourd'hui. Quelques brusqueries échappées de ma plume, bien moins contre la femme — qui donc songe à attaquer la femme? — que contre ses soi-disant émancipateurs, m'ont attiré tant d'affaires, que je m'étais promis de n'y plus revenir et de laisser aller les choses. J'eusse voulu abolir, entre nous et nos moitiés, ces mots fâcheux d'*égalité* et d'*inégalité*, source intarissable de divisions, de luttes intestines, de trahisons et de hontes. Dans l'intérêt de la dignité commune et de la paix domestique, j'aurais de bon cœur accepté un pacte de silence, conforme à la réserve antique et aux habitudes chevaleresques de nos pères.

Mes craintes, apparemment, étaient exagérées. D'autres avant moi, hardis dans l'absurde, ont soulevé ce débat qui menace la tranquillité de nos ménages. L'indiscrétion fémine a pris feu; une demi-douzaine d'insurgées, aux doigts tachés d'encre, et qui s'obstinent à nous faire la femme autrement que nous ne la voulons, revendiquent avec injure leurs *droits*, et nous défient d'oser tirer la question au clair. Il ne me reste, après que j'aurai établi sur faits et pièces l'INFÉRIORITÉ PHYSIQUE, INTELLECTUELLE ET MORALE de la femme; après que j'aurai montré, par des exemples éclatants, que ce qu'on appelle son émancipation est la même chose que sa prostitution, qu'à déterminer sur d'autres éléments la nature de ses prérogatives, et à prendre en main sa défense contre les divagations de quelques impures que le péché a rendues folles.

Infériorité physique de la femme

II. — Sur ce point la discussion ne sera pas longue : tout le monde passe condamnation. J'avais pourtant espéré que ces dames, poussant jusqu'au bout la logique de leur cause, prendraient le parti extrême de nous dénier l'avantage de la force : point du tout, elles déclarent s'en rapporter au dynamomètre, et ne protestent que contre l'*abus* dont, suivant elles, nous nous rendons coupables.

Je réprouve énergiquement toute espèce d'abus, surtout celui de la force. Mais avec l'abus il ne faut pas confondre l'*us* : or, c'est à quoi tendent invinciblement les théoriciennes de l'égalité sociale des sexes, au mépris de la nature et de la Justice.

Que dit d'abord la nature?

C'est un fait d'expérience, commun à tous les mammifères, que jusqu'à la puberté la complexion du jeune homme et celle de la jeune fille ne diffèrent presque en rien, mais qu'à partir du moment où commence la masculinité, l'homme prend le dessus sous plusieurs rapports : carrure des épaules, épaisseur du cou, roideur des muscles, grosseur des biceps, force des reins, agilité de tout le corps, puissance de la voix. C'est un fait qu'on peut arrêter ce développement, et retenir, pour ainsi dire, à l'état neutre le jeune mâle en le mutilant; que l'adulte lui-même, soumis à la castration, redescend insensiblement et perd ses qualités viriles, comme si, par la faculté génératrice dont il est doué, l'homme, avant d'engendrer son semblable, s'engendrait lui-même et se portait à ce degré de puissance auquel n'atteint jamais la femme.

C'est encore un fait d'expérience que l'abus des jouissances amoureuses et les pertes séminales font, comme la castration elle-même, déchoir l'homme de sa force et des qualités qu'elle comporte, l'agilité, l'ardeur, le courage ; et que l'âge où il commence à vieillir est celui où ses organes produisent moins de cette semence, dont la plus grande part est employée, ce semble, à la production de la force.

Enfin, c'est un fait d'expérience qu'entre individus de sexe masculin les différences, quant à la force et à l'agilité physiques, ne sont pas, en général, proportionnelles à la hauteur, au volume et au poids, mais à l'énergie virile et à la manière plus ou moins parfaite dont cette énergie sert et entretient le système. De là ces tempéraments adoucis, aux formes moins anguleuses, aux corps moins membrus, que les paysans de Franche-Comté appellent *femmelins*, d'autant plus portés à l'amour que leur complexion paraît plus faible, ou, en autres termes, que la résorption de la semence se fait en eux moins complétement.

D'après ces observations, l'infériorité physique de la femme résulterait donc de sa *non-masculinité*.

L'être humain complet, adéquat à sa destinée, je parle du physique, c'est le mâle, qui par sa virilité atteint le plus haut degré de tension musculaire et nerveuse que comportent sa nature et sa fin, et par là, le maximum d'action dans le travail et le combat.

La femme est un diminutif d'homme, à qui il manque un organe pour devenir autre chose qu'un éphèbe.

Pourquoi la nature n'a-t-elle donné qu'à l'homme cette vertu séminifère, tandis qu'elle a fait de la femme un être passif, un réceptacle pour les germes que seul l'homme produit, un lieu d'incubation, comme la terre pour le grain de blé : organe inerte par lui-même et sans but propre ; qui n'entre en exercice que sous l'action fécondante du père, mais pour une autre fin que la mère, au rebours de ce qui se passe chez l'homme, en qui la puissance génératrice a son utilité positive indépendamment de la génération elle-même ?

Une semblable organisation ne peut avoir sa raison que

dans le couple et la famille ; elle présuppose la subordination du sujet, hors de laquelle il serait incapable de se suffire à lui-même, et pourrait se dire l'affligé de la nature et le souffre-douleurs de la Providence.

Partout éclate la passivité de la femme, sacrifiée, pour ainsi dire, à la fonction maternelle : délicatesse du corps, tendresse des chairs, ampleur des mamelles, des hanches, du bassin ; en revanche, étroitesse et compression du cerveau. En elle-même, je parle toujours du physique, la femme n'a pas de raison d'être : c'est un instrument de reproduction qu'il a plu à la nature de choisir de préférence à tout autre moyen, mais qui serait de sa part une erreur, si la femme ne devait retrouver d'une autre manière sa personnalité et sa fin.

Or, quelle que soit cette fin, à quelque dignité que doive s'élever un jour la personne, la femme n'en reste pas moins, de ce premier chef de sa constitution physique, et jusqu'à plus ample informé, inférieure devant l'homme, une sorte de moyen terme entre lui et le reste du règne animal. A cet égard, la nature n'est pas équivoque. Suivant les embryogénistes, le sexe mâle n'est pas primitif dans l'échelle animale ; il est le produit final de l'élaboration embryonnaire *pour une destination supérieure*. (*Développement de la série naturelle*, par le Dr FAVRE ; 2 vol. in-12.)

III. — Nous avons recueilli le témoignage de la nature que va conclure maintenant de ces premiers faits la Justice ?

Sans doute dans la société, comme dans la vie, la force physique n'est pas tout : il y a d'autres éléments, d'autres facultés, dont nous devrons tenir compte. Mais si la force n'est pas tout, elle compte pour quelque chose : or, pour si peu qu'on la compte dans l'établissement des droits de l'individu, dans la balance de son actif et de son passif, il est évident, sous ce premier rapport, que de quelque façon qu'on s'y prenne, et à moins que la femme ne se rachète par d'autres avantages, son infériorité sociale et sa subordination vis-à-vis de l'homme en sera la conséquence.

Quelle que soit l'inégalité de vigueur, de souplesse, d'agilité, de constance, que l'on observe, d'un côté entre les hommes, de l'autre entre les femmes, on peut, sans risque d'erreur, dire qu'en moyenne la force physique de l'homme est à celle de la femme comme 3 est à 2.

Le rapport numérique de 3 à 2 indique donc, à ce premier point de vue, le rapport de valeur entre les sexes.

Admettant que chacun, soit dans la famille, soit dans l'atelier, fonctionne et travaille selon la puissance dont il est doué, l'effet produit sera dans la même proportion, 3 à 2; conséquemment, la répartition des avantages, à moins, je le répète, qu'une influence d'une autre nature n'en modifie les termes, toujours dans cette proportion, 3 : 2.

Voilà ce que dit la Justice, qui n'est autre que la reconnaissance des rapports, et qui nous commande à tous, hommes et femmes, de faire à autrui comme nous voudrions qu'il nous fît lui-même, si nous étions à sa place.

Qu'on ne vienne donc plus nous dénier ce *droit de la force*, comme si le droit de la force n'était pas aussi incontestable de sa nature, et dans la mesure qui lui appartient, que le droit de l'intelligence : ce n'est là qu'une misérable chicane à l'usage des émancipées et de leurs collaborateurs.

Supposons, dans un pays, deux races d'hommes mêlées, dont l'une soit physiquement supérieure à l'autre, comme l'homme l'est à la femme.

Admettant que la Justice la plus sévère préside aux relations de cette société, ce que l'on exprime par les mots *égalité de droits*, la race forte, à nombre égal et toute balance faite, obtiendra, dans la production collective, trois parts sur cinq : voilà pour l'économie publique.

Mais ce n'est pas tout : je dis que par la même raison la volonté de la race forte pèsera, dans le gouvernement, comme 3 contre 2, c'est à dire qu'à nombre égal elle commandera à l'autre, ainsi qu'il arrive dans les sociétés en commandite, où les décisions se prennent à la majorité des actions, non des suffrages : voilà pour la politique.

Eh bien, c'est ce qui est arrivé pour la femme.

J'écarte comme non avenus, illégitimes, odieux, dignes de répression et de châtiment, tous les abus de pouvoir du sexe fort à l'égard du sexe faible; j'approuve, j'appuie, sur ce point, la protestation de ces dames. Je ne demande que justice, puisque c'est au nom de la Justice qu'on revendique pour la femme l'égalité. Il restera toujours, en accordant à celle-ci toutes les conditions d'éducation, de développement et d'initiative possibles, qu'en somme la prépondérance est acquise au sexe fort dans la proportion de 3 contre 2, ce qui veut dire que l'homme sera le maître et que la femme obéira. *Dura lex, sed lex.*

IV. — Ce que je viens de dire n'est que de théorie : dans la pratique, la condition de la femme encourt, par la maternité, une subordination encore plus grande.

En quelques secondes l'homme devient père. L'acte de génération, modérément exercé et dans l'âge voulu, loin de lui nuire, lui est, comme l'amour, salutaire.

La maternité coûte autrement cher à la femme.

Sans parler de ses ordinaires, qui prennent 8 jours par mois, 96 jours par an, il faut compter, pour la grossesse, 9 mois; les relevailles, 40 jours; l'allaitement, 12 à 15 mois; soins à l'enfant, à partir du sévrage, cinq ans : en tout sept ans pour un seul accouchement. Suposant quatre naissances à deux années d'intervalle, c'est douze ans que la maternité emporte à la femme.

Il ne faut point ici chicaner et marchander. Sans doute la femme enceinte, et la nourrice, et celle qui soigne les enfants plus grands, est capable de quelque service. J'estime, quant à moi, que pendant ces douze années le temps de la femme est absorbé presque tout entier par la gésine; que ce qu'elle peut faire en plus, sans se détériorer, est du *boni*, en sorte qu'elle et ses enfants tombent entièrement à la charge de l'homme.

Si donc, pendant la plus belle partie de son existence, la femme est condamnée par sa nature à ne subsister que de la subvention de l'homme; si celui-ci, père, frère, mari ou amant, reste en définitive seul protecteur, pourvoyeur et suppéditeur, comment, je raisonne toujours selon le droit pur et en dehors de toute autre influence, comment, dis-je, subirait-il le contrôle et la direction de la femme? Comment celle qui ne travaille pas, qui subsiste du travail d'autrui, gouvernerait-elle, dans ses couches et ses grossesses continuelles, le travailleur? Réglez comme vous l'entendrez les rapports des sexes et l'éducation des enfants; faites-en l'objet d'une communauté, à la façon de Platon,

u d'une assurance, comme le demande M. de Girardin;
maintenez, si vous aimez mieux, le couple monogamique
t la famille : toujours vous arrivez à ce résultat, que la
emme, par sa faiblesse organique et la *position intéres-
ante* où elle ne manquera pas de tomber, pour peu que
homme s'y prête, est fatalement et juridiquement exclue
e toute direction politique, administrative, doctrinale,
ndustrielle, comme de toute action militaire.

Infériorité intellectuelle de la femme

V. — Ce qui, plus que tout le reste, a fait imaginer
utopie de l'égalité des sexes, est la doctrine platonico-
hrétienne de la nature de l'âme, doctrine à laquelle la
ernière main a été mise par Descartes.

L'âme, se dit-on, est une substance immatérielle, essen-
ellement différente du corps. Cette âme est tout l'homme;
e corps n'est que son enveloppe, son instrument. Considé-
ées en elles-mêmes, les âmes sont égales; le corps seul
étermine, entre les personnes, les inégalités de puissance
rganique et intellectuelle qui s'y observent. Or, si la des-
inée de l'espèce est de s'affranchir, par la religion, la
cience, la Justice, l'industrie, des fatalités de la chair
ussi bien que de la nature, il s'ensuit que l'égalité des
mes doit apparaître peu à peu entre les personnes, et
oute différence de prérogatives entre les sexes s'effacer.
e n'est qu'une question d'éducation, analogue à celle du
rolétariat. Le peuple non plus n'est pas au niveau de la
ourgeoisie; mais par l'éducation il peut y arriver, et c'est
on droit d'en obtenir les moyens. Le problème de la des-
inée de la femme est le même. Qu'il lui soit possible de
e racheter selon le vœu et la loi de la nature, elle ne de-
ande rien de plus; le lui refuser serait une tyrannie et un
rime.

Ainsi on ne nie pas l'infériorité physique de la femme
i les conséquences qui s'ensuivent;

On ne nie pas davantage son infériorité intellectuelle, au
oins dans l'état présent des choses;

On se borne à dire que l'infériorité de puissance orga-
ique doit être neutralisée par le progrès industriel, et

l'infériorité intellectuelle neutralisée à son tour par l'édu
cation des sujets et par la constitution sociale ; de sort
que les deux sexes demeurent en présence, ramenés à leu
valeur purement animique, ou, pour mieux dire, angé
lique, semblables à de purs esprits, que la mort et le cie
ont dégagés de la sexualité et de la matière.

Telle est la thèse soutenue par mesdames de Staël
George Sand, Daniel Stern et autres.

« Dans ses plus brillantes manifestations, le génie féminin n'a poi
atteint les hauts sommets de la pensée, il est pour ainsi dire resté
mi-côte. L'humanité ne doit aux femmes aucune découverte signalé
pas même une invention utile. Non seulement dans les sciences et dai
la philosophie elles ne paraissent qu'au second rang, mais encore dai
les arts, pour lesquelles elles sont si bien douées, elles n'ont produ
aucune œuvre de maître. Je ne veux parler ici ni d'Homère, ni de Ph
dias, ni de Dante, ni de Shakspeare, ni de Molière ; mais le Corrég
mais Donatello, mais Delille et Grétry, n'ont point été égalés par d
femmes. » (DANIEL STERN, *Esquisses morales*.)

« Faut-il donc, poursuit cette dame, nous incliner devant de tell
observations et tels exemples ? »

Et elle soutient, en premier lieu, que l'inégalité d'inte
ligence n'est appréciable que dans les *exceptions*, dans le
hautes sphères de l'entendement, nullement dans la pra
tique de la vie, et comme on ne fait pas de lois pour les ex
ceptions, mais pour la masse, qu'on n'en peut rien cor
clure contre le droit de la femme à l'égalité ; d'autre par
que, si l'on se transporte dans l'ordre moral, les choses aj
paraissent sous un tout autre jour ; que le courage, la Ju
tice, la tolérance, le dévoûment, n'ont pas de sexe ; qu
par la maternité et l'éducation des enfants, la coopératio
de la femme dans la société et la famille est égale à cel
de l'homme ; que le progrès est à l'égalité, et que l'éduca
tion le réalisera.

Nous examinerons tout à l'heure la moralité de la femme
attachons-nous pour le moment à son intelligence.

VI. — L'argumentation dont je viens de rapporter .
substance a ceci de remarquable, qu'elle peut servir d'écha
tillon de la manière dont la femme, abandonnée à ses pr
pres inspirations, a de tout temps raisonné et raisonne

ernellement. La clarté grammaticale n'y manque pas :
ites-lui grâce de l'idée, la femme parle aussi bien peut-
re mieux, en tout cas plus volontiers que l'homme. Et
est le privilége de notre langue que sa clarté s'impose à
us, même au sophiste qui parle contre sa conscience et
raison, même à la femme savante qui parle sans raison
con science.

Que trouvons-nous, à l'analyse, dans cette thèse?

Comme principe, trois *peut-être;*

Comme raisonnement, trois *inconséquences;*

Comme conclusion, l'abaissement systématique de
l'homme, c'est à dire *néant.*

Si, dit-on, par le progrès industriel, la dépense de force
nposée au travailleur devenait insignifiante?... — C'est
istement la considération que faisait valoir Cabet aux
toyens d'Icarie comme le principe de l'égalité future;
ais c'est aussi ce dont l'économie politique démontre la
ussceté matérielle; d'abord par le calcul, puis par l'expé-
ience. Plus l'industrie se perfectionne, plus, sans doute,
action de l'homme acquiert de puissance, mais plus en
iême temps il est appelé à travailler et à dépenser de
irce, de manière que le bénéfice du développement indus-
iel ne se trouve pas dans le repos obtenu, mais dans la
imme des produits.—Surcroît de production, direz-vous,
t diminution de force dépensée, ou augmentation de repos,
ont même chose. — Non, ce n'est pas même chose; car
i nos machines ne devaient servir qu'à nous procurer
u repos, elles devraient se reposer elles-mêmes; elles
oûteraient trop cher, et l'on y renoncerait. Aussi jamais,
aucune époque, on ne travailla autant que de nos jours;
omme nous sommes plus travailleurs que nos pères, nos
nfants seront plus travailleurs que nous, et pour eux
omme pour nous-mêmes le chômage ira toujours en
iminuant. Telle est, quant au progrès de l'industrie et
es machines, la vérité. Sans doute elle n'a rien de décou-
ageant pour l'homme; mais comme l'augmentation du
ravail suppose un accroissement proportionnel de popu-
ation, que peut-elle promettre à la femme? *Multiplicabo
onceptus tuos.*

Si, dit-on, par le développement de l'instruction, l'iné-
alité des capacités s'effaçait?...—Malheureusement l'ins-

truction, en théorie et en application, doit être, pour tout individu, encyclopédique ; elle embrasse une suite d'études et de manœuvres dont la femme, par la faiblesse de son cerveau autant que par celle de ses muscles, est incapable. De ce côté encore, rien à espérer pour elle.

Si, par la division du travail et l'équilibre des fonctions, la médiocrité devenait la condition générale, et la supériorité de génie l'exception ?... — Ici encore la science vient démentir l'hypothèse. La division du travail et l'équilibre des fonctions sont les deux premières lois de l'organisation industrielle ; de ces deux lois il en naît une troisième, qui déboute irrévocablement la femme de ses prétentions, c'est la loi d'ascension aux grades, par laquelle tout individu mâle a pour devoir et pour fin de devenir, à son tour, une supériorité.

Voilà pour le principe : voyons le raisonnement.

On dit : Ce n'est pas le corps qui fait l'homme, c'est l'âme ; or les âmes sont égales : donc...

Mais la distinction ontologique de l'âme et du corps est le principe même sur lequel nous avons vu que s'étaient successivement établis, d'abord l'esclavage, puis le servage, aujourd'hui le salariat. Comment peut-on l'invoquer en faveur de la femme ?... Admettons-la, cependant, cette distinction ; accordons que le corps n'est rien pour l'homme et que les âmes sont égales. En dernière analyse, l'âme ne peut être jugée que sur ses actes, cela est élémentaire en droit. Si donc les actes de l'âme masculine, obtenus par l'intermédiaire du cerveau et des muscles, valent plus que les actes de l'âme féminine, l'égalité entre elles se réduit à une fiction de l'autre monde ; sur cette terre, elle est impossible.

On dit : Le progrès, pour l'humanité, consiste à triompher sans cesse de la matière par l'esprit : donc...

Eh bien, qui triomphe le mieux de la matière, l'homme ou la femme ?

On dit enfin : Le progrès est à l'égalité : donc...

Oui, le progrès est à l'égalité entre sujets de même ordre et de constitution équivalente, que l'ignorance et la fatalité ont faits inégaux : ce qui veut dire que le progrès est à l'égalité de l'homme à l'homme, de la femme à la femme. Mais il n'est pas vrai que le progrès soit à l'égalité de l'homme à la femme, puisqu'il faudrait, pour cela, que le premier cessât de progresser dans l'intégralité de son être, pendant que la seconde progresserait dans l'intégralité du sien, ce qui est inadmissible.

Que reste-t-il maintenant, comme conclusion, de ce beau raisonnement sur l'âme des femmes?

C'est que, pour les mettre au pair avec nous, il faudrait rendre en nous la force et l'intelligence inutiles, arrêter le progrès de la science, de l'industrie, du travail, empêcher l'humanité de développer virilement sa puissance, la mutiler dans son corps et dans son âme, mentir à la destinée, refouler la nature, le tout pour la plus grande gloire de cette pauvre petite âme de femme, qui ne peut ni rivaliser avec son compagnon ni le suivre.

Des idées décousues, des raisonnements à contre-sens, des chimères prises pour des réalités, de vaines analogies érigées en principes, une direction de l'esprit fatalement inclinée vers l'anéantissement : voilà l'intelligence de la femme, telle que la révèle le théorie imaginée par elle-même contre la suprématie de l'homme.

VII. — Il serait peu courtois à un philosophe de s'en rapporter au jugement de la femme sur elle-même : elle ne se connaît pas, elle est incapable de se connaître. C'est à nous, qui la voyons et qui l'aimons, d'en faire l'autopsie.

Ecartant d'abord, comme ultra-phénoménale, la question de savoir si l'âme et le corps, la matière et l'esprit, sont des substances distinctes; si l'homme mérite considération seulement en tant qu'âme et abstraction faite de sa *guenille*, comme dit le bon Chrysale, ou s'il faut faire état aussi de cette guenille, un fait est au moins certain : c'est qu'en raison de l'influence réciproque, constante, intime, du corps sur l'âme et de l'âme sur le corps, la force physique n'est pas moins nécessaire au travail de la pensée qu'à celui des muscles, de sorte que, sauf le cas de maladie, la pensée, en tout être vivant, est proportionnelle à la force.

D'où cette première conséquence : la même cause qui fait qu'aucune femme, parmi les plus doctes, ne peut atteindre à la hauteur d'un Leibnitz, d'un Voltaire, d'un

Cuvier, fait également que, dans la masse, la femme ne peut soutenir la tension cérébrale de l'homme.

Mais voici bien autre chose.

Si la faiblesse organique de la femme, à laquelle se proportionne naturellement le travail du cerveau, n'avait d'autre résultat que d'abréger dans sa durée l'action de l'entendement, la qualité du produit intellectuel n'étant pas altérée, la femme pourrait parfaitement, sous ce rapport, se comparer à l'homme ; elle ne rendrait pas autant, elle ferait aussi bien : la différence, purement quantitative, n'entraînant qu'une différence de salaire, ne suffirait peut-être pas pour motiver une différence dans la condition sociale.

Or, c'est précisément ce qui n'a pas lieu : l'infirmité intellectuelle de la femme porte sur la qualité du produit autant que sur l'intensité et la durée de l'action ; et comme, dans cette faible nature, la défectuosité de l'idée résulte du peu d'énergie de la pensée, on peut dire que la femme a l'esprit essentiellement faux, d'une fausseté irrémédiable.

Il ne faut pas croire, dit quelque part Daniel Stern, que la différence des sexes soit purement du domaine de la physiologie : l'intelligence et le cœur ont aussi un sexe.

Madame Stern a pris cette idée de quelque auteur : en cela, elle a fait preuve de promptitude d'esprit, mais de peu de jugement. Des intelligences mâles et femelles, c'est si joli ! Mais voyons les conséquences.

Comme l'a dit Kant, la qualité dans les choses est un aspect particulier de la quantité ; elle résulte de la comparaison des deux quantités inégales. C'est ainsi que la même couleur, plus ou moins *foncée*, se dénature et tend à devenir une autre couleur : en réalité il n'y a pas de démarcations tranchées dans le spectre.

Il en est ainsi pour tous les sens et facultés de l'homme.

Regardez la lune à l'œil nu ou dans un télescope, l'aspect de la planète n'est pas le même. Celui dont la vue serait assez forte pour résoudre les dernières nébuleuses, non seulement verrait les choses que nous ne voyons pas, mais le spectacle du ciel lui paraîtrait encore tout différent.

La pensée se comporte absolument de même. Il y a des ntelligences d'une portée, si j'ose ainsi dire, télescopique, 1ui découvrent dans les choses des rapports restés jus- 1ue-là inaccessibles ; des intelligences concentriques, qui, lans une masse de faits jetés en apparence au hasard, perçoivent une liaison, un ordre, une unité, qu'aupa- ravant on n'y voyait pas. C'est par opposition à ces deux 1ortes d'intelligences qu'on dit vulgairement : esprit à *ourte vue*, esprit *brouillon*, pour désigner l'infirmité de ceux à qui la présence des faits et des choses ne fait rien lécouvrir.

VIII. — En quoi donc consiste la différence qualitative le l'esprit entre l'homme et la femme?

La femme n'a pas d'âme intelligente, dit un concile.

D'autres vont jusqu'à refuser toute espèce d'âme à la femme.

Hégel et Gœthe remarquent qu'il y a des esprits *végétatifs* et des esprits *animaux*, et ils ajoutent que la femme appar- tient à la première catégorie. Qu'est-ce que cela veut dire?

Si la femme, comme être pensant, a été maltraitée par les théologiens et les philosophes, elle l'a été encore plus par les écrivains de son sexe.

La femme est imbécile par nature, dit durement George Sand; et sur ce principe elle établit la figure d'*Indiana*.

Ce qui manque essentiellement à la femme est la méthode : de là e hasard introduit dans leurs raisonnements, et trop souvent dans eurs vertus.

Ce qui égare la femme est l'esprit de chimères : elles le portent lans tout, en religion, en amour, en politique.

Les femmes ne méditent guère : penser pour elles est un accident 1eureux plutôt qu'un état permanent. Elles se contentent d'entrevoir les idées sous leur forme la plus flottante et la plus indécise. Rien ne 1'accuse, rien ne se fixe dans la brume dorée de leur fantaisie. (DANIEL STERN, *Esquisses morales.*)

C'est bien exprimé, et je pourrais observer en passant 1ue Daniel Stern parle d'expérience. Son tort, dans ces lignes sentencieuses, est de parler de son sexe comme si elle s'en séparait, puis de ne pas voir qu'un pareil juge- ment est la condamnation de son système.

Madame Necker de Saussure est encore plus amère :

La force créatrice leur manque ; malgré de brillants succès, on n
peut leur attribuer aucune de ces grandes œuvres qui font la gloir
d'un siècle et d'une nation.

Les femmes arrivent de plein saut, ou n'arrivent pas. Si admirabl
chez elles que soit la patience quand il s'agit de soulager les mau
d'autrui, elle est nulle dans le domaine intellectuel.

L'homme seul contemple toutes choses dans l'univers : la femm
ne saisit que les détails. Les hommes l'emporteront toujours sur nous
leur nature est supérieure à la nôtre...

Et ce mot lâché, elle le regrette :

Supérieure en quoi ?... Plus livrés aux passions sensuelles, ils n
sont ni plus religieux, ni plus dévoués, ni plus vertueux, ni *peut-êtr*
plus spirituels que nous. Et cependant nous les sentons faits pour êtr
nos maîtres : leur moi est plus fort que le nôtre.

Parlant de l'*idiotie* propre à la femme, elle ajoute :

Il est singulier qu'avec des intérêts assez semblables sur toute l
terre, elles offrent des teintes de *localités* plus tranchées que le
hommes... Il faut sonder les profondeurs du cœur féminin pour trou
ver en quoi la Française, l'Anglaise, l'Allemande, se ressemblent.
(*Education progressive.*)

**En deux mots, la femme, plus que l'homme, *est de so*
pays. Daniel Stern reproduit la même observation ; j'ignore
qui est le premier qui l'a faite :**

L'homme représente plus particulièrement l'idée de patrie : l
sentiment de la femme s'élève rarement au dessus de l'amour du sol.
Elle chérit les lieux qui l'ont vue naître, les horizons qui ont souri à
sa jeunesse : l'esprit de l'homme s'attache plus encore aux horizons
intellectuels où s'est développée sa pensée ; il aime, il sent vivre en lui
cet ensemble d'invincibles éléments qui composent la race, la nation,
la patrie idéale.

**Madame Guizot, citée par madame Necker de Saussure,
dit de son côté :**

Il est bien difficile que le succès d'une compote n'intéresse pas
plus une jeune fille que toutes ses leçons.

Après ces citations, on se demande si ces dames sont de

leur parti ou du nôtre, car il est évident que leur sexe leur est insupportable. Madame Necker de Saussure, qui a tant écrit sur l'éducation des femmes, ne les aime point : elle est pour elles pleine d'atrabile, de menace, d'ironie; elle les raille de leur beauté, de leur penchant à l'amour, de tout ce qui les fait femmes. Madame de Staël est sans pitié pour les Anglaises, si fières de leur intérieur, si dédaigneuses des triomphes du bel esprit; sa *Corinne* n'est qu'une satire de la ménagère, la seule femme cependant qui soit vraiment digne de l'attention de l'homme. Madame Sand paraît n'aimer ni le sexe fort ni le sexe faible : le premier, parce que, quoi qu'elle fasse, elle n'y arrive pas; le second, parce qu'elle en est sortie. Le héros, presque invariable, de ses romans, est une espèce de Moloch à qui, sous les noms de *Lélia*, *Quintilia*, *Sylvia*, elle sacrifie mâles et femelles, lois divines et humaines, raison, nature et sens commun. Madame Stern, après avoir dit son fait à la femme noble et bourgeoise, finit par une invective superbe : « Pleurez, lâches, pleurez, dit-elle à ces pauvres créatures; c'est bien fait, vous n'avez que ce que vous méritez. „

Que je plaindrais les femmes, si elles n'avaient pour les soutenir que les paroles de leurs avocats en jupons!... Les observations qu'on vient de lire sont vieilles comme le genre humain : le sexe mâle le premier les a faites, tous les humoristes et originaux qui se sont mis en tête de médire des femmes et de les agacer par une feinte aversion les ont rebattues; répétées aujourd'hui, en style de Sénèque, par les plus illustres de la gent féminine, elles ne sauraient nous apprendre rien, tant qu'elles ne seront pas généralisées, ramenées à leur cause et à leur fin.

Reprenons donc la question au point où nous l'avons laissée en constatant l'infériorité physique de la femme, et suivons la chaîne de l'expérience.

IX. — Qui produit, chez la femme, cette infériorité de vigueur musculaire? Cela même, avons-nous dit, qui fait qu'elle est femme, l'absence de virilité. La femme n'est pas seulement autre que l'homme, comme disait Paracelse; elle est autre parce qu'elle est moindre; parce que son sexe constitue pour elle une faculté de moins. Là où la

virilité manque, le sujet est incomplet ; là où elle est ôtée, le sujet déchoit : l'article 316 du Code pénal en est la preuve.

Qui croirait maintenant que cette corrélation physiologique ne s'étend pas à l'entendement? De par la logique cela doit être, et de par l'expérience cela est.

La femme a cinq sens, comme l'homme ; elle est organisée comme l'homme ; elle voit, elle sent, elle se nourrit, elle marche, elle agit, comme l'homme, il ne lui manque, au point de vue de la force physique, pour égaler l'homme, qu'une chose, qui est de produire des germes.

De même, au point de vue de l'intelligence, la femme a des perceptions, de la mémoire, de l'imagination ; elle est capable d'attention, de réflexion, de jugement : que lui manque-t-il ? De produire des germes, c'est à dire des idées ; ce que les Latins appelaient *genius*, le génie, comme qui dirait la faculté génératrice de l'esprit.

Qu'est-ce que le génie ?

De sots rhéteurs ont voulu en faire le privilége de quelques élus, espèces de demi-dieux offerts par la vanité poétique à l'adoration du vulgaire, Aussi se sont-ils égarés dans leurs définitions ; le génie est resté comme un superlatif de l'entendement, et ne deviendra une réalité que lorsqu'il aura été reconnu à tous les mâles, à qui il appartient sans exception, comme la virilité de l'intelligence.

C'est la faculté de saisir les rapports ou la raison des choses, de former des séries, d'en dégager la formule ou la loi, de concevoir sous cette formule une entité, sujet, cause, matière, substance, etc.; en un mot, c'est la puissance de créer, en présence des phénomènes, des universaux et des catégories, ou plus simplement des idées.

En principe, cette faculté ne paraît différer de l'intuition sensible que par le degré de puissance visuelle de l'entendement. Ainsi il faut plus d'intensité intellectuelle pour acquérir l'idée du genre que pour recevoir l'image de l'individu : il en est ainsi de toutes les idées, de toutes les découvertes, dans la philosophie, l'industrie et la science. En résultat, cette différence de degré dans la télescopie de l'esprit constitue une faculté distincte, dont la présence ou l'absence, la force ou la faiblesse, donnent au sujet, sous le rapport de l'intelligence, un caractère spécial.

Par exemple, il est de la nature de tout esprit faible, à qui les rapports des choses sont de difficile accès, de tourner à l'idéalisme et au mysticisme : c'est ainsi qu'au début de la civilisation l'esprit humain, sans expérience acquise et sans méthode, aussi incapable d'observer avec exactitude que de formuler des lois, idéalise ses aperçus, crée des fables, et laisse prendre à sa religion, à sa poésie, le pas sur la science.

Tel est encore l'esprit des enfants, des adolescents, de tous ceux que la faiblesse naturelle ou la maladie rapproche, sous ce rapport, de la nature féminine, et que la sévérité de l'observation, la rigueur de la science rebute.

Il n'est personne à qui il ne soit arrivé, à la suite d'une fatigue prolongée du cerveau, de ne pouvoir plus suivre le fil d'un discours ou saisir l'ensemble d'un raisonnement. L'esprit, alors, frappé d'impuissance, semble avoir perdu sa faculté génératrice; on lit sans comprendre, on écoute sans percevoir le sens des paroles. Il n'est même pas rare de rencontrer des intelligences vigoureuses sur certaines parties de la spéculation, qui semblent perdre leur puissance sur d'autres. Tel mathématicien est incapable de philosopher; tel jurisconsulte a une peine excessive à suivre les opérations d'une banque ou les parties d'une comptabilité. Dans toutes ces circonstances, on peut dire que le génie est sans action et l'esprit revenu à l'état neutre.

Ce qui distingue la femme est donc que, chez elle, la faiblesse, ou pour mieux dire, l'inertie de l'intellect, en ce qui concerne l'aperception des rapports, est constante. Capable, jusqu'à certain point, d'appréhender une vérité trouvée, elle n'est douée d'aucune initiative; elle ne s'avise pas des choses; son intelligence ne se fait point signe à elle-même, et sans l'homme, qui lui sert de révélateur et de verbe, elle ne sortirait pas de l'état bestial

Le génie est donc la virilité de l'esprit, sa puissance d'abstraction, de généralisation, d'invention, de conception, dont l'enfant, l'eunuque et la femme sont également dépourvus. Et telle est la solidarité des deux organes, que, comme l'athlète se sevrait de femme pour conserver sa vigueur, le penseur s'en sèvre aussi pour conserver son génie : comme si la résorption de la semence n'était pas moins nécessaire au cerveau de l'un qu'aux muscles de l'autre.

X. — J'ai eu la curiosité de vérifier cette théorie par l'analyse des ouvrages de quelques femmes célèbres, et voici ce que j'ai invariablement trouvé :

La femme ne forme par elle-même ni universaux ni catégories : capable jusqu'à certain point de recevoir l'idée et d'en suivre la déduction, elle l'attend d'ailleurs ; elle ne généralise point, ne synthétise pas. Son esprit est anti-métaphysique. Comme dit Daniel Stern, si une idée lui vient, c'est un accident heureux, une rencontre, un raccroc, dont elle-même ne peut pas donner la démonstration la raison. Il en résulte que la femme est incapable de produire une composition régulière, ne fût-ce qu'un simple roman. De son fonds elle ne saisit que des analogies ; elle fait de la marqueterie, des impromptus ; elle compose des macédoines et des monstres. Dans la conversation, elle ne saisit pas d'ensemble le discours de son interlocuteur ; c'est au dernier mot qu'elle adresse sa réplique. Par la même raison elle n'a pas de puissance critique : elle fera l'épigramme, le trait d'esprit, la satire, elle réussit dans la mimique ; elle ne sait ni motiver, ni formuler un jugement. Sa raison est louche comme les yeux de Vénus. La femme a contribué largement pour sa part au vocabulaire des langues, je le crois ; mais ce n'est pas elle qui a créé les mots qui servent aux idées abstraites, *substance*, *cause*, *temps*, *espace*, *quantité*, *rapport*, etc. ; ce n'est pas elle par conséquent qui a créé les formes grammaticales et les particules, pas plus qu'elle n'a inventé l'arithmétique et l'algèbre.

Ceci nous explique un phénomène qui a longtemps étonné la raison des peuples et prosterné l'homme devant les superstitions de sa compagne, je veux parler de l'aptitude divinatoire de la femme. La femme, par son irrationalité même, a quelque chose de fatidique. Partout on la trouve prophétesse, devineresse, druidesse, sibylle, pythonisse, engastrimythe, sorcière, tireuse de cartes, somnambule, instrument ou agent de nécromancie, chiromancie, etc., une vraie table tournante. *Inesse quin etiam feminis sanctum aliquid et providum putant*, dit Tacite parlant des Germains ; ils pensent que les femmes ont en elles quelque chose de divin et de providentiel. On a cité ce passage en preuve des hautes prérogatives de la femme; c'est juste le contraire qui en résulte. Plus il y a de puissance spéculative chez l'homme, moins il y a de capacité de deviner. Conçoit-on un Gœthe, un Humboldt, un Arago, spiritiste ou magnétiseur? Qu'il arrive à une femme, comme à un chapeau, à une clef, à une baguette de coudrier, de découvrir une chose cachée ou perdue, de traduire avec plus ou moins de bonheur ce que pense celui qui l'interroge, il y a plutôt de quoi la plaindre que la féliciter. J'admets sans examen comme vrais les phénomènes rapportés par les illuminés : qu'en résulte-t-il à l'avantage des femmes? C'est un miroir qui réfléchit le soleil, un prisme qui en décompose les rayons : demandez à ce miroir une théorie de la lumière, et vous verrez ce qu'il vous dira.

La femme, malgré quelques prétentions assez hautement manifestées, ne philosophe pas. L'antiquité a eu son Hypatie, le dix-huitième siècle ses esprits forts femelles, et nous en connaissons qui, au lieu de repasser leurs collerettes, écrivent des commentaires sur Spinoza. Tout cela peut faire illusion à la multitude, qui, sous le rapport de l'intelligence, se rapproche plus de la femme que de l'homme. Mais on peut toujours, dans le livre d'une femme, après avoir retranché ce qui vient d'emprunt, imitation, lieu commun et grappillage, reconnaître ce qui lui est propre : or, à moins que la nature ne vienne à changer ses lois, je puis dire que ce résidu se réduit constamment, comme impression de lecture ou de conversation, à quelques gentillesses; comme philosophie, à rien.

J'ai une petite fille qui, à trois ans, cherchant des mots pour les choses qu'elle voit, appelle un tire-bouchon *clef de la bouteille;* un abat-jour, *chapeau de la lampe;* l'éléphant du Jardin des plantes, *pied de nez;* un glaçon *pierre de glace;* les dents de son peigne, *doigts* du peigne, etc. Cette enfant a toute la philosophie qu'elle aura jamais et qu'une femme, par sa propre force, peut acquérir : des à peu près, dés analogies, de fausses ressemblances, des drôleries, des *variantes* tout au plus; mais rien de défini, ni analyse ni synthèse, pas une idée adéquate, pas ombre

d'une conception. A la commandite des idées la femm
n'apporte rien du sien, pas plus qu'à la génération : êtr
passif, énervant, dont la conversation vous épuise comm
ses embrassemc...s. Celui qui veut conserver entière l
force de son corps et de son esprit la fuira : elle es
meurtrière. *Inveni amariorem morte mulierem*, dit Salo
mon.

Au reste la nature, qui ne fait rien en vain, a rend
" cette vigueur et cette continuité de méditation qui seul
" fait les hommes de génie (D. STERN) „ incompatible ave
les fonctions et les devoirs de la maternité. La femm
manque de jugement pendant une partie de son existence
l'amour lui ôte la raison; pendant les règles et la gros
sesse, elle perd l'empire de sa volonté. Chez la nourrice
la surexcitation du cerveau altère la qualité du lait e
bientôt le fait perdre : cela se voit à Paris, où les femmes
par la multitude des relations sociales, des affaires et de
soucis, ne peuvent soutenir longtemps, malgré la meil
leure volonté et les plus heureuses dispositions, les fati
gues de l'allaitement. On peut l'affirmer sans crainte d
calomnie, la femme qui s'ingère de philosopher et d'écrir
tue sa progéniture par le travail de son cerveau et le souffl
de ses baisers, qui sentent l'homme. Le plus sûr pour ell
et le plus honorable est de renoncer à la famille et à l
maternité; la destinée l'a marquée au front : faite seule
ment pour l'amour, le titre de concubine lui suffit, si ell
ne préfère courtisane.

XI. — Non seulement donc l'infériorité intellectuelle d
la femme est avérée, avouée; cette infériorité est orga
nique et fatale.

L'humanité ne doit aux femmes aucune idée morale
politique, philosophique; elle a marché dans la science
sans leur coopération; elle n'en a tiré que des oracles, *l
bonne aventure, ô gué!*... L'homme a traîné sa compagne
marchant le premier comme Orphée lorsqu'il ramène des
enfers son Eurydice, elle suivant, *pone sequens*. Il observe
réfléchit, décide; elle attend son sort des résolutions d
celui sur qui sont attachés ses regards, *et ad eum conver
sio tua*.

L'humanité ne doit aux femmes aucune découverte in

dustrielle, pas la moindre mécanique. J'ai demandé au ministère du commerce quelle était la part des femmes dans les inventions officiellement déclarées, et voici ce qui m'a été répondu : Depuis le 1er juillet 1791, époque où la loi sur les brevets d'invention fut mise en vigueur, jusqu'au 1er octobre 1856, il a été décerné par le gouvernement 54,108 brevets, tant d'invention que de perfectionnement. Sur ce nombre, CINQ ou SIX ont été pris par des femmes pour articles de *modes* et *nouveautés!*... L'homme invente, perfectionne, travaille, produit, nourrit la femme : elle attend de lui, avec sa profession de foi, sa petite tâche *mollia pensa;* elle n'a pas même inventé son fuseau et sa quenouille.

Pas plus d'idées dans la tête de la femme que de germes dans son sang; parler de son génie, c'est imiter Élagabal jurant *per testiculos Veneris*. La femme auteur n'existe pas ; c'est une contradiction. Le rôle de la femme dans les lettres est le même que dans la manufacture; elle sert là où le génie n'est plus de service, comme une broche, comme une bobine.

Concluons maintenant.

Puisque, d'après tout ce qui précède, l'intelligence est en raison de la force, nous retrouvons ici le rapport précédemment établi, savoir, que la puissance intellectuelle étant chez l'homme comme 3, elle sera chez la femme comme 2.

Et puisque dans l'action économique, politique et sociale, la force du corps et celle de l'esprit concourent ensemble et se multiplient l'une par l'autre, la valeur physique et intellectuelle de l'homme sera à la valeur physique et intellectuelle de la femme, comme 3×3 est à 2×2, soit 9 à 4.

Sans doute la femme contribuant, dans la mesure qui lui est propre, à l'ordre social et à la production de la richesse, il est juste que sa voix soit entendue; seulement, tandis que, dans l'assemblée générale, le suffrage de l'homme comptera pour 9, celui de la femme comptera pour 4 : voilà ce que disent d'un commun accord l'arithmétique et la Justice.

Infériorité morale de la femme

XII. — En nous transportant dans l'ordre moral, assure Daniel Stern, nous verrons les choses sous un autre jour... Ici l'égalité de la femme n'est plus contestable... Ni la force, ni la justice, ni la tempérance, ni le dévoûment, n'ont de sexe. Il faut à la mère qui allaite son fils et. qui veille à son chevet autant de courage et de vigilance qu'au soldat qui veille à la sûreté d'une ville.

Madame Gauthier-Coignet répète la même chose :

Non, il n'y a pas de famille ; non, il n'y a pas de peuple ; non, il n'y a pas de races ; non, il n'y a pas de sexes devant Dieu.

Cette idée est de saint Paul. Nous avons montré, dans l'étude précédente, où conduit cette négation de la sexualité.

A propos de madame Gauthier-Coignet, je remarque qu'il s'est opéré depuis quelques années, chez nos Philamintes, un progrès dont il est juste de leur tenir compte. Autrefois elles portaient simplement les noms de leur maris : Madame du Châtelet, madame d'Epinay, madame de Staël, madame Guizot. Puis elles ont commencé à joindre leurs noms à ceux de leurs consorts : Madame Necker de Saussure. Ensuite elles ont supprimé la raison conjugale et ont pris un pseudonyme : Madame Sand, madame Stern. En voici une qui ne va pas jusqu'au divorce, elle se contente de mettre son mari derrière sa crinoline, Madame Gauthier-Coignet. Tout cela sous prétexte que *devant Dieu il n'y a pas de sexes.*

Devant Dieu, c'est possible. Nous ignorons, malgré les confidences de Mahomet, comment l'homme et la femme se comportent ensemble dans le paradis, et jusqu'à quel point, en présence du Saint des saints, la sexualité se dissipe. Ce qui est sûr est qu'ici-bas, l'homme et la femme placés l'un devant l'autre, les sexes se retrouvent ; et comme la Justice a pour objet les choses d'ici-bas, force nous est de faire, selon les règles du droit, le compte des parties.

Devant Dieu, ou, pour parler plus humainement, dans

'ordre moral, l'égalité des sexes, prétendez-vous, n'est
plus contestable.

Remarquons d'abord une chose.

La vertu n'entre pas dans le commerce; elle ne peut en
conséquence faire l'objet d'une règle de Justice distributive, elle n'est pas matière de droit. Et comme il ne servi-
rait à rien à un individu, pour avoir accès dans une
assemblée d'actionnaires, de dire : Je suis honnête homme,
s'il n'était au préalable porteur du nombre voulu d'actions, de même il ne sert à rien à la femme, pour entrer
dans l'assemblée politique ou pour balancer dans la famille l'autorité du mari, d'alléguer sa vertu; il faut qu'elle
prouve encore sa capacité physique et intellectuelle. Sans
cette condition, la requête de l'honnête femme ne peut
être accueillie; si elle insistait, elle cesserait, *ipso facto*,
l'être vertueuse.

Ainsi, quand les chevaliers de l'émancipation féminine
invoquent à l'appui de leur cause les vertus et les prérogatives de la femme, son amour, son dévoûment, **sa**
beauté, ils se mettent à côté de la question, ils font un
paralogisme. *Tombe aux pieds de ce sexe à qui tu dois ta
mère*, me crie Legouvé. Voilà trente ans qu'on tourne et
retourne ce sensible hexamètre. Je réponds tranquillement, sans manquer au respect de ma mère : Tant que j'ai
été enfant, j'ai obéi et dû obéir ; parvenu à l'âge de majorité, mon père vieux et cassé, je me suis trouvé, par mon
travail et mon intelligence, le chef de la famille, et pour
ma mère elle-même un mari et un père; j'ai pris et j'ai dû
prendre le commandement. Et ma mère s'en est réjouie
dans son âme, comme l'Andromaque de l'Iliade.

XIII. — Mais est-il vrai que dans l'ordre moral, au
point de vue de la Justice, de la liberté, du courage, de la
pudeur, la femme soit l'égale de l'homme? Déjà nous
avons vu, chez tous deux, l'intelligence se proportionner à
la force ; comment la vertu ne se proportionnerait-elle pas
à son tour à l'une et à l'autre?

N'oublions pas que nous comparons les sexes dans leurs
natures respectives, abstraction faite de leur influence réciproque, et indépendamment de toute communication familiale, conjugale et sociale. L'hypothèse de l'égalité des

sexes et de leur indépendance mutuelle, à part ce qui
regarde la génération, le veut ainsi. Nous savons combien
le physique de la femme est modifié par la maternité et le
travail, combien son esprit l'est ensuite par l'initiation de
l'autre sexe; nous sommes en droit de supposer qu'il en
sera de même pour la conscience. Puis donc que nous
avons à déterminer le droit de la femme dans ses relations
avec l'homme et avec la société, nous devons auparavant
reconnaître sa valeur propre et comparative, distinguer
en elle ce qui vient de la nature d'avec ce que lui confère
le mariage.

La question revient ainsi à demander si la femme possède d'elle-même sa vertu, toute sa vertu, ou si par hasard elle ne tirerait pas, en tout ou en partie, sa valeur
morale de l'homme, comme nous savons qu'elle en tire sa
valeur intellectuelle.

Et c'est à quoi j'ose répondre : Non, la femme considérée sous le rapport de la Justice, et dans l'hypothèse de
ce qu'on appelle son émancipation, ne serait pas l'égale de
l'homme. Sa conscience est plus débile, de toute la différence qui sépare son esprit du nôtre ; sa moralité est d'une
autre nature ; ce qu'elle conçoit comme bien et mal n'est
pas identiquement le même que ce que l'homme conçoit
lui-même comme bien et mal, en sorte que, relativement
à nous, la femme peut être qualifiée un *être immoral*.

La raison des choses l'indique *à priori*, et l'observation
le confirme.

Qui produit, chez l'homme, cette énergie de volonté,
cette confiance en lui-même, cette franchise, cette audace,
toutes ces qualités puissantes que l'on est convenu de désigner par un seul mot, le *moral?* Qui lui inspire, avec le
sentiment de sa dignité, le dégoût du mensonge, la haine
de l'injustice, et l'horreur de toute domination? Rien autre
que la conscience de sa force et de sa raison. C'est par la
conscience qu'il a de sa propre valeur que l'homme arrive
au respect de lui-même et des autres, et qu'il conçoit cette
notion du droit, souveraine et prépondérante en toute âme
virile. Toutes les langues consacrent cette analogie : la
force est le point de départ de la vertu.

Les choses ne se passent pas de même chez la femme.
Son moi, dit très bien madame Necker de Saussure, ce sent

plus faible : de là sa timidité naturelle, son instinct de résignation et de soumission, sa docilité, sa facilité à pleurer, son manque d'orgueil qui la porte à s'humilier, à implorer, à demander grâce, sans qu'elle en éprouve honte ni déchéance.

De là encore cet instinct de subordination qui se traduit si facilement chez la femme en aristocratie, puisque l'aristocratie n'est autre chose que la subordination, considérée par le sujet qui du bas de l'échelle est monté au sommet.

Par sa nature la femme est dans un état de démoralisation constante, toujours en deçà ou au delà de la Justice ; l'inégalité est le propre de son âme ; chez elle, nulle tendance à cet équilibre de droits et de devoirs qui fait le tourment de l'homme, et hors duquel il se tient vis à vis de son semblable dans une lutte acharnée. La domesticité est aussi beaucoup moins antipathique à la femme qu'à l'homme ; à moins qu'elle ne soit corrompue ou émancipée, loin de la fuir elle la recherche ; et remarquez encore qu'à l'encontre de l'homme elle n'en est point avilie.

Parlez d'amour à la femme, de sympathie, de charité, elle vous comprend ; de Justice, elle n'en reçoit mot. Elle se fera sœur de charité, dame de bienfaisance, garde-malade, domestique et tout ce qu'il vous plaira ; elle ne songe pas à l'égalité, on dirait qu'elle y répugne. Ce qu'elle rêve est d'être, ne fût-ce qu'un jour, une heure, dame, princesse, reine ou fée. La Justice, qui nivelle les rangs et ne fait aucune acception de personnes, lui est insupportable. Comme son esprit est antimétaphysique, sa conscience est antijuridique : elle le montre dans toutes les circonstances de sa vie.

Ce que la femme aime par dessus tout et adore, ce sont les distinctions, les préférences, les priviléges.

Voici un atelier de femmes : que le maître ou le contre-maître distingue une d'entre elles, elle ne reconnaîtra son amour qu'à sa faveur, sans songer le moins du monde que faveur c'est injustice.

Allez à un spectacle, à une cérémonie publique : qu'est-ce qui flatte le plus la femme ? Le spectacle en lui-même ? Non ; une place réservée.

L'aristocratie, pour la femme, est le véritable ordre de

la nature, l'ordre social par excellence. L'âge féodal est l'âge de la femme. Dans toutes les révolutions qui ont la liberté et l'égalité pour objet, ce sont les femmes qui résistent le plus : elles ont fait plus de mal à la république de février que toutes les forces conjurées de la réaction virile.

En ce moment même où une propagande se fait pour *égaliser* la condition des sexes, où l'on parle si haut des *droits* méconnus de la femme, est-ce vraiment l'égalité qu'on réclame, est-ce à la Justice qu'on fait appel?

Hélas! non, et toute cette discussion le démontre.

L'homme est le plus fort, on le reconnaît; et comme si l'exercice de la force n'entraînait pas nécessairement un droit proportionnel, on n'en tient nul compte, on demande l'égalité.

L'homme est le plus intelligent, on le reconnaît encore; et comme si l'intelligence, multipliée par la force, ne créait pas pour lui un nouveau droit, on n'en fait pas plus d'état, on réclame l'égalité.

L'homme seul a l'intelligence du droit, on est forcé de l'avouer; et comme si la philosophie du droit multipliée par la philosophie de la nature et par le travail, n'était pas la raison pratique de la société, on demande à partager avec l'homme la puissance politique, l'autorité législative et judiciaire, on exige l'égalité.

Dépourvue de génie industriel et administratif, la femme veut diriger l'économie publique; dépourvue d'esprit philosophique, elle s'ingère de dogmatiser; dépourvue de sens juridique, elle aspire à s'élever au dessus du droit : telle est la Justice, la moralité de la femme.

Dans ses rapports quotidiens avec l'homme, c'est beaucoup moins à l'égaler qu'à le dominer qu'elle aspire, se plaignant, pleurant et criant au moindre heurt de la volonté masculine, comme si la résistance à ses caprices était un abus de la force; puis, par une dernière contradiction, se faisant la servante de celui qu'elle ne peut vaincre, embrassant ses genoux, baisant ses pieds, se livrant, s'abandonnant, quitte à recommencer le lendemain.

Cette inconsistance de caractère se trahit surtout dans les amours de la femme. On prétend que les femelles d'animaux, par je ne sais quel instinct, recherchent de préfé-

rence les vieux mâles, les plus méchants et les plus laids :
la femme, quand elle ne suit que son inclination, se comporte de même. Sans parler des qualités physiques, à l'égard
desquelles elles sont sujettes aux caprices les plus étranges, et pour rester dans l'ordre moral, puisque c'est du
moral qu'il s'agit, la femme préférera toujours un manne-
quin, joli, gentil, bien disant, conteur de fleurettes, à un
honnête homme. La femme est la désolation du juste ; un
galantin, un fripon en obtient tout ce qu'il veut. Un
crime commis pour elle la touche au suprême degré ; par
contre, elle n'a que du dédain pour l'homme capable de
sacrifier son amour à sa conscience. C'est Vénus, qui de
tous les dieux choisit Vulcain, boiteux, graisseux, couvert
de suie, et se dédommage après avec Mars et Adonis. La
mythologie chrétienne a reproduit ce type dans la *bonne
amie* de saint Eustache, qui, dit le peuple, donnait la préférence au premier venu.

Qu'est-ce que la Justice pour un cœur de femme ? De la
métaphysique, de la mathématique. Ce que la courtisane
vénitienne disait à Jean-Jacques est le secret de toutes les
femmes. Leur triomphe est de faire prévaloir l'amour sur
la vertu, et la première condition pour rendre une femme
adultère est de lui jurer qu'on l'aimera et l'estimera davantage pour son adultère.

XIV. — Ces faits sont d'observation générale.

J'ai rapporté l'opinion des docteurs qui refusent une âme
à la femme : on voit ce qui avait fait naître dans leur esprit cette opinion quelque peu injurieuse. Ils avaient observé la femme comme nous l'observons en ce moment,
abstraction faite des influences paternelles et conjugales,
c'est à dire en dehors de sa véritable destinée, et comme
ils la trouvaient de tous points inférieure, ils exprimaient
leur jugement en disant : Elle n'a pas d'âme.

Mais écartons les témoignages virils, comme suspects.

Les femmes, dit madame Necker de Saussure, ont horreur du
code, c'est pour elles un vrai grimoire.

Les jeunes filles, trop persuadées de l'intérêt qu'elles se croient
faites pour inspirer, veulent être préférées en toutes choses : *la Justice les occupe peu.* Il leur semble plus flatteur et plus doux d'être une
exception à la règle que de s'y soumettre.

Si les femmes s'examinaient avec attention, que de fois ne se trouveraient-elles pas une moralité relative dépendante de leurs affections! Combien souvent leur conscience la plus délicate, la plus sensible, n'est-elle pas l'idée d'un être vivement aimé et un peu craint, qui les voit, qui les suit, qui jouit ou souffre de tout ce qui vient d'elles! Cette conscience est bien quelque chose; mais pourtant il en faudrait une autre que celle-là.

Il faut aux femmes une sorte d'élan pour sentir la beauté du *devoir;* encore ce devoir même, elles ne l'accepteraient pas, s'il n'était basé sur la religion. (*Éducation progressive.*)

Daniel Stern confirme ces observations :

La femme, dit-elle, arrive à l'idée par la passion.

Comment, après de pareils aveux, madame Necker de Saussure et Daniel Stern peuvent-elles soutenir l'égalité morale des sexes?

De même que, pour arriver à l'idée conçue par l'homme et produite spontanément, la femme a besoin d'une surexcitation de tout son être, de même il lui faut, pour arriver à la Justice, le secours de l'amour et de l'idéal : elle ne comprend le devoir que comme imposé d'en haut, comme une religion. Sa conscience est comme celle de l'enfant, pour qui la Justice n'est d'abord qu'un précepte reçu du dehors, et qui se personnifie en celui qui est constitué en autorité sur l'enfant, ce que j'ai appelé la *double conscience.*

Aussi le législateur, qui a fixé l'âge de la responsabilité morale, pour les deux sexes, à seize ans, aurait pu la reculer pour la femme jusqu'à quarante-cinq. La femme ne vaut décidément, comme conscience, qu'à cet âge : jeune et dans sa fleur, plus tard sous les influences de l'amour et de la maternité, elle n'a qu'une demi-conscience, comme dit madame Necker.

C'est d'après ce principe que certaines législations se montrèrent beaucoup plus douces pour la femme que pour l'homme :

Ne frappez pas une femme, eût-elle fait cent fautes, pas même avec une fleur. (Loi indienne, citée par Michelet, *Origines du droit français.*)

En Allemagne, les femmes enceintes pouvaient, pour satisfaire

leurs envies, prendre à volonté des fruits, des légumes, des vo-
lailles, etc. (*Le même.*)

La femme veut des exceptions; elle a raison : elle est
infirme, et les exceptions sont pour les infirmes.

XV. — Ce que nous venons de dire, en thèse générale,
de la Justice, est également vrai de la vertu la plus précieuse de la femme, de celle dont la perte doit être regardée par elle comme pire que la mort, puisque, cette vertu
perdue, la femme ne compte plus : je veux parler de la
pudeur. De même que les idées et la Justice, c'est encore
par l'homme que la pudeur vient à la femme.

Les enfants n'ont pas de pudeur; les adolescents, jusqu'à la puberté, fort peu. De toutes les vertus, c'est celle
qui arrive le plus tard et qui exige le plus grand développement intellectuel et moral, la plus longue éducation.
Chez les nations primitives, la pudeur est nulle aussi, ce
dont témoigne la Genèse : *Et non erubescebant.*

Comment se manifeste ce sentiment?

La pudeur est une forme de la dignité personnelle, de
ce sentiment qui fait que l'homme, se respectant lui-même,
se sépare de la brute, dédaigne ses mœurs et aspire à
s'illustrer dans les siennes. Si quelque chose est fait pour
révéler à l'homme sa dignité, c'est à coup sûr l'accouplement des bêtes, de tous les spectacles le plus répugnant :
la vue d'un cadavre choque moins. Or, la honte qu'éprouve
l'homme dans la solitude de sa dignité redouble sous le
regard du prochain; de là pour lui un devoir nouveau dont
voici la formule : *Ne fais pas en particulier ce que tu n'ose-
rais faire devant les autres; ne fais pas devant les autres ce
que tu ne veux pas qu'ils fassent devant toi.*

Ainsi la chasteté est un corollaire de la Justice, le produit de la dignité virile, dont le principe, ainsi qu'il a été
expliqué plus haut, existe, s'il existe, à un degré beaucoup
plus faible dans la femme.

Chez les animaux, c'est la femelle qui recherche le mâle
et lui donne le signal; il n'en est pas autrement, il faut
l'avouer, de la femme telle que la pose la nature et que la
saisit la société. Toute la différence qu'il y a entre elle et
les autres femelles est que son rut est permanent, quel-

quefois dure toute la vie. Elle est *coquette*, n'est-ce pas tout dire? Et le plus sûr moyen de lui plaire n'est-il pas de lui épargner la peine de se déclarer, tant elle a conscience de sa lasciveté?

Ceci toutefois ne veut pas dire que la femme soit plus ardente que l'homme à l'amour : le contraire me semble plutôt vrai. Elle n'éprouve pas cet emportement causé, si j'ose ainsi dire, par la morsure de l'animalcule sperma-tique, et qui rend l'homme furieux, comme le lion tour-menté par le moucheron. Mais l'obsession amoureuse chez la femme est constante, l'idée toujours présente, l'idéa beaucoup moins sujet à se briser par l'effet de la posses-sion, hors de laquelle tout lui est indifférent et insipide elle ne peut parler ni penser d'autre chose, assotée qu'elle est par sa rêverie, et bientôt, si le travail et l'éducation n'y mettent ordre, dépravée. Qui a vu des ateliers de femmes et entendu la conversation des ouvrières peut en rendre témoignage. A vrai dire, et malgré tous les petit talents que nous aimons à lui reconnaître, la femme n'a pas d'autre inclination, pas d'autre aptitude que l'amour

Tous les voyageurs l'ont observé chez les sauvages; ceux qui allèrent en Orient chercher la *femme libre* n'ont pa osé dire ce qu'ils avaient découvert : c'est qu'aux œuvre de l'amour l'initiative appartient réellement à la femme Les exemples n'en sont pas rares non plus chez les civi lisés; aux champs, à la ville, partout où se mêlent dan leurs jeux petits garçons et petites filles, c'est presqu toujours la lubricité de celles-ci qui provoque la froideu de ceux-là. Parmi les hommes, quels sont les plus lascifs Ceux dont le tempérament se rapproche le plus de celu de la femme.

Pourquoi, indépendamment des causes économiques e politiques qui s'y ajoutent, la prostitution est-elle incom parablement plus grande chez les femmes que chez le hommes? pourquoi, dans la vie générale des nations, l polygynie est-elle si fréquente, la polyandrie si rare pourquoi la femme répugne-t-elle moins que l'homme à l promiscuité, ainsi qu'en témoigne l'histoire des secte gnostiques, si ce n'est que son *moi* est plus faible que l nôtre (madame Necker de Saussure); qu'elle est toujour **plus** près de la nature, c'est à dire de l'état de natur

(Daniel Stern); qu'elle a par conséquent un sentiment beaucoup moins énergique de sa dignité; qu'autant son esprit reste, par lui-même, borné à l'aperception sensible, autant sa conscience a de peine à sortir de la sphère des affections; que, dans ces conditions intellectuelles et morales, sa fonction naturelle étant surtout l'enfantement, elle tend, de toutes les puissances de son être, à un but unique, qui est de vaquer aux œuvres de l'amour?

D'elle-même, la femme est impudique; si elle rougit, c'est par crainte de l'homme. Aussi, que ce maître lui manifeste son dégoût, qu'elle s'entende comparer par lui aux femelles les plus immondes; la pudeur alors s'éveille en elle, et bientôt deviendra son moyen le plus puissant de séduction.

XVI. — Ceci jette sur la femme un jour nouveau.

La femme est une réceptivité. De même qu'elle reçoit de l'homme l'embryon, elle en reçoit l'esprit et le devoir.

Improductive par nature, inerte, sans industrie ni entendement, sans Justice et sans pudeur, elle a besoin qu'un père, un frère, un amant, un époux, un maître, un homme, enfin, lui donne, si je puis ainsi dire, l'aimantation qui la rend capable des vertus viriles, des facultés sociales et intellectuelles.

De là, son dévoûment à l'amour; ce n'est pas seulement l'instinct de la maternité qui la sollicite, c'est le vide de son âme, c'est le besoin de courage, de Justice et d'honneur, qui l'entraine. Il ne lui suffit pas d'être chaste, *virgo;* il faut qu'elle devienne héroïne, *virago :* son cœur et son cerveau n'ont pas moins besoin de fécondation que son sein.

Telle est le secret de la *femme forte;* de l'admiration dont elle a été de tout temps l'objet, et de sa merveilleuse influence.

La femme a-t-elle été élevée dans une famille riche en caractères virils, où le père, les frères, les amis, auront rayonné sur sa jeune âme la force, la raison, la probité; elle aura reçu une première façon, qui réagira ensuite sur le mari, d'autant plus qu'il sera lui-même moins fort. Au contraire, la jeune fille a-t-elle grandi parmi des êtres lâches, stupides et grossiers, elle sera prête à se livrer, et

14

sa passion, lui révélant sa misère, se doublera pour sa famille de haine et d'ingratitude.

Que de femmes, molles et niaises, ont changé par le mariage du tout au tout ! C'est pour cela que chez les Romains le père de famille était considéré comme engendrant sa propre femme ; parce qu'elle était sa créature, elle devenait son épouse.

Il y a plus : tout ce qui manque naturellement à la femme et qu'elle acquiert dans son union avec l'homme, c'est par l'amour qu'elle le reçoit. Tout ce qu'elle pense est rêve d'amour ; toute sa philosophie, sa religion, sa politique, son économie, son industrie, se résolvent en un mot, Amour.

Vénus Uranie, Vénus terrestre, Vénus marine, Vénus conjugale, Vénus pudique, Vénus vulgivague, Vénus chasseresse, Vénus bergère, Vénus bellatrice, Vénus-Soleil, Vénus-Lune et Vénus-Etoile, Vénus bachique et Vénus Flore, quelle est la divinité chez les anciens qui ne soit une transformation de l'amour? Minerve elle-même est-elle autre chose qu'une Vénus industrieuse, et la vierge Astrée, confondue avec la Pudeur, autre chose qu'une Vénus Justicière ? Tout est subordonné par la femme à l'amour ; elle y ramène tout, elle s'en fait un prétexte et un instrument pour tout : ôtez-lui l'amour, elle perd la raison et la conscience.

Irons-nous maintenant, de cet être tout entier à l'amour, faire un contre-maître, un ingénieur, un capitaine, un négociant, un financier, un économiste, un administrateur, un savant, un artiste, un professeur, un philosophe, un législateur, un juge, un orateur, un général d'armée, un chef d'Etat ?

La question porte en elle-même sa réponse. Parce qu'elle reçoit tout de l'homme, qu'elle n'est rien que par l'homme et par l'amour, la femme ne peut aller de pair avec l'homme ; ce serait une dénaturation, une confusion des sexes, et nous avons appris où cela mène.

XVII. — Toutes ces constatations sur le physique et le moral comparés de l'homme et de la femme devaient être faites, non dans un vain esprit de dénigrement et pour le plaisir stupide d'exalter un sexe aux dépens de l'autre, mais parce qu'elles sont l'expression de la vérité, que la vérité seule est morale, et ne peut être prise par personne ni pour éloge ni pour offense. Si la nature a voulu que les deux sexes fussent inégaux, par suite unis sous une loi de subordination, non d'équivalence, elle a eu ses vues apparemment, plus profondes et plus concluantes que les utopies des philosophes, plus avantageuses non seulement à l'homme, mais à la femme, à l'enfant, à toute la famille. On l'a dit il y a longtemps : plus l'humanité est partie de bas, plus sa moralité l'élève en gloire. Ce qui est vrai de la collectivité conjugale, l'est individuellement de chacun des époux ; laissez à l'homme l'héroïsme, le génie, la juridiction qui lui appartiennent, vous verrez tout à l'heure la femme parvenir des impuretés de sa nature à une transparence incomparable, qui à elle seule vaut toutes nos vertus.

Suivons donc jusqu'à la fin notre raisonnement.

Inférieure à l'homme par la conscience autant que par la puissance intellectuelle et la force musculaire, la femme se trouve définitivement, comme membre de la société tant domestique que civile, rejetée sur le second plan ; au point de vue moral, comme au point de vue physique et intellectuel, sa valeur comparative est encore comme 2 à 3.

Et puisque la société est constituée sur la combinaison de ces trois éléments, travail, science, Justice, la valeur totale de l'homme et de la femme, leur rapport et conséquemment leur part d'influence, comparés entre eux, seront comme $3 \times 3 \times 3$ est à $2 \times 2 \times 2$, soit 27 à 8.

Dans ces conditions, la femme ne peut prétendre à balancer la puissance virile ; sa subordination est inévitable. De par la nature et devant la Justice elle pèse le tiers de l'homme ; en sorte que l'émancipation qu'on revendique en son nom serait la consécration légale de sa misère, pour ne pas dire de sa servitude. La seule espérance qui lui reste est de trouver, sans violer la Justice, une combinaison qui la rachète ; tous mes lecteurs ont nommé le mariage.

XVIII. — Que signifient maintenant ces déclamations :

L'homme a accumulé contre sa compagne tout ce qu'il a pu imaginer de duretés et d'incapacités. Il en a fait une captive ; il l'a couverte d'un voile et cachée à l'endroit le plus secret de sa maison, comme une divinité malfaisante ou une esclave suspecte ; il lui a raccourci les pieds dès l'enfance, afin de la rendre incapable de marcher et de porter son cœur où elle voudrait ; il l'a attachée aux travaux les plus pénibles comme une servante ; il lui a refusé l'instruction et les plaisirs de l'esprit. On l'a prise en mariage sous la forme d'un achat ou d'une vente ; on l'a déclarée incapable de succéder à son père et à sa mère, incapable de tester, incapable d'exercer la tutelle sur ses propres enfants, et retournant elle-même en tutelle à la dissolution du mariage par la mort. La lecture des diverses législations païennes est une révélation perpétuelle de son ignominie, et plus d'une, poussant la défiance jusqu'à l'extrême barbarie, l'a contrainte de suivre le cadavre de son mari et de s'ensevelir dans son bûcher, afin, remarque le jurisconsulte, que la vie du mari *soit en sûreté.* (Le P. LACORDAIRE, cité par Daniel STERN, *Essai sur la Liberté.*)

De semblables paroles, si l'Eglise avait la moindre intelligence du fait et du droit, eussent mérité à leur auteur une interdiction perpétuelle. Mais l'Eglise, sur la foi de Platon et de l'Evangile, admet, comme le P. Lacordaire, l'égalité des sexes ; à l'aide de ce principe, elle entretient sa théocratie par le célibat ecclésiastique ; elle gouverne les familles par le confessionnal, et capte les successions des filles et des femmes par des testaments et des fidéicommis, dont elle a soin de fournir les modèles. A ses yeux, la femme ne sera jamais assez émancipée, surtout s'il existe des collatéraux qui réclament.

Qu'y a-t-il donc d'étonnant à ce que la femme ait de tout temps subi sa part des misères que l'ignorance l'oppression, la superstition, versent sur l'humanité, et, quand le prêtre lui-même a méconnu le sens du mariage, que l'homme ait pris vis-à-vis de sa fantasque et lascive moitié les précautions que lui suggérait une expérience trop réelle ?

Ah ! de grâce, vous qui prenez en main la défense de la femme, ne parlez pas de cette réclusion ignominieuse qu'elle a si longtemps subie, de cette vente et de cet achat de sa personne, de toutes ces entraves mises à sa volonté et à ses mouvements ; ces faits s'élèveraient contre elle, comme autant de témoignages de l'incapacité de sa raison et de l'indignité de son cœur. S'agit-il aujourd'hui de revenir à ces mœurs déplorables ? Qui le dirait calomnierait les deux sexes; le moraliste n'a qu'un but, c'est de pénétrer la raison des coutumes et des institutions. Eh bien, cette raison éclate maintenant à tous les yeux; allez voir les femmes de l'Orient et de tous les pays à demi civilisés ou barbares; rappelez-vous, vous qui lisez votre bréviaire, les histoires de Sara, de Rébecca, de Ruth, de Bethsabée, et de toutes ces gentes femelles qui se couchent aussitôt que l'homme les regarde; songez que le Décalogue, dans ses sixième et neuvième commandements, parlant d'adultère, ne s'adresse pas à la femme; relisez, enfin, vos apôtres, vos pères, vos casuistes, et vous comprendrez le motif de cette réprobation qui a si longtemps pesé sur le sexe.

Oui, l'homme a été envers la femme despote et cruel; il l'a traitée comme une brute; prenez garde, par vos détestables maximes, de l'y faire revenir... Telle que vous la voyez aujourd'hui, c'est lui qui l'a faite, et si elle mérite quelque louange, elle la lui doit.

CHAPITRE II

XIX. — Je complète les réflexions qu'on vient de lire par quelques *observations* faites sur des sujets de l'un et de l'autre sexe assez connus pour que chacun puisse vérifier l'exactitude de l'observateur.

On a dit que l'esprit avait, comme l'animal, sa dualité sexuelle, son élément masculin et son élément féminin.

Sans discuter la vérité de ce jugement, il résulte de tout ce qu'on vient de lire, que l'élément féminin, nonobstant la qualité spécifique qui résulte de son infériorité même et le fait reconnaître, est en dernière analyse un élément négatif, une diminution ou affaiblissement de l'élément masculin, qui à lui seul représente l'intégrité de l'esprit.

D'où il suit encore que, si dans une société, dans une littérature, l'élément féminin vient à dominer ou seulement à balancer l'élément masculin, il y aura arrêt dans cette société et cette littérature, et bientôt décadence.

Cette prévision de la logique est confirmée par l'expérience.

Toute littérature en progrès, ou, si l'on aime mieux, en développement, a pour caractère le mouvement de l'*idée*, élément masculin; toute littérature en décadence se reconnaît à l'obscurcissement de l'idée, remplacée par une loquacité excessive, qui fait d'autant mieux ressortir le faux de la pensée, la pauvreté du sens moral, et, malgré l'artifice de la diction, la nullité du style.

La raison de ceci se découvre d'elle-même.

Une suite de chefs-d'œuvre, en développant les aptitudes de la langue, lui a donné l'abondance, la flexibilité, la force, créé ses locutions et ses formes. La philosophie, les sciences, l'industrie, toutes les branches de l'activité sociale l'ont enrichie. Son dictionnaire, comprenant avec les vocables, les tours, formules, acceptions de mots, est devenu un arsenal où fourmillent les idées, et dont aucun écrivain n'épuisera les trésors. A ces matériaux déjà si riches, la grammaire et la rhétorique ajoutent leurs recettes : moules de phrases, périodes, cadences, etc, ; on en a pour tout. L'art de faire jouer *la métaphore et la métonymie*, de darder l'apostrophe, d'amener le mot, d'enfoncer le trait, est connu; la tactique du langage n'a plus de secrets. Pour faciliter le travail, on a des répertoires de rimes, de synonymes, d'épithètes, de périphrases, d'exemples choisis, qu'il suffit de parcourir, pour en voir jaillir sans cesse de nouveaux aperçus, des rapprochements ingénieux, des traits d'esprit, des coq-à-l'âne, enfin des idées telles quelles. Le dépouillement des littératures étrangères apporte un dernier contingent, avec lequel on donnera une couleur encore plus foncée à cette originalité de mauvais aloi. Allez maintenant, jeune homme ; prenez et mélangez, comme font les apothicaires, *Sume et misce.* Vous êtes écrivain, vous pouvez, pendant une génération au plus, devenir grand homme.

On conçoit combien cette méthode est favorable à l'amplification et au lyrisme. L'ode elle-même n'est qu'une des

cription par énumération des parties, une litanie. Ouvrez le
Gradus ad Parnassum, au mot *Jupiter*, par exemple : vous
avez une ode toute faite, dans le genre orphique. J'ose dire
qu'une partie de la littérature contemporaine, poésie et
prose, n'a pas d'autre raison d'être, que c'est là ce qui fait
son mérite, et ce qui depuis le commencement du siècle a
déterminé sa décadence.

Pour faire comprendre la cause des rétrogradations humaines, j'ai cité, dans une autre étude, quelques extraits
de mes lectures d'histoire ; qu'on me permette, dans le
même but, de donner un croquis de mes observations sur
quelques-uns de nos gens de lettres.

XX. — J.-J. ROUSSEAU.

Le moment d'arrêt de la littérature française commence à Rousseau.
Il est le premier de ces *femmelins* de l'intelligence, en qui, l'idée se
troublant, la passion ou affectivité l'emporte sur la raison, et qui,
malgré des qualités éminentes, viriles même, font incliner la littera-
rure et la société vers leur déclin.

Le bon sens public et l'expérience ont prononcé définitivement sur
Jean-Jacques : caractère faible, âme molle et passionnée, jugement
faux, dialectique contradictoire, génie paradoxal, puissant dans ses
aspirations, mais faussé et affaibli par ce culte de l'idéal qu'un instinct
secret lui faisait maudire.

Son discours sur les *Lettres et les arts* ne contient qu'un quart de
vérité, et ce quart de vérité, il l'a rendu inutile par le paradoxe. Autant l'idéalisme littéraire et artistique est favorable au progrès de la
Justice et des mœurs quand il a pour principe et pour but le droit,
autant il leur est contraire quand il devient lui-même prépondérant et
qu'il est pris pour but : voilà tout ce qu'il y a de vrai dans la thèse
de Rousseau. Mais ce n'est pas ainsi qu'il a vu la chose : son discours
est une déclamation que l'amour du beau style, qui commençait à faire
perdre de vue l'idée, put faire couronner par des académiciens de province, mais qui ne mérite pas un regard de la postérité.

Le *Discours sur l'Inégalité des conditions* est une aggravation du
précédent : si Rousseau est logique, c'est dans l'obstination du paradoxe, qui finit par lui déranger la raison. La propriété, malgré la
contradiction qui lui est inhérente et les abus qu'elle entraîne, n'est
en fin de compte qu'un problème de l'économie sociale. Et voyez la
misère de l'écrivain, tandis que l'école physiocratique fonde la science
précisément en vue de résoudre le problème, Rousseau nie la science
et conclut à l'*état de nature*.

La politique de Rousseau est jugée ; que pourrais-je dire de pis contre sa théorie de la souveraineté du peuple, empruntée aux protestants, que de raconter les actes de cette souveraineté depuis soixante et dix ans ? La Révolution, la Republique et le peuple n'eurent jamais de plus grand ennemi que Jean-Jacques.

Son déisme, suffisant pour le faire condamner par les catholiques et les réformés, est une pauvreté de théologastre, que n'osèrent fustiger, comme elle méritait de l'étre, les chefs du mouvemeut philosophique, accusés par l'Eglise et par Rousseau lui-même de matérialisme et d'immoralité. Justice est faite aujourd'hui et de l'*état de nature* et de la *religion naturelle*.

L'*Héloïse* a relevé l'amour et le mariage, j'en tombe d'accord, mais elle en a aussi préparé la dissolution : de la publication de ce roman date pour notre pays l'amollissement des âmes par l'amour, amollissement que devait suivre de près une froide et sombre impudicité.

Les *Confessions* sont d'un autolàtre parfois amusant, mais digne de pitié.

Quant au style, excellent par fragments, toujours correct, il est fréquemment déshonoré par l'enflure, la déclamation, la roideur, et une affectation de personnalité insupportable. Rousseau a ajouté à la gloire de notre littérature ; mais, comme pour le mariage et l'amour, il en a commencé la décadence.

En somme, et cette observation est décisive contre lui, Rousseau n'a pas le véritable souffle révolutionnaire ; il ne comprend ni le mouvement philosophique ni le mouvement économique ; il ne devine pas, comme Diderot, l'avenir glorieux du travail et l'émancipation du prolétariat, dont il porte si mal la livrée ; il n'a pas, comme Voltaire, cet esprit de Justice et de tolérance qui devait amener, si peu d'années après sa mort, la défaite de l'Eglise et le triomphe de la Révolution. Il reste fermé au progrès, dont tout parle autour de lui ; il ne comprend, il n'aime seulement pas cette liberté dont il parle sans cesse. Son idéal est la sauvagerie, vers laquelle le retour étant impossible, il ne voit plus, pour le salut du peuple, qu'autorité, gouvernement, discipline légale, despotisme populaire, intolérance d'église, comme un mal nécessaire.

L'influence de Rousseau fut immense cependant : pourquoi ? Il mit le feu aux poudres que depuis deux siècles avaient amassées les lettrés français. C'est quelque chose d'avoir allumé dans les âmes un tel embrasement : en cela consiste la force et la virilité de Rousseau ; pour tout le reste il est femme.

Le successseur immédiat de Rousseau, dans cette série féminine, fut Bernardin de Saint-Pierre. Je n'en dirai rien : l'opinion sur le caractère de cet écrivain est formée depuis longtemps.

Je passe également sur toute la période révolutionnaire

et impériale, pendant laquelle les intelligences d'élite
furent entraînées dans d'autres directions, et j'arrive à la
littérature contemporaine, qui commence à la Restauration.

Ici, je l'avoue, je ne vois guère que les historiens et les
philologues dont la pensée féconde mérite les honneurs de
la virilité, et soutic ne la Révolution et le progrès. Tout
le reste me paraît, en prédominance croissante, livré à
l'esprit femelle, stérile et rétrograde.

XXI. — BÉRANGER.

Une réaction vient de se déclarer contre le célèbre chansonnier, à
propos de sa publication posthume. Je crois cette réaction mal fondée
dans ses motifs, mais en partie juste.

Que Béranger ait passé les vingt dernières années de sa longue
existence à rimer une centaine de chansons au dessous du médiocre, il
en avait parfaitement le droit, et c'est nous qui sommes des sots de
les lire ; — que l'insignifiance de ses mémoires soit poussée jusqu'au
commérage, est-ce sa faute si nons attendions de lui des révélations?
— que son chauvinisme soit en 1857 ce qu'il était en 1825, cela
prouve tout juste que le monde a marché depuis trente-deux ans, et
que Béranger est resté ce qu'il était ; — qu'il s'en vienne ressasser,
quand l'histoire est ouverte, la postérité saisie, l'opposition éteinte,
de stupides calomnies contre les Bourbons, et se croie pour cela un
grand citoyen, c'est une infirmité d'esprit à porter au compte de la
vieillesse ; — qu'il demande pardon au lecteur des grivoiseries de son
jeune temps, je ne le trouve pas de mauvais exemple ; — qu'il im-
plore le *Dieu des bonnes gens*, le Dieu de Maximilien, le Dieu d'Al-
phonse de Lamartine, après l'avoir si drôlement chansonné, on n'en
peut rien conclure, sinon que Béranger, tout révolutionnaire et esprit
fort qu'il se croyait, entendait aussi peu la Révolution que la philosophie ; — qu'au lieu de se lancer, comme tout l'y invitait, dans la
carrière politique, il ait arrangé sa petite vie loin du flux et du reflux
de la popularité, des orages du parlement et des écueils du pouvoir,
ménager de sa réputation, craignant sur toute chose de se compromettre, désireux de ne se brouiller avec personne et de s'assurer un
superbe enterrement, il serait d'autant plus injuste, à mon avis, de
l'en blâmer, qu'il se faisait justice et qu'en pareil cas tout individu doit
être cru sur parole.

Béranger n'en reste pas moins le premier poète français du dix-
neuvième siècle : de quel calibre est cet homme?

Béranger appartient à la Révolution, sans nul doute ; il vit de sa
vie ; ses chansons, comme les fables de La Fontaine, les comédies de

Molière et les contes de Voltaire, ont conquis parmi le peuple et les hautes classes une égale célébrité. Et c'est ce qui élève Béranger au dessus de tous les poètes contemporains : en fait d'art et de poésie, une pareille universalité d'admiration est décisive et dispense de tout autre argument.

Béranger est-il initiateur, comme furent les anciens lyriqu´ , comme Homère, Virgile, Corneille, Boileau, Molière, La Fontaine, Voltaire? A-t-il en lui le concept, l'idée?

A cette question je réponds sans hésiter : Non, Béranger n'a rien du poète initiateur ; c'est un écho, une harpe éolienne. Lui-même le dit quelque part : *Je suis un luth suspendu, qui résonne dès qu'on y touche.* Que la voix publique vienne ébranler son âme, il chantera ; lui-même ne la devance pas. Seul, il se trompe constamment ; il ne connaît ni sa route, ni son étoile.

Pour le style et les mœurs, je parle ici des mœurs poétiques, c'est simplement un disciple de Voltaire et de Parny ; aucune qualité propre ne le distingue, si ce n'est peut-être la fatigue et l'obscurité trop fréquente de ses vers. Sa plaisanterie et ses gaudrioles sont en général puisées à deux sources suspectes, l'impiété et l'obscénité. Ses chansons bachiques n'ont pas non plus la joie franche des chansons gauloises : elles sont d'un poète qui se met à table ; il y a de la recherche, de la préméditation, trop de philosophie. Béranger est sérieux, point naïf, souvent tendu et forcé, jamais aviné. Il serait demeuré un poète médiocre, si les circonstances où il vécut ne lui avaient fait trouver une autre veine.

Pour le fond, il n'a pas plus d'invention et d'initiative.

D'abord, il chante l'amour grivois, et rétrograde de Rousseau à Brantôme et à Boccace. Rarement il s'élève jusqu'au sentiment et à l'idéal ; et toute cette partie de son œuvre serait à dédaigner, si, par la vivacité des tableaux et le mordant de la vérité, sa chanson, licencieuse de pensée et de fait, n'était devenue une satire d'un genre supérieur à celui d'Horace et de Juvénal. *Ma Grand'Mère* est une de ces pièces incomparables, dont je doute que le poète ait eu lui-même la conscience, et qui n'a de modèle en aucune langue.

Dans ses chansons politiques, Béranger n'est que l'écho des passions de son temps : il grandit avec l'opposition libérale ; il monte avec les souvenirs, avec les conspirations bonapartistes.

Que fait-il en 1810 et 1811, quand le despotisme impérial, parvenu à son apogée, a fait taire la Révolution? Chante-t-il la Liberté et la République? Non : il est tout entier à Comus, Bacchus, Vénus ; il attendra les Bourbons et la Charte.

Que fait-il encore, de 1812 à 1815, quand la France est écrasée sous les désastres, et que les armées étrangères ont établi leur quartier général à Paris? Il chante des gaudrioles, le *Roi d'Yvetot*, le *Sénateur, Roger Bontemps*, les *Gueux*, la *Grande Orgie*, etc., etc. Ce ne sont pas les *Gaulois et les Francs*, ni le *Bon Français*, ni la *Requête des Chiens de qualité*, ni l'*Opinion de ces demoiselles*, qui peuvent racheter cet étrange oubli de poète patriote. Certes, on n'était pas trop malheureux en France, on riait, on chantait, on dansait, on s'amusait, durant ces affreuses invasions, s'il faut s'en rapporter au répertoire de Béranger. Ce n'est que plus tard, au retentissement de la tribune, à la voix des députés libéraux, de Manuel, de Benjamin Constant, de Foy, quand l'ennemi a évacué la France, que le rouge monte au visage du poète et qu'il prend son élan. Le *Marquis de Carabas*, *Mon âme*, sont de 1816 ; la *Vivandière* et *Champ d'asile*, deux chants épiques, de 1817 et 1818. De ce jour nous possédons Béranger : il ne s'arrêtera plus. Après 1830, retiré de la politique, mais toujours fidèle au mouvement des idées, il deviendra encore le prophète du socialisme.

Dans cette longue suite de petits poèmes, au nombre de plus de trois cents, et qui, placés bout à bout, formeraient une espèce d'épopée, Béranger montre-t-il une intelligence véritable du mouvement historique, des passions de son époque, du droit et de l'avenir de la Révolution?

Il n'en est rien. Béranger a si peu le secret des choses, que c'est précisément à son ignorance qu'il a dû son succès. Jamais homme plein des hautes pensées que pouvait suggérer à un Royer-Collard, par exemple, à un Saint Simon, la marche des choses, ne se fût avisé de mettre ces pensées en chansons : il en aurait fait un poème épique, tout au moins des tragédies. Jusqu'à trente ans, Béranger avait été rimeur aussi malheureux qu'obstiné ; peu à peu cependant il s'était rompu au couplet ; il avait acquis, dans le genre inférieur du refrain, un vrai talent, lorsque la Restauration arriva.

En homme d'esprit et de pratique, Béranger songea donc à tirer parti de ses moyens. Son éducation était faite, et le contraste des idées et des événements avec le cadre de la chanson, la seule forme poétique dont il disposât, ne pouvait manquer de produire, pour le sublime comme pour le ridicule, des effets surprenants. Il mit en couplets, sur des airs connus, non pas l'idée qu'il n'eut jamais, mais le sentiment révolutionnaire, tel que le lui offraient les souvenirs de 93, la bataille impériale, le débat constitutionnel, et cette longue figure de l'Ancien Régime qui revenait, comme un spectre, en la personne des émigrés. La littérature française se trouva ainsi enrichie, par l'exhaussement de la chanson, d'un genre nouveau, dans lequel Béranger n'avait pas trouvé de modèle et où il restera sans égal, l'histoire et la poésie ne se répétant jamais.

Du reste, la Révolution est demeurée pour Béranger un mythe : l'empereur, une idole; les princes de Bourbon, l'ennemi. Sous tous les rapports, sa pensée est courte, défectueuse, arriérée, contradictoire. La preuve, c'est qu'il a beaucoup perdu de sa réalité; dans trente ans, les trois quarts de ses chansons n'auront plus de valeur. Ses vingt dernières années, il les a passées à remâcher ses plus heureux refrains et à regretter ses amours ; il est mort déiste. Comme Rousseau, il fut, par la prédominance de l'élément féminin, un agitateur en qui la passion débordait la conscience ; il a servi la Révolution, mais il a fait baisser le sens moral et dérouté le sens politique ; s'il montre quelque virilité d'entendement, c'est dans l'architecture de ses chansons, dont chacune forme un *crescendo* continu, un tout logique et complet, parfois même comme la miniature d'un poème épique.

XXII. — M. DE LAMARTINE.

Jamais peut-être un homme ne se rencontra doué d'inclinations plus heureuses que M. de Lamartine. Il aime la vraie gloire et il s'y connaît ; son esprit cherche naturellement la vérité, son cœur la Justice ; les plus hautes conceptions, quand elles lui sont présentées, il les embrasse sans effort ; personne plus que lui ne désire servir et illustrer son pays ; il a la religion du devoir, le courage dans le danger, et celui, plus rare encore, de la fidélité à sa conviction, alors même que cette conviction peut le rendre impopulaire. Ajoutez une chasteté de sentiments qui rappelle Bossuet, et une puissance de verbe qui tient du prodige. Tout d'abord on l'aime, on se sent attiré vers lui ; on le prendrait volontiers pour directeur de conscience ; il semble même, à la limpidité et à l'éloquence de sa parole, que l'on pourrait se reposer sur lui du soin de penser et de raisonner, tant, dans ses écrits comme dans ses discours et dans toute sa personne, l'expression du beau apparaît comme le gage souverain de la raison. Malheureusement, ces belles qualités sont déparées, souvent même neutralisées, par un irréparable défaut : le travail intellectuel, chez M. de Lamartine, cet esprit d'analyse et de synthèse qui seul, en donnant la raison des choses, élève et entretient l'idéal, manque tout à fait ; il CONTEMPLE, il ne pénètre pas ; et comme il arrive à tous les contemplatifs, on peut dire que la raison en lui ne dépasse la mesure de la femme que juste de ce qu'il faut pour qu'il ne soit pas femme.

Ce qui ressort de la vie et des écrits de M. de Lamartine, c'est qu'il n'a pas l'intelligence de son époque et de son pays ; il ignore d'où nous venons et où nous allons ; trop instruit pour se payer d'utopies, trop faible de génie pour percer les ténèbres qui l'enveloppent, cherchant le courant providentiel autant que peut le révéler à une âme de poète le tourbillon des événements, il ne sait jamais quelle route choisir, quelle conduite tenir, quel principe affirmer. De là ce scepticisme qui malgré lui fait le fond de sa philosophie, et lui a donné dès ses débuts un caractère de tristesse, auquel, selon moi, son caractère est étranger.

J'emprunte les détails qui suivent à l'*Histoire de la Révolution de 1848* par Daniel STERN, l'une des plus ferventes admiratrices de M. de Lamartine.

Né à Mâcon, en 1790, d'une famille noble, M. de Lamartine fit ses études avec une rare distinction au collége de Belley, entra en 1814 dans la maison militaire de Louis XVIII, publia ses *Méditations* en en 1820, et suivit jusqu'en 1830 la carrière diplomatique.

Par sa naissance, son éducation, ses sentiments de famille, son inclination personnelle, M. de Lamartine est royaliste, de plus chrétien. Quel bonheur pour lui s'il était né au siècle de Bossuet, alors que rien n'était venu ébranler dans la nation la foi monarchique et religieuse! Sa poésie eût éclairé le monde, et sa gloire, aussi pure que sa pensée, eût duré plus qu'elle.

Après la Révolution de juillet, M. de Lamartine se tient à l'écart; il contemple cette Révolution qui était venue donner le démenti à sa muse et déranger sa fortune politique. Puis, croyant reconnaître le doigt de Dieu dans le fait accompli, il publie une brochure où il *explique et légitime, aux yeux de la raison et de la foi*, l'avénement de dynastie d'Orléans. Il ne se vend ni se donne; son désintéressement est un sûr garant de sa loyauté. Comme je le disais tout à l'heure, il cherche le courant providentiel, et opère, en tout bien et tout honneur, sa transition.

Elu en 1833 député de Berghes (Nord), pendant qu'il était à Jérusalem, il s'assied au banc des *conservateurs*, appuie la loi *contre les associations*, soutient la *prérogative royale*, puis vote contre la loi de *dotation* et les *fortifications*.

Autant qu'il est en lui, M. de Lamartine, rallié à la dynastie nouvelle, reste fidèle au principe monarchique; mais il n'en est pas le flatteur, sa conduite le prouve. Tout cela, cependant, est-il bien logique? Etait-il possible d'abstraire à ce point les personnes des principes, que M. de Lamartine pût se croire dans la sincérité de sa foi parce qu'il suivait, du côté où le vent la faisait tomber, la couronne? Qui empêche aujourd'hui que M. de Lamartine, après s'être rallié à la dynastie des Orléans, ne se rallie de nouveau à la dynastie des Bonaparte?

En 1842, le tempérament de M. de Lamartine se décèle tout à fait : il vote la régence de la princesse Hélène, soutenant, par toutes sortes de considérations, qu'en fait de régence la main d'une femme est préférable à celle d'un homme. Pourquoi pas, aussi bien, en fait de royauté?... Le 27 janvier 1843 il vote contre l'adresse et passe à l'opposition, convaincu, dit-il, que le gouvernement *s'égare* et *s'éloigne de son principe*. De quel principe parlait alors M. de Lamartine? De la Révolution, sans doute. Mais alors pourquoi n'avait-il pas des premiers applaudi à la chute des Bourbons? Pourquoi ensuite, devenu

député, n'était-il pas entré de plain-pied dans les rangs de l'oppos
tion, au lieu de ce stage de dix ans parmi les conservateurs?

Ainsi, tandis que la .iévolution de juillet s'écarte de son principe
M. de Lamartine s'é.....ie du sien, ce qui fait dire à M. de Humboldt
Lamartine est une comète don. .n n'a pas encore calculé l'orbite.

Les mots, *La France s'ennuie*, *Révolution du mépris*. *Il suffit d'un
borne*, etc., sont de ce temps. Lui qui dans son *Cours familier de litt.
rature* nie dédaigneusement le progrès, il s'indignait en 1843 que le
conservateurs dont il se séparait résistassent au mouvement, dont lu
même ne pouvait déterminer la direction ni prévoir l'issue!

En 1846, il publie son *Histoire des Girondins*. De l'opposition dy
nastique il avait glissé dans la république de l'idéal; par une dernièi
évolution, le huitième volume de son Histoire n'était pas sous press
que de la République idéaliste il tombait dans le jacobinisme; l'ancie
volontaire de la légitimité se raccrochait à la queue de Robespierre.

En 1847, au banquet de Mâcon, il s'associe à l'agitation qui alla
renverser le trône, et, suivant toujours le courant providentiel, il sou
tient en février 1848 le *droit de réunion*, contre lequel il avait voté
au moins implicitement, en 1833. Je voudrais savoir, à cette heure
ce que pensent de ce fameux droit de réunion les agitateurs de 1847
et M. de Lamartine tout le premier!...

C'en en fait : M. de Lamartine est dans le courant; il ne dout
plus ni de lui-même ni du ciel, il avance toujours. Le 21 février il dé
clare qu'il ira au banquet *quand même*, et dût-il s'y trouver seul;
accepterait, dit-il, la honte d'une reculade pour lui, non pour l
France.

Le branle est donné; la monarchie chancelle et tombe. Pourquoi
le 24 février, M. de Lamartine ne se souvient-il plus de la princess
Hélène, dont il avait si éloquemment défendu la cause en 1842, e
qui était là, son enfant dans ses bras, appelant son orateur des yeu.
et du cœur? Il y pensait, je le veux croire, aussi bien que M. Garnier
Pagès ; mais le peuple envahit l'assemblée, le courant se prononc
contre la régence, en place de laquelle M. de Lamartine, interprèt
de la volonté du peuple et des desseins de Dieu, propose un *Gouverne
ment provisoire*.

Ce n'est pas assez, on demande la *République*. — M. de Lamartin
hésite : il dit que PERSONNELLEMENT il est pour elle, mais qu'il *réserv
les droits* de la nation. Le contraire eût été plus vrai, surtout plu
digne. Personnellement M. de Lamartine est royaliste, et dans la cir
constance il ne réservait rien, il lâchait tout.

Le 25, grand combat de M. de Lamartine contre le drapeau rouge
les rouges sont confondus; toutefois M. de Lamartine accorde
Louis Blanc la *rosette rouge*.

Le courant devenant toujours plus furieux, M. de Lamartine cré
la garde mobile, pour rassurer les honnêtes gens : on en verra les œu

rres quatre mois plus tard. Il repousse le droit au travail, puis il signe le décret qui le garantit.

Dans son manifeste du 6 mars il nie les traités de 1815 *quant au droit*, mais les admet *quant au fait*, juste ce qu'avait dit M. Guizot, et conclut par ce mot magique, LA PAIX : ce qui ne l'empêche pas, quinze jours après, de demander 215,000 hommes pour *observer* le Rhin, les Alpes et les Pyrénées. C'est alors qu'il proclame le grand principe politique : *La bonne foi.*

Après la journée du 17 mars, Lamartine voit sa popularité décliner, celle de Ledru-Rollin grandir. Aussitôt il cherche à se rapprocher de celui-ci ; il tâte le terrain, voit Blanqui le 15 avril, et le lendemain se jette dans les bras de Changarnier. Le cri du 17 mars, le cri du peuple, avait été : Vive Ledru-Rollin ! Le cri du 16 avril, cri de la bourgeoisie, fut : *Vive Lamartine, à bas les communistes !...*

Je ne pousserai pas plus loin ces rapprochements, dont les harangues et écrits de M. de Lamartine fourniraient vingt pages. J'en ai dit assez pour faire comprendre au lecteur qu'un semblable zigzag d'opinions, chez un homme que son caractère met à l'abri de tout soupçon injurieux, procède d'autre cause que de légèreté et de mauvaise foi : c'est l'entendement qui ne fonctionne pas, qui, ne produisant pas de termes, laisse l'homme sans résolution, sans conseil, sans critère. C'est M. de Lamartine qui, par sa guerre ridicule au drapeau rouge et aux communistes, a déchaîné la terreur bourgeoise ; c'est lui qui, par le trouble de son esprit et l'inconsistance de son caractère a commencé la dissolution de la République ; c'est lui enfin qui a donné le signal de la réaction, et qui, tombé du pouvoir, l'a le mieux servie. Mieux eût valu une vraie femme. Esprit malade sous une apparence de sérénité ; enfant sublime, dont la malfaisance égale l'innocence, M. de Lamartine est une de ces natures que les partis doivent se renvoyer l'un l'autre, comme des mèches incendiaires, si mieux ils n'aiment les exclure d'un commun accord du forum et de la politique.

Je ne m'étendrai pas longuement sur l'écrivain : d'avance nous l'avons jugé. Si le moral de la Révolution commence à baisser en Rousseau ; s'il est plus bas encore en Béranger, il tombe tout à fait en Lamartine. Or, sans cet élément moral qui fait l'âme de toute littérature, le poète, l'écrivain, quel qu'il soit, est comme un banquier sans argent ; son papier est de nulle valeur, et toute sa circulation aboutit à la banqueroute.

Les *Méditations poétiques*, œuvre capitale de M. de Lamartine, sont une lamentation sur la fin de l'âge religieux et monarchique, un poème purement négatif. Par ce côté funéraire, ce poème se rattache à la Révolution ; aussi le succès fut grand et mérité. Mais déjà l'on pouvait prédire que le poète, s'il restait fidèle à lui-même, n'irait pas loin : l'oraison funèbre de l'ancien monde chantée, M. de Lamartine ne pouvait être dans le nouveau qu'un poète de scepticisme, ce qui

veut dire, un écrivain hors du droit, hors de la morale, une non-valeu
littéraire. Pour qu'il devînt autre chose, il eût fallu qu'il devînt lui
même un homme nouveau : or, nul poète d'un ordre élevé ne saurai
être double, incarner en sa personne deux époques, deux principes
Le vrai poète est l'homme d'une idée, *homo unius libri.*

Les *Harmonies* sont une reprise malheureuse des *Méditations* ; ver
sification lâche, i_correcte, pensée nulle. En poésie on ne se répète pas
bis repetita non placent.

Le *Voyage en Orient*, essai de variations sur le thème de l'*Itiné
raire* de Chateaubriand : un écrivain ne fait pas de ces choses, bien
qu'il ait parfaitement le droit de les faire.

Dans *Jocelyn*, poème de six mille vers, et qu'il eût fallu réduire à
cinq cents, M. de Lamartine a voulu représenter un amour idéal con
tenu par la religion. C'est le *Vicaire savoyard* corrigé et refait ; mai
telle est la faiblesse du jugement en M. de Lamartine, qu'il ne s'aper
çoit pas que son héros, qu'il a voulu faire vertueux et chaste, fait au
tant honte à l'amour qu'à la religion et à la vertu. Puisque Jocelyn
s'est fait prêtre par un acte d'héroïsme, la foi, la Justice, la poésie, l
cœur humain, le plus simple bon sens n'admettent plus qu'après c
sacrifice la perte de son amour lui pèse quelque chose, que sa Laurenc
ose l'accuser et qu'elle se jette par désespoir amoureux dans le désor
dre. Celui qui renonce à sa maîtresse pour sauver sa religion, sa pa
trie, moins que cela, pour donner l'extrême onction à son évêque, n'a
plus de larmes à répandre ; le devoir accompli prend la place d
l'amour, devient amour lui-même. Et celle qui a perdu de la sorte so
amant doit se dire qu'elle a gagné un héros, elle est heureuse. Le Jo
celyn, en un mot, n'a pas le sens moral : cette simple observation
qui certes est loin de la pensée de M. de Lamartine, fait de son poèm
une œuvre scandaleuse et met à néant ses six mille vers.

Je n'ai pas lu la *Chute d'un Ange*, qu'on m'a dit être fort inférieur
encore à *Jocelyn*. Serait-ce une variante du poème d'*Eloa*, d
M. Alfred de Vigny, comme le *Voyage en Orient* est une réédition d
l'*Itinéraire*, comme *Jocelyn* est une résurrection du *Vicaire savoyard*:

Les *Histoires* de M. de Lamartine, fatigantes par la pompe continu
du style, sont pour le reste au dessous de la critique. Son *Conseille
du peuple*, œuvre de réaction, mériterait de ma part de rudes repré
sailles ; je me contente d'un mot. Après s'être laissé descendre, ave
le courant providentiel, jusqu'à la République sociale, il a remonté
sous la même influence, vers la contre-révolution ; que le vent tourn
de nouveau, il reviendra des premiers : ce sera toujours le mêm
homme. N'a-t-il pas déjà distingué entre le *bon socialisme* et le *mauvai
socialisme ?*

Dans *Raphaël*, M. de Lamartine a voulu réagir contre l'impudicit
croissante des romans en vogue par la peinture d'un amour immaculé
Peut-être aussi, à l'exemple de Benjamin Constant, s'est-il proposé d

consigner, dans une fiction plus ou moins personnelle, quelque souvenir de sa vie intime ; ce que je regretterais, je l'avoue. Quoi qu'il en soit, l'idée de rétablir la moralité dans le roman par une purification de l'amour était excellente, digne du cœur de M. de Lamartine. Mais ici encore il est retombé, par l'irréflexion de sa pensée, dans le défaut de *Jocelyn*, à tel point que *Raphaël*, qui par la forme touche au mysticisme, est, quant au fond, ce que j'ai lu jamais de plus obscène.

Comme on n'accuse pas à légère un homme tel que M. de Lamartine, posons quelques principes.

Parmi tous les amoureux et amoureuses du roman et du théâtre, il en est fort peu dont j'approuve la passion, et qui par conséquent m'intéressent : pourquoi ? C'est qu'il est rare que le devoir ne soit sacrifié à l'amour, qui dès lors devient ignoble, antipoétique, et, s'il est malheureux, indigne d'être plaint.

Dans le *Cid* de Corneille, Rodrigue et Chimène m'intéressent au plus haut degré : ils sont beaux tous deux ; ils me passionnent ; leur amour est légitime, et parce qu'il est légitime, son infortune excite ma pitié. Le sacrifice que le jeune homme et la jeune fille en font au devoir est tout ce qu'il y a de plus idéal et en même temps de plus tragique.

Dans *Polyeucte*, dans *Zaïre*, les conditions sont les mêmes que dans le *Cid ;* et telle est la puissance du beau moral sur l'imagination, que nous n'apercevons plus les taches qui déparent ces tragédies : elles nous émeuvent profondément, et malgré notre pitié, nous sommes satisfaits.

C'est autre chose de la Camille des *Horaces*, et de l'Hippolyte de *Phèdre*.

Meurtrier de sa sœur, Horace, coupable tout au plus devant le tribunal domestique, est innocent devant le peuple. Il pouvait supporter les regrets de Camille ; il doit punir ses imprécations. Cette fille, en qui l'amour parle plus haut que le patriotisme, n'est plus Romaine ; elle est indigne de son père et de ses frères ; elle fait tache dans sa famille, il faut qu'elle meure.

Qu'Hippolyte aimât quelque part, en chevalier ou en prince, je ne l'en eusse pas plus blâmé que n'eût fait Thésée. Mais comment supporter ce jeune homme condamnant, par une amourette, la politique, le règne entier de son père ? On me dit que l'amour ne se commande pas : soit ; mais le devoir commande aussi, et plus haut que l'amour. Ce qu'il y a de pis est que cette désobéissance donne raison à Thésée : il a le droit de penser qu'un fils dont les sentiments sont la censure de toute sa vie, qui le brave et tend la main à l'ennemi, a bien pu former encore des projets sur Phèdre.

Je suis sans sympathie pour Françoise de Rimini et son cousin, que Dante, amoureux mystique, a trop ménagés. Que me fait cet adultère produit par le désœuvrement du corps et de l'esprit, la lecture des romans et le chatouillement de la volupté ? N'est-ce pas la pire espèce d'adultère, partant la moins intéressante ?

Lucie de Lammermoor me ravit : fiancée, fidèle alors même qu'elle accepte un autre époux, elle reste dans la Justice. Le coupable est le frère qui la trompe, et qui, en la sacrifiant à son ambition, immole le devoir et le droit de la femme, tout ce qui fait la gloire et la félicité du genre humain.

Mais, tout en plaignant Roméo et Juliette, je les blâme et ne les pleure pas : eux aussi ont manqué au droit paternel. Comment ces deux jeunes gens s'ingèrent-ils de trancher les vieux différends de leurs familles par un mariage clandestin ? Quoi ! c'est ainsi que va finir l'antagonisme héréditaire des Montaigu et des Capulet !... Je ne suis pas de ceux qui traitent l'amour de misère, je ne suis ni guelfe ni gibelin ; mais il me semble que les deux familles avaient le droit de punir les indiscrets amants, je ne dis pas en les tuant, mais en les mettant en religion.

J'ai horreur de Paul et Virginie : je regarde cet amour, possible peut-être, mais non plausible, et où respire l'inceste, comme une profanation de l'enfance. Paul et Virginie sont, par les douze premières années de leur vie, frère et sœur ; ils ne devraient s'aimer que bien tard, et après une séparation prolongée ; et je trouverais Virginie plus pure, au dernier moment, dans les bras du matelot nu qui offre de la sauver, que morte avec le portrait de Paul sur le cœur.

La fable de M. de Lamartine se déroule entre deux personnages ; Raphaël, une espèce de Sténio ; Julie, une Lélia rectifiée, créole, esprit fort, qui s'est fait une religion à elle, mais qui se convertira à la fin, par la grâce de l'amour et pour la plus grande gloire de Dieu.

Or, de quelque style qu'ait su la couvrir l'auteur, la situation passe toute licence.

Raphaël et Julie se rencontrent aux eaux d'Aix, le premier poitrinaire, la seconde attaquée d'une maladie de cœur qui lui interdit tout rapport physique d'amour. Ils s'aiment, néanmoins, et comme bien on pense, d'autant plus qu'ils n'ont rien à espérer. Le jeune homme suit la femme à Paris, est agréé par le mari, vieillard octogénaire, qui approuve cette liaison platonique. On se voit, on s'écrit, on s'adore pendant six mois au bout desquels, forcés de se séparer, on se donne rendez-vous à Aix, et la femme meurt.

Tel est le fond sur lequel M. de Lamartine a broché 350 pages de ce style feuillu, melliflu, qui ne le quitte pas, et qui eût si fort impatienté Diderot.

Qu'est-ce, d'abord, que ce mariage ?

Jeune, belle, ardente à l'amour, mais sans bien, Julie a consenti à épouser un vieux savant, qui doit, dans quelques années, délai moral, lui laisser une jolie fortune avec laquelle elle pourra se remarier, et qui en attendant ne la gêne pas, satisfait qu'il est, dit-il, du plaisir des yeux et de la possession du cœur. En offrant sa main à la jeune fille, il avait déclaré, protesté, qu'il regrettait de n'avoir pas de *fils* à qui il pût la donner; que, ne pouvant l'obtenir pour un fils, il voudrait l'avoir pour *fille*; qu'en l'épousant lui-même, il n'aspirait à rien de plus qu'à des relations *paternelles*, etc.

Sur quoi j'observe que, puisqu'il ne s'agissait que de paternité, il y avait un moyen bien simple, qui ne contrariait personne et ne choquait point la nature : c'était d'adopter Julie, puis de la marier. Il est vrai qu'alors le roman n'est plus possible; mais c'est justement ce que je reproche à M. de Lamartine et à ses pareils, et en quoi je les accuse de manquer de virilité intellectuelle ou de conception : dès qu'on les oblige à respecter, dans leurs compositions, la logique, la vérité et la morale, en un mot la raison des choses, on les condamne au silence.

Si vieux pourtant et décharné que soit un homme, il lui reste toujours une velléité de concupiscence, et c'est ce que M. de Lamartine avoue ingénument de celui-ci : — « Sa tendresse se bornait à me « presser contre son cœur, et à me baiser sur le front, en écartant de « la main mes cheveux. » Assez comme cela : ce mari est un vieux *drille*, qui déguise sous de grands mots une fringale de soixante-douze ans, et se permet, faute de mieux, les attouchements. Il suffit que le soupçon existe pour que l'honnêteté disparaisse, et que la prétendue paternité devienne incestueuse. Et quoi de plus immoral que la peinture de ces amours contraints à la réserve ou réduits à l'impuissance par un obstacle étranger à la volonté : la décrépitude chez le vieillard, l'anévrisme chez la femme, le vœu sacerdotal chez Jocelyn ?

Du mari passons à la femme. Si peu qu'on voudra, Julie est épouse; elle doit respecter en sa personne et dans la personne de son époux, même non usager, la sainteté du mariage. Or, ce respect ne consiste pas seulement à s'abstenir de *ces viles satisfactions des sens* que lui interdit son anévrisme, mais à se défendre de tout amour, si épuré et désintéressé qu'il soit. M. de Lamartine, si raffiné dans son platonisme, n'ignore pas que le mariage est chose toute morale, dans laquelle le commerce des sens n'arrive que comme accessoire. Ce devait être l'honneur de Julie, sa gloire, comme c'était son devoir, de conserver l'inviolabilité de son mariage aussi bien de cœur que de corps. Ici encore, si l'écrivain est logique, s'il reste fidèle à son principe et à son but, le roman tombe : impossible d'aller plus loin.

Mais Julie est *créole*; elle n'entend pas de cette oreille; son Vénérable d'ailleurs l'y autorise. Il lui a dit : Aimez, rajeunissez, soyez heureuse à tout prix. Depuis six ans, sous prétexte de santé, elle vagabonde, cherchant un amant selon son cœur; et comme elle va vite quand il est trouvé! Et *Je vous aime*, et *Je vous appartiens*, et ce soir même nous coucherions ensemble, sans ce maudit anévrisme. Connaissez-vous rien de plus obscène, que ce tableau où M. de Lamartine peint les deux amants, logés porte à porte, et qui, après avoir rétabli la communication, se donnent tout ce qu'ils peuvent, moins ce que vous savez, parce que la mort est au bout? Lélia n'eût pas hésité; elle aurait dit : Mourons!... J'aime mieux Lélia, j'aime mieux Messaline.

Pendant six semaines, M. de Lamartine nous représente ce Raphaël, que la maladie de cœur tient à distance, en adoration devant le lit de Julie et s'écriant :

« O amour! que les lâches te craignent et que les méchants te proscrivent! Tu es le grand-prêtre de ce monde, le révélateur de l'immortalité, le feu de l'autel! Sans ta lueur, l'homme ne soupçonnerait pas l'infini!... »

A quoi Julie, en proie aux palpitations, réplique par cette antienne :

« Il y a un Dieu, c'est l'amour... Je l'ai vu, je l'ai senti. Ce n'est plus vous que j'aime, c'est Dieu. — Dieu! Dieu! Dieu! — Dieu, c'est toi; Dieu, c'est moi pour toi! Raphaël, tu es mon culte de Dieu! »

Mais il faut connaître aussi ce Raphaël, l'homme-dieu de Julie. Raphaël est un jeune homme pauvre, doué de quelques talents, pour qui sa famille s'est sacrifiée, et qui, tandis que son père, sa mère et six enfants dans l'indigence cultivent pour vivre le champ paternel, au lieu de chercher un emploi dans le monde, mange leur dernier sou en faisant l'amour. Pour se soutenir quelques mois de plus à Paris, il vend à un juif l'anneau de mariage de sa mère : il est vrai qu'il pleure beaucoup avant de se défaire de cette relique; mais enfin il la livre, un jour qu'il avait fait une course au bois de Boulogne avec Julie. Tandis que là-bas on meurt de faim, il chante sous un hêtre, avec Julie, un dithyrambe à l'amour : Dieu! Dieu! Dieu!... A cet endroit du roman, je m'attendais à voir paraître un frère en blouse et gros souliers, venant souffleter le lâche et stupide Raphaël sous les yeux de son indigne maîtresse : M. de Lamartine n'a pas de ces inspirations. Si Raphaël avait eu le moindre sentiment de son devoir, après s'être réjoui ou désolé, je laisse la chose à la discrétion du romancier, pendant quinze jours, de cette aventure d'auberge, il serait retourné à ses affaires, comme eût fait le plus humble commis voyageur; mais nous n'eussions toujours pas eu de roman, et il existerait de M. de Lamartine un chef-d'œuvre de moins. Tout se passe donc sans esclandre, et l'aventure finit comme elle a commencé, à la satisfaction du lecteur et de l'écrivain. L'étudiant et la petite pensionnaire qui liront cette nouvelle ne manqueront pas de dire : L'amour est trois fois saint, Raphaël est un grand cœur, et M. de Lamartine un grand génie.

XXIII. — Je voudrais poursuivre cette revue, qui m'intéresse au plus haut point; mais l'espace me manque, et mon sujet m'appelle ailleurs. Posons seulement des conclusions.

Toutes les fois que dans une littérature le génie, distrait par d'autres travaux, vient à se retirer, et que l'élément féminin prend le dessus, alors paraissent les écrivains de second ordre, écrivains de vulgarisation et de propagande, dont la mission, s'ils savent y rester fidèles, est de porter jusqu'aux dernières couches de la société la révélation du juste et du beau; mais qui, doués de plus de passion que d'invention, affectant plus de sensibilité que de profondeur, trouvant à la santé moins de charme qu'à la morbidesse, préparent la dissolution littéraire par l'hypertrophie du style, et marquent le point où commence la décadence des peuples.

Deux traits principaux les distinguent : l'impuissance où ils sont d'appliquer leur talent à des œuvres originales; le penchant aux sujets érotiques.

Tout écrivain aspire naturellement à prendre une initiative, tout poète veut être créateur; et comme la création littéraire ne peut être la même à toutes les époques, qu'il y a des intermittences forcées, il arrive que l'homme de lettres, dédaignant le rôle modeste de vulgarisateur, se trouve littéralement sans emploi.

N'est-ce pas un littérateur sans emploi que M. de Lamartine? Et Victor Hugo, qui, avec une puissance de style supérieure encore, s'en va du moyen âge catholique à l'Orient mahométan quêtant des sujets pour ses vers, et ne voit pas la Révolution couchée à ses pieds, n'est-ce pas aussi un poète déshérité? Et MM. Soumet, de Vigny, Laprade, chantres de l'autre monde, qui rêvent la chute des anges, le réveil de Psyché, le rachat de l'enfer, quand nous leur crions : *A bas le prolétariat!* pensent-ils avoir bien mérité de leur siècle et de la postérité par leurs rimes?

Il y a plus de vie littéraire, plus de génie, dans de petites histoires de la Révolution, écrites sans faste, mais lues du peuple, comme celle de Villaumé, dans les récits plus ou moins légendaires de Marco Saint-Hilaire, dans les chansons de Pierre Dupont et les moralités de Lachambeaudie, que dans toutes ces œuvres qu'une société de convention admire en bâillant et qui s'enterrent à l'Académie.

Dans cette déroute des chefs de la littérature, il est facile de prévoir ce qui peut advenir des femmes qui les suivent.

La femme est éducatrice ; elle a une mission sociale et conséquemment une part dans l'action littéraire, puisque c'est par la parole, par la poésie et l'art, que s'enseigne et se propage la morale. Mais ici encore et plus que jamais la femme a besoin d'être soutenue par la sévérité du génie viril : elle est perdue si, au lieu de trouver chez l'homme un guide puissant par la raison, elle ne rencontre qu'un auxiliaire de ses faiblesses, un agent provocateur de son penchant à l'amour. Elle semblera d'abord une héroïne, parce que, l'homme s'efféminant, elle deviendra son égale ; peu à peu, l'érotisme subjuguant tout à fait sa pensée, elle tombera dans une espèce de nymphomanie littéraire, et tandis qu'elle rêve d'émancipation, d'égalité des sexes, de parfait amour, elle ira se perdre dans les mystères de Cotytto.

XXIV. Madame ROLAND.

Manon Phlipon, née à Paris, fille d'un graveur ; tête romanesque, formée à l'école de Rousseau, chrétienne d'abord, puis philosophe par sentiment, républicaine par engouement, mais toujours dominée par le *sentiment* et l'idéal : à dix-sept ans elle accepte, en la personne de Roland de la Platière, un Wolmar, en attendant que le ciel lui envoie un Saint-Preux ; rédige, en collaboration avec son mari, des livres sur le commerce et les manufactures ; puis tout à coup, devenue clubiste, femme d'Etat et cheffesse de parti, elle agite la nation plus qu'elle ne la sert, et perd la Gironde, son mari et elle-même, par son immixtion aussi malheureuse que malhabile dans la politique : voilà, en dix lignes madame Roland.

Ce dont je la loue est d'avoir, par l'influence propre à son sexe, par le sentiment et l'idéal, contribué au développement de la Justice révolutionnaire ; elle gâta son rôle dès qu'elle eut la prétention d'employer d'autres armes, et d'agir aussi par la force de la raison.

Les mémoires qu'on lui attribue étant apocryphes, je ne puis la juger que par son parti et par un seul acte ; mais cet acte est décisif et la peint tout entière, elle et ses amis. On lui a supposé un amour secret et profond pour un Girondin : personne ne peut dire ce qui en fut. J'admets que sa vie occupée, son esprit remuant, le respect de son mari, le soin de sa réputation, la sauvèrent jusqu'à la fin des misères d'un entraînement que fille et femme elle dut réprimer : que ne fit-elle pour la vanité ce qu'elle avait si bien su faire pour l'amour ! La Gironde, en conservant le pouvoir quatre mois de plus, eût sauvé peut-être la République, tombée à sa naissance dans la mare de sang de septembre.

Madame Roland et les Girondins, c'est tout un : dire ce que fut le parti, c'est faire le portrait de la femme.

Par l'idée qu'elle représente autant que par ses talents, la Gironde a toujours eu ma sympathie ; comme caractère, je la trouve déplorable.

Mieux que les Jacobins elle avait conservé la pensée de 89, marquée par les *fédérations ;* mais elle la comprend si peu, cette pensée, elle se montre si incertaine, si chancelante, qu'on l'accuse, sous le nom de FÉDÉRALISME, avec une apparence de raison, de vouloir le démembrement de la France.

La Gironde est philosophe et se moque à juste titre des capucinades de Robespierre : et par son affectation de scepticisme elle se fait accuser encore de *corruption ;* elle ne sait pas prendre la direction de l'esprit public, se poser en défenseur de la morale et du droit, défendre son idée et tenir son drapeau.

La Gironde est révolutionnaire jusqu'à la violence : c'est elle qui décide la chute du trône ; et elle se fait accuser de *modérantisme.*

Malgré les Jacobins, elle fait déclarer la guerre à l'Autriche, ce qui était la vraie tactique : la victoire la justifie ; et elle se fait accuser de trahison.

On l'appelle le parti des *hommes d'Etat,* aveu forcé de la supériorité de leur politique ; et ces hommes d'Etat sont sans cesse occupés de querelles particulières et de personnalités. Ils s'effraient de Marat, ils méconnaissent Danton, ils jalousent Robespierre.

D'où vient que le caractère de ce parti jure si fort avec son idée ? C'est que l'idée ne lui venait pas de son fonds ; il la suivait, mais ne la portait pas : ce qui faisait dire des Girondins en général que, s'ils savaient parler, ils ne savaient point agir, et il y eut du vrai dans ce reproche.

La Gironde, élite bourgeoise, formée de sujets à la nature élégante et artiste, inclinant par son admiration de l'antiquité, par sa littérature et son éloquence, à l'utopie, était le parti idéaliste de la Révolution, l'élément féminin, par conséquent.

Robespierre et les Jacobins, bien autrement bavards, étaient-ils donc plus hommes d'action, plus forts sur les principes, plus loin du despotisme et des formes de l'ancien régime que la Gironde ? Tout au contraire : c'est le parti de la médiocrité envieuse, de la contrefaçon monarchique, de la roideur sans puissance, du dogmatisme sans portée. Si les Girondins sont les *femmelins* de la Révolution, Robespierre et ses hommes en sont les castrats. La République de 1848, qui reprit cette tradition, devait en fournir une triste preuve.

Mais les Jacobins affectaient de se tenir plus près du peuple ; s'identifiant avec la Montagne, affichant des mœurs austères, montrant des figures rechignées et des barbes incultes, ils furent, dans l'opinion, les justiciers de la Révolution, l'élément mâle. Leur triomphe momentané était certain.

Quelle merveille qu'avec leur tempérament les Girondins eussen leur Égérie, une héroïne, belle, éloquente, passionnée? Cela devai être, et cela fut. Les montagnards de 93 n'eurent-ils pas aussi leu Théroigne de Méricourt, comme ceux de 48 leur George Sand?... L gloire et l'infortune de madame Roland étaient dans la logique de circonstances : c'était la reine prédestinée du parti qui d'une mai renversait la royauté, de l'autre menaçait Marat et les septembri seurs.

Le fait qui signala l'influence de madame Roland est la *lettre a roi*, du 10 juin 1792, qu'elle rédigea pour son mari.

Tous les historiens ont remarqué le ton impérieux et blessant l'énergie déplacée, malhabile, de cette épître. Une femme ne pouvai plus mal faire. Pour comprendre tout ce qu'il y a de puéril dans cett œuvre, il faut la rapprocher des fameux messages de la Constituante inspirés, dictés ou rédigés par Mirabeau et Sieyès. Ici, le respect l plus profond et le plus vrai, joint à une fermeté qui évite de paraitr dans le style, et qui, n'existant que dans les choses, triomphe d'autan plus sûrement; là une vivacité toute de forme, qui laisse voir que l Gironde n'est plus maîtresse de la situation et que les événements lu échappent. Aussi la royauté, comme un fier coursier, obéit à la mai de la Constituante; elle fait sauter la Gironde.

Jamais l'intervention d'une femme ne fut plus funeste : la chute d la Gironde date de ce jour. Avec les rois, il faut parler le langage d la Constituante ou garder le silence de la Convention; et je me figur que, si la Législative avait été appelée à discuter en séance publique l lettre de madame Roland, elle l'eût sévèrement blâmée, tant pour l fond que pour la forme.

A partir de ce moment, l'influence de madame Roland se renferm dans son salon. Elle mourut avec courage, mais non sans faste. Jus qu'à l'échafaud elle ne peut s'empêcher de déclamer : *O liberté! que d crimes commis en ton nom!* Bien supérieure, à cet instant suprême m'apparaît l'infortunée Marie-Antoinette, montant à l'échafaud san prononcer une parole, sans verser une larme, avec ses vêtement blancs de veuve, presque aussi belle que la Lucie de Camille Desmou lins. Marie-Antoinette n'a pas fait moins de mal à la royauté que ma dame Roland à son parti; elle eut du moins son excuse dans la nullit de son époux. Il est possible, l'accusation est loin d'être prouvée, qu Marie-Antoinette, si mal mariée, ait été légère; du moins elle rest femme, et cette femme est plus sublime en face de la guillotine que l demi-homme appelé madame Roland. La pécheresse l'emporte ici su la stoïcienne : pourquoi? parce qu'un mot, une heure lui ont suf pour reconquérir sa dignité de femme, et que l'autre, par sa virilit affectée, a perdu la sienne.

On peut dire que madame Roland eut son continuateur, son ven geur, en Charlotte CORDAY. L'une de ces femmes complète l'autre c'est la même roideur de caractère, la même soif de renommée et de pouvoir, le même mépris du parti opposé ; du reste, la même bravoure devant la mort. Seulement, tandis que l'*émancipation* de la première n'avait pas dépassé le for intérieur, la seconde se donne liberté complète.

Charlotte Corday d'Armans, comme elle se nommait, sorte de gentillâtre, aventurière, repue de romans, fainéante, menteuse, archicatin, aspirant, comme madame Roland et à son exemple, à jouer un rôle politique, et sachant à merveille, dans ce but, trafiquer de son pucelage : telle fut l'assassin de Marat. A Caen, où elle vit les Girondins, elle eut des relations intimes avec Barbaroux, on dit même avec le grave Péthion. Thibaudeau et Doulcet de Pontécoulant, bien instruits de ces détails, l'affirmèrent toujours. M. Villaumé qui a recueilli leur témoignage, et étudié à fond cette affaire, est présent pour en déposer. L'émancipation de Charlotte Corday datait de loin ; elle en avait tiré hardiment, et de bonne heure, les conséquences. Du reste pas d'amour en cette créature. Dupe des illusions girondines, elle se figurait, nouvelle Judith, que, Marat mort, une réaction de Paris contre la Montagne était inévitable, et sur ce beau calcul elle avait fondé l'espoir de sa fortune. Ni les Girondins, ni à plus forte raison une Charlotte Corday, ne pouvaient comprendre que, la Révolution étant emportée par un courant irrésistible, la prudence commandait de le suivre, jusqu'au moment où de lui-même il s'arrêterait. Ici encore éclate la supériorité de conduite des hommes de la Plaine sur les emportés de la Gironde.

La Plaine, personnifiée en Sieyès, vote la mort du roi *sans phrases ;* envoie, au gré des événements, au tribunal révolutionnaire, Girondins, Hébertistes et Dantonistes, se lavant les mains des condamnations qui peuvent s'ensuivre ; vote en trois jours la Constitution de 93, salue la déesse de la Liberté, assiste à la fête de l'Être suprême, puis, éclatant de rire au rapport de Barère sur le messie de Catherine Théot, d'une chiquenaude met Robespierre et les Jacobins à bas. Tout cela n'est pas fort héroïque, sans doute ; mais le tapage girondin, mais les épurations jacobines, mais les processions maratistes, était-ce donc de l'héroïsme ? Entre partis qui luttent pour le pouvoir, le plus fort n'est-il pas celui qui sait le mieux se contenir et faire servir à ses desseins l'ineptie de ses compétiteurs ? Il y avait aussi des hommes courageux dans la Plaine : Féraud et Boissy d'Anglas le prouvèrent. Mais ils savaient, ce que la Gironde et madame Roland, les Jacobins et leurs tricoteuses, ne comprirent jamais, qu'en Révolution il y a des frénésies populaires qu'il faut laisser se calmer quand on ne peut plus les retenir ; qu'on n'en finit pas avec l'anarchie et le despotisme par l'assassinat ; que ce ne sont pas les hommes qui font les partis, mais les partis qui font les hommes ; et qu'entre deux folies furieuses qui agitent une nation il n'y a d'autre initiative à prendre que celle de la réserve et du silence. Marat assassiné, Hébert devint le chef du mouvement sans culotte : ce fut tout le fruit du crime de Charlotte Corday.

XXV. — Madame DE STAEL.

En 1839, je demandai à M. Droz, de l'Académie française, son opi nion sur madame de Staël, lui avouant ingénument qu'ayant commencé sur la foi de la renommée, la lecture des *Considérations sur la Révolu tion française* et de l'*Allemagne*, il m'avait été impossible de vaincre mon ennui et d'achever mon entreprise.

M. Droz se mit à rire, et me dit : « Je suis, avec mon ami An drieux, l'un des littérateurs de l'époque qui ont le plus fait pour la réputation de madame de Staël. Elle n'eut jamais de plus ardents, de plus sincères enthousiastes. Or, voici ce qui nous arriva. Quinze ou vingt ans après la vogue de cette femme, je m'avisai de relire les œu vres qui d'abord m'avaient causé tant de plaisir, et je fus, comme vous saisi d'un insurmontable dégoût. Je fis part de mon impression à An drieux, qui m'en avoua tout autant. Nous rîmes fort de notre mésa venture, mais nous ne nous en vanterons pas. Laissons en paix ma dame de Staël. »

C'est ainsi, pour le dire en passant, que se font les célébrités fémi nines et qu'elles se soutiennent. Les premiers qui, jeunes, y mirent la main, parvenus à la maturité n'osent plus se déjuger ; et il reste établi, parmi les adolescents et les femmes, qu'une Staël balance un Napoléon.

Qu'une femme entourée de tous les avantages de la fortune et du rang, ayant reçu une éducation hors ligne, vivant au milieu des hommes les plus considérables par la science et le génie, puisse, à une époque de décadence, ou, si l'on veut, de vulgarisation littéraire, pu blier, sous forme de considérations, de roman ou d'essai, le résumé de ses lectures, conversations, correspondances et impressions, cela peut avoir son utilité et mériter à l'auteur de justes éloges. La nature, qui a fait l'esprit de la femme d'une autre trempe que celui de l'homme n'a pas entendu que cet esprit demeurât sans manifestation et sans in fluence. A qui le nierait, je ferais observer que la femme parle, et gé néralement, avec plus de grâce et de facilité que l'homme : elle doit donc avoir à dire quelque chose. Qu'elle parle donc, qu'elle écrive même, je l'y autorise et l'y invite ; mais qu'elle le fasse selon la me sure et l'essence de son intelligence féminine, puisque c'est à cette condition qu'elle peut nous servir et nous plaire : sinon je la rappelle à l'ordre et lui interdis la parole.

Le défaut de presque toutes les femmes auteurs est qu'elles veulent être hommes, et que, ne pouvant le devenir, pas plus par l'intelligence que par le sexe, elles retombent au dessous de la femme. A propos de la Révolution, madame de Staël pouvait faire une chose aussi utile qu'agréable, c'était de recueillir des matériaux et des anecdotes : elle a voulu faire des *Considérations*, comme un homme d'Etat, et elle ne nous a rien appris du tout. Quand les hommes, étourdis par les événements, passaient à l'ennemi, comme de Maistre et Chateaubriand, ou battaient en retraite, comme Laharpe et Royer-Collard, que pouvait avoir à dire la fille de Suzanne Curchod ?

Je pourrais m'en tenir au témoignage de M. Droz : j'ai voulu pourtant, dans ces dernières années, et pour l'acquit de ma conscience, me faire une idée plus exacte de la dame ; et comme c'est dans leurs œuvres *intimes* qu'il faut juger les femmes, j'ai lu *Corinne*, le chef-d'œuvre de madame de Staël.

Corinne, bien entendu, est madame de Staël elle-même, poète, peintre, improvisatrice, cantatrice, danseuse, joueuse de harpe, comédienne et tragédienne, par dessus tout précepteur et pédante, l'ancienne profession de la mère de madame de Staël, Suzanne Curchod.

La thèse, en forme de roman, développée par madame de Staël, peut se réduire à cette question : *Si un génie comme celui de Corinne* (madame de Staël) *peut se contenter de l'existence vulgaire qu'offre le ménage aux épouses et aux mères, et si par conséquent la société n'est pas injuste envers la femme ?*

A quoi je réponds, le roman de Corinne à la main, que ce prétendu génie n'existe pas ; que les pièces fournies à l'appui démontrent précisément son absence ; que même les talents d'acquisition exhibés par l'auteur font tort à son esprit naturel autant qu'à sa dignité de femme ; en sorte que, si l'on devait conclure de l'exemple de Corinne à l'universalité du sexe, il vaudrait mieux, pour celui-ci, rester dans l'ignorance que de compromettre, par un semblant de génie, avec le bon sens et la grâce qui le distinguent, le bonheur de sa vie et le repos de la nôtre.

Le roman de Corinne se compose de deux parties, que l'auteur mêle et alterne dans sa narration.

La première partie consiste en une espèce de guide ou *Vade mecum* du voyageur en Italie, comme en fourniraient sur commande tous les faiseurs d'almanachs, avec des morceaux dithyrambiques sur les grandeurs et les misères de ce pays. Çà et là quelques pensées justes sur la littérature et les arts, extraites de lectures et conversations de l'auteur, mais qui ne sortent pas du lieu commun.

La seconde partie, ou le roman proprement dit, est quelque chose d'absurde, écrit en un style inqualifiable. Si Corinne, ou lord Melvil, son amoureux, avaient un seul moment lucide, ce serait du roman : comme le *Raphaël* de M. de Lamartine, il finirait le premier jour, il finirait le second, il finirait le troisième, il finirait à chaque instant. Ajoutez que, comme dans *Raphaël*, la moralité des personnages est détestable, un manquement perpétuel à la bienséance, à la délicatesse, à la probité, à la raison, déguisé sous le plus fatigant verbiage et les sentimentalités les plus fades.

Corinne, d'abord, n'attend pas qu'on l'aime ; elle devine qu'on l'aimera et fait toutes les avances, assurant néanmoins qu'elle se tient sur la réserve : résultat de cette efféminatiou littéraire qui commence à Rousseau, et que nous avons vue se continuer par la Gironde. Une femme qui raisonne de tout, religion, morale, philosophie, politique, littérature, beaux-arts, a des priviléges que n'obtient pas une pécore. Son *talent*, ce mot revient à chaque instant dans la bouche de Corinne, la dispense de toute retenue ; elle est *naturelle*. Elle sait qu'en se faisant connaître sous son véritable nom elle court risque de perdre lord Melvil, à qui un devoir pieux défendrait de l'épouser ; mais elle se garde de tenter l'épreuve, et s'efforce d'engager son pitoyable amant, en enflammant sa passion. Puis, quand lord Melvil la quitte, elle court après lui, assiste invisible à son mariage, et revient se désoler en Italie.

Quant à lord Melvil, le héros du roman, un homme selon le cœur de madame de Staël. c'est un être sans caractère, sorte de pantin qui, après avoir longtemps soupiré pour Corinne et lui avoir promis mariage, l'abandonne en lâche, trahit sa parole et épouse ailleurs. C'est un fait d'observation générale que les caractères d'hommes conçus par des romancières sont au dessous de la virilité. Mettez à la place de lord Melvil le premier bourgeois venu de la Cité de Londres ; dès le premier jour il en eût fini avec la donzelle par cette proposition simple : « Pouvez-vous, ô Corinne ! renoncer à vos triomphes et vivre comme une Anglaise, sauf à mêler de temps en temps aux occupations domestiques votre culte des beaux-arts? Nos femmes, que vous dédaignez, ne sont pas tellement *ménagères* qu'elles ne s'amusent volontiers de musique, de danse et de littérature, comme de modes. Servez-leur en tout de modèle. Un vrai gentleman ne trouvera jamais, pour lu verser le thé, Vénus trop belle, Minerve trop sage, les Muses trop savantes, Junon même trop grande dame. Voulez-vous être la première *lady* d'Angleterre?... » On s'expliquait, Corinne acceptait, tout finissait ; mais madame de Staël perdait sa cause.

On m'a cité de madame de Staël un autre ouvrage fort peu connu et qui, m'assure-t-on, mériterait de l'être. Je ne le lirai pas : laissons en paix madame de Staël.

De même que madame Roland, madame de Staël fut une espèce de chef de parti. L'idée qu'elle représente est la réaction au despotisme militaire ; et comme la première avait eu, dit-on, son Barbaroux, la seconde eut son Benjamin Constant. La femme n'a pas une idée dont elle ne fasse un petit amour : que ce soit sa gloire, si l'on veut, mais que ce soit aussi le signe de sa faiblesse. Qu'il en eût peu coûté à Bonaparte pour faire de cette rebelle une fanatique de son pouvoir !.. Mais, par la loi de contraste qui unit les sexes, le plus homme de hommes préférera toujours la plus femme des femmes ; époux et empereur, Napoléon, qui dédaigna madame de Staël, couronna deux foi Joséphine. Parlez donc d'égalité !

XXVI. — Madame Necker de Saussure.

Avec celle-ci nous aurons le spectacle d'une sorte de réaction en famille : après la mondaine, la dévote; mais le diable n'y perdra rien.

Madame Necker de Saussure, fille du célèbre physicien de Saussure et parente par alliance de madame de Staël, est auteur d'un livre fort répandu, qui a pour titre *Education progressive ou Etude du cours de la vie*, 3 vol. in-8°. Il suffit d'ouvrir au hasard cet ouvrage pour s'apercevoir qu'on a affaire à une personne dont l'indépendance s'affiche beaucoup moins que celle de madame de Staël, et chez qui, pour cette raison, le caractère, les idées et le style semblent plus assurés. Défiez-vous cependant de cet air de componction : madame Necker n'est pas tellement résignée à la loi de subordination qu'elle enseigne aux jeunes filles et que sa religion lui impose, que je voulusse recommander son livre aux institutions, et cela dans l'intérêt même du sexe. La pédagogie de cette prêcheuse, inspirée du temple, est dépourvue d'aménité ; ou dirait la Julie de Rousseau devenue ictérique, et qui, après avoir caressé l'amour et l'homme, est saisie tout à coup des deux sentiments les plus haïssables chez la femme, l'aversion de son sexe, et une jalousie démesurée du nôtre. Ah! plutôt que ces piétistes à figure de parchemin, vivent les Madeleine et les Aglaé! Celles-ci du moins nous font sentir la femme; la vertu des autres n'est bonne qu'à figurer sur des croix sépulcrales. Tandis que madame Necker disserte, étale sa discipline et sa savantise, elle oublie de montrer ce qui plaît le plus dans la femme, la seule chose qu'elle puisse donner et que nous lui demandions, cette physionomie ravissante que prend dans son esprit la pensée de l'homme. Qu'on trouve dans son ouvrage quelques observations de détail qui ont leur prix, je l'accorde; au total, je préfère à ce méthodisme décharné la bonne madame Le Prince de Beaumont et son *Magasin des Enfants*.

Je ne m'arrêterai point à examiner l'ordre d'idées dans lequel se meut madame Necker : sa pensée ne lui appartient pas. Chrétienne et *réformée*, elle part du dogme de la chute, rétrogradant ainsi de Rousseau, qui du moins affirmait la Justice native et immanente, à saint Paul, le théologien de la grâce : c'est assez dire. Madame Necker n'a pas de système, pas d'idée synthétique et mère ; le titre de son livre, *Education progressive*, sans portée philosophique, aussi ambitieux que mal justifié, n'a pas même de sens : cela pourrait s'appeler aussi bien *Ange conducteur dans les voies du salut*, à la manière des ouvrages de dévotion catholiques, si la foi calviniste ne répugnait à la modestie et à la simplicité.

Puis donc que nous ne pouvons juger cet écrivain que sur des aperçus de détail, et qu'après tout la puissance de l'esprit, quand elle existe, se montre aussi bien dans les petites choses que dans les grandes, contentons-nous de quelques citations, qui serviront autant que mille.

Le tome troisième de l'*Education progressive* est exclusivement consacré aux femmes : c'est la partie de son sujet que l'auteur devait le mieux connaître. J'ai cité les passages dans lesquels madame Necker avoue, d'un air si contraint, si piteux, l'infériorité de l'intelligence chez la femme, sans se douter un moment que cette infériorité puisse avoir sa raison dans la destinée sociale ; je continue.

« Une entière franchise est rare chez la femme, » dit madame Necker.

Le fait est vrai ; mais d'où vient cette rareté? Voilà ce qu'il faut dire ; sans quoi l'observation est sans portée, et l'institutrice, qui veut corriger ce défaut dans son élève, court risque de faire fausse route. Faut-il attribuer au serpent, l'antique initiateur du sexe, cette perfidie naturelle que les philosophes et les satiriques attribuent si volontiers à la femme? Pour moi, sauf meilleur avis, il me semble que le défaut de franchise chez la femme résulte de la qualité de son entendement. Elle procède par intuition, non par enchaînement de propositions ; et comme l'intuition ne mène pas loin, il s'ensuit que la femme est forcée de s'arrêter devant les conséquences inconnues de ses paroles : elle se méfie d'elle même : son défaut de franchise ne prouve donc qu'une chose : sa timidité, disons même, sa prudence. Madame Necker, qui, après avoir posé le principe, n'avait plus qu'à tirer la conséquence, le comprend si peu qu'elle attribue la duplicité de la femme à sa *servitude* ; de sorte qu'au lieu d'un coupable nous en avons deux, la femme menteuse et l'homme tyran. Quelle psychologie !

« Cependant, ajoute notre institutrice, ses sentiments sont plus vifs, plus indestructibles, moins sujets à être refroidis par les sophismes que ceux de l'homme. »

Pourquoi cela encore? Madame Necker, qui a vu le fait, n'en découvre pas mieux la raison. C'est qu'un esprit qui n'enchaine pas ses idées est par là même plus difficile à entraîner par la série dialectique ; d'où résulte que la femme semble têtue, comme on l'a dit de tout temps, obstinée, indocile, tandis que tout son crime est de vouloir ramener cette certitude théorétique, à laquelle son intelligence répugne, à l'évidence de l'intuition. Pauvre femme !

Suit chez l'auteur une enfilade de lieux communs sur le despotisme de ces méchants sujets d'hommes, qui font, par la tyrannie de leur volonté, perdre la franchise et la sincérité aux femmes. Voilà toute la philosophie de madame Necker : mauvaise humeur, dénigrement. L'homme est ceci, la femme est cela ; mélange de vertus et de vices, les premières données par le Saint-Esprit, les secondes contractées par la suggestion du diable. Tandis que madame Necker, sévère aristarque, accuse la faiblesse de la raison chez les femmes, elle ne s'aperçoit pas qu'elle raisonne constamment en femme, et c'est ce qui m'indispose contre elle. De quoi se mêle-t-elle, femme, de pouvoir raisonner comme un homme? J'aimerais autant qu'elle jurât comme un charretier.

Ainsi, elle convient de l'inégalité intellectuelle des sexes. « Mais, » ajoute-t-elle, cette inégalité n'est pas aussi grande qu'on croit. » — Eh! madame, si peu que rien, c'est l'infini. Il en est ici de l'intelligence comme de la justification. Pour peu que l'homme ait par lui-même d'énergie justifiante, il a la sainteté; pour peu qu'il ait de force de conception, il a la science; dans l'un et l'autre cas, il n'est pas déchu : c'est fait de votre religion. Or, la femme n'ayant de soi ni la justification, ni la conception ou le génie, serait positivement déchue, si elle n'était rachetée par son compagnon. Qu'avez-vous à répondre à cela?

« La femme est naturellement plus religieuse que l'homme. »

Certes, oui; pensez-vous lui faire de cette religion un titre à l'égalité?

« Les femmes aiment immensément; elles aiment depuis l'enfance jusqu'à la vieillesse, sans désirer d'autre bonheur que celui d'aimer. Le mouvement du cœur n'est jamais suspendu chez elles. »

Pour cela encore, vous dites vrai : la femme est tout amour. Mais d'abord ne confondons pas cet amour immense, tel qu'il s'observe chez la femme *naturelle* ou émancipée, et qui n'est autre que lasciveté pure, avec ce qu'il devient sous le regard de l'homme par la transfiguration conjugale. Puis, mettez-vous d'accord avec vous-même, et reconnaissez que, si la femme est douée d'une si grande puissance d'aimer, c'est qu'elle est douée d'une médiocre capacité pour la Justice, ainsi que vous le constatez ailleurs, ce que ne rachètent nullement ses dispositions religieuses.

Madame Necker ajoute :

« De cet amour immense résulte l'amitié que les hommes ont entre eux. Il est de fait que là où les femmes captives et peu développées n'exercent aucune influence, les hommes vivent solitaires; ils ne s'aiment pas. »

Le fait peut être vrai; mais ce n'est qu'une coïncidence, si l'on n'en montre le pourquoi. Madame Necker saurait-elle le dire? Non : ceci rentre dans la raison des choses, à laquelle ne s'élève jamais de lui-même l'esprit de la femme.

« Du moins les femmes ne sont pas toutes mariées, et cela constitue une large exception en faveur de la liberté de la femme. »

Nous y voilà : la LIBERTÉ Comme si, mariée ou non, la destinée de la femme dans la société n'était pas toujours la même! L'individu suit la loi du sexe, madame : demandez à Daniel Stern.

« Un fait dont on ne tient pas assez compte est la parfaite égalité intellectuelle des jeunes garçons et des jeunes filles pendant tout le temps qu'on les élève ensemble. »

Rapportez l'effet à la cause, et vous verrez que l'inégalité qui se développe après le premier âge vient de la masculinité, qui auparavant sommeillait. Mais quelle femme sait rapporter les effets à leurs causes ?

« L'engagement que prend l'épouse est spécial; il a sa limite; *les droits de Dieu sont réservés.* »

Holà ! Après avoir reconnu la prépondérance de l'homme, *réserver les droits de Dieu*, des droits que l'on prétend antérieurs et supérieurs à ceux de l'époux, c'est *séparer ce que Dieu même a joint*, et changer le mariage en concubinage.

Après une tirade contre les *abus du pouvoir marital*, madame Necker fait appel à l'égalité mystique en Christ. Elle est loin de se douter, la dévote institutrice, du chemin qu'on pourrait lui faire parcourir, avec cette *égalité*. Nous n'en avons déjà que trop dit; n'en parlons plus. Constatons seulement la fatalité de la loi qui mène toutes ces émancipées : bon gré mal gré elles tombent toutes dans l'érotisme, érotisme sensuel, si avec le respect conjugal elles ont perdu la foi religieuse; érotisme mystique, si elles sont demeurées fidèles. Les Thérèse, les Chantal, les Guyon, les Cornuau, les Krudener, émancipées de l'Eglise, sont sœurs de Ninon de Lenclos, de mesdames du Chatelet, d'Epinay, de Tencin, du Deffant, de Genlis, de Geoffrin, émancipées de la philosophie. Toutes se valent, toutes sont également à craindre pour la famille et la société.

Madame Necker de Saussure est si peu amie du sexe masculin, qu'elle voudrait, pour lui faire la pièce, pouvoir ôter aux jeunes filles leurs grâces naturelles et leurs attraits. Elle ne supporte pas ce culte universel rendu à la beauté.

« Le culte de la beauté a des autels indestructibles dans le cœur des femmes. Bien plus, des hommes graves, des penseurs capables de le juger tel qu'il est, des moralistes qui devraient en diminuer l'influence, l'augmentent encore. Ils semblent fascinés à la simple idée de beauté. Et ceux qu'on croirait appelés à donner aux femmes des conseils sévères s'arrêtent retenus par la crainte de nuire à leurs charmes. »

« Et pourtant il faut être sévère... »

Ne voilà-t-il pas un grand malheur que les femmes soient belles, qu'elles ajoutent, par la parure, à leur beauté, que même elles mêlent à tout cela un peu de coquetterie? Eh bien, madame, puisqu'il faut vous le dire, sachez-le donc : la beauté, c'est toute la femme. Otez-lui la beauté, elle n'est plus rien pour l'homme; elle n'est rien même devant Dieu; et votre *Education* soi-disant *progressive*, qui conduit la jeune fille au mépris de l'homme et de la beauté, est une éducation à reculons. Il faut refaire votre ouvrage, et prier quelque honnête homme, amoureux de la beauté, de vous assister de ses conseils.

« Les hommes, observe-t-elle avec humeur, ne s'occupent de l'éducation des femmes qu'en vue d'eux-mêmes. »

Et en vue de qui, s'il vous plaît, voulez-vous que nous nous en occupions, puisqu'il est avéré, mathématiquement démontré, reconnu par vous et par toute la chevalerie errante, que la femme jetée parmi les hommes n'est rien par elle-même, ne se soutient pas elle-même, et qu'elle n'acquiert de valeur et de signification que par le mariage?...

Je ne pousserai pas plus loin ces citations, qui nous montrent la nature prise sur le fait, je veux dire la femme, même la mieux élevée, la plus instruite, celle que la fréquentation des hommes a de longue main fortifiée et aguerrie, dont une dévotion raisonnée a mis le cœur à l'abri des séductions de l'amour, en flagrant et perpétuel délit de contradiction, d'inconséquence, d'absence d'idée, de faux jugement, et, ce qui est pis, toujours à la recherche de compensations amoureuses en dehors de son intérieur et de ses serments.

XXVII. — Madame George SAND.

Jusqu'à ces dernières années, je n'avais lu de madame Sand que quelques fragments saisis à la volée dans des feuilletons et des revues; et sur la foi de ces fragments, j'avais conçu, je l'avoue, un vif sentiment de répulsion pour l'auteur. Des amis, dont l'opinion devait être pour moi un grand poids, m'assurèrent que mes préventions étaient injustes et faisaient tort à mon jugement. Madame Sand, me disaient-ils, est un *écrivain de génie*, et, ce qui vaut mieux, *c'est une bonne femme*. Lisez-la : vous vous devez de la connaître.

Je demandai quels étaient ses meilleurs romans? L'un m'indiqua *Lélia;* un autre, *Indiana;* un troisième donnait la préférence à *Jacques* ou à *Mauprat;* on vantait le style de *Leone Leoni*, etc. C'était un mauvais signe que cette divergence d'opinions : j'en fus quitte pour voir tout. J'ai donc lu de madame Sand *Indiana, Valentine, Lélia, Mauprat, Jacques, Rose et Blanche, Le Compagnon du tour de France, Spiridion, Leone Leoni*, le *Secrétaire intime, Téverino*, et l'*Histoire de ma vie;* j'ai vu, à l'Odéon, *le Champy, Claudie, Maître Favella* : si cet ensemble ne suffit pas à motiver mon opinion, je suis prêt à retracter tout ce que je vais dire.

Le premier effet de cette lecture fut de soulever en moi une réprobation terrible. Je n'avais pas assez d'imprécations et d'injures contre cette femme, que j'appelais *hypocrite, scélérate; peste de la République, fille du marquis de Sade, digne de pourrir le reste de ses jours à Saint-Lazare*, et que je voyais admirée, applaudie, Dieu me sauve, par les puritains de la République.

J'avais tort cependant, sinon vis-à-vis des livres, au moins à l'égard de l'auteur. Une étude plus attentive m'a calmé, et je crois pouvoir d'un mot justifier madame Sand, à qui je demande pardon de ma colère.

Rien de ce que la raison et la morale peuvent blâmer chez elle n'est d'elle ; **en revanche, tout ce** qu'elles peuvent approuver lui appartient. Puissante par le talent et le caractère, amante de l'honnête autant que du beau, madame Sand, dans la modestie de son cœur, a cherché un homme ; elle ne l'a pas trouvé. Aucun de ceux qu'elle a hantés, aimés, n'a su la comprendre et n'était digne d'elle ; elle s'est égarée par leur faute. Elle ne demandait, en suivant sa vocation, qu'à rester en tout et pour tout ce que les plus désintéressés de ses amis l'ont trouvée toujours, une bonne et simple femme : ses courtisans ont fait d'elle une *émancipée ;* que la responsabilité leur en revienne !

Si jamais l'étincelle du génie dut briller en une femme, ce fut certes en madame Sand. Son éducation lui donna tout, et malgré certain petit accès de dévotion qu'elle accuse vers sa seizième année, et qui ne fut que le prélude de sa vie amoureuse, on peut dire que dès le ventre de sa mère elle fut *sans préjugés*. Elevée par une grand'mère voltairienne et un précepteur athée, à vingt ans elle possédait les langues, les sciences, les arts, la philosophie ; elle s'est mariée elle-même ; elle a frequenté les jésuites, les religieuses, l'ancienne et la nouvelle société, les paysans et les aristocrates ; depuis 1830, elle passé sa vie au sein du monde politique et littéraire. Aucun écrivain, de notre temps, n'amassa pareille provision de faits et d'idées, ne fut à même de voir d'aussi près tant d'hommes et de choses. Ajoutez une faculté d'expression extraordinaire, qui imite à s'y méprendre la manière des plus éloquents. C'est avec ces avantages que madame Sand, à vingt-huit ans, mère de famille et revenue des illusions de la jeunesse, renonce à la vie de campagne et entre dans la carrière. Que va t-elle donner au public? Qu'est-ce qu'il y a, dans les cent ou cent cinquante volumes qu'elle a écrits, qui révèle une idée forte? Voilà ce que nous avons à demêler, et ce qu'elle serait sûrement incapable de dire.

Dans l'*Histoire de ma vie*, allant au devant de certains reproches que je ne relèverai point, madame Sand accuse les *fatalités de sa naissance*. Elle se trompe. Madame Sand tient de sa grand'mère Marie Dupin, beaucoup plus que de sa mère Victoire Delaborde, et de sa trisaïeule Aurore de Kœnigsmark. Les ébullitions de sa jeunesse, de même que la mélancolie sceptique de M. de Lamartine, furent l'effet des impressions du dehors : elle est née calme, de sens rassis, point sophiste et médiocrement tendre ; docile dans son premier mouvement, d'une conception nette, et, pour le train ordinaire de la vie, d'un très bon jugement. Tout en elle, tempérament, caractère, éducation, la lucidité, et, si j'ose ainsi dire, le sang-froid de l'esprit, la prédestinait à être le contraire de ce que la firent d'impures relations. Qu'elle eût, dès le premier jour, rencontré, comme Manon Philipon, l'homme grave et fort dont son imagination avait besoin, et George Sand, de bacchante révoltée que nous l'avons vue, eût été la réformatrice de l'amour, l'apôtre du mariage, une puissance de la Révolution.

On peut suivre dans les romans de madame Sand le dérangement
le cette âme mal équilibrée : elle est d'abord Valentine, une jeune
emme placide, facilement résignée à un mariage sans idéal ; puis c'est
Indiana, que l'ennui, plutôt que des griefs sérieux, pousse à un amour
le tête où elle ne trouve que déception ; plus tard elle devient Lélia,
a femme irritée contre l'amour par l'impuissance de la volupté. Quand
it comment cette fière Lélia est tombée sous la tyrannie des sens qui
l'abord l'avaient dégoûtée, jusqu'où elle est descendue dans cet abîme,
elle seule pourrait le dire. Quel qu'ait été pour elle l'auteur de cette
iriste initiation, elle a le droit de le détester ; mais qu'elle n'accuse
pas son sang : madame Sand n'est point une Phèdre ni sa mère une
Pasiphaé.

La fatalité qui a fait le malheur de madame Sand est tout autre.
Elle a dit je ne sais où : *Je crois qu'il n'y a que nous autres artistes
d'honnêtes gens.* Là fut le piége. Artiste, madame Sand a pris l'art
pour la révélation de l'honnête et du juste, tandis qu'il n'en est que
l'excitateur ; elle n'a pas vu que cette liberté artistique, qui la sédui-
sait, n'est par elle-même qu'un pur libertinage, tout ce qu'il y a non
seulement de moins moral, mais de moins idéal ; et elle s'est égarée,
en prenant pour conseillers intimes des artistes, des poètes, les moins
sûrs de tous les guides, les moins moralistes, pour ne pas dire les moins
moraux de tous les hommes.

Nous pouvons maintenant faire le *thème* de Madame Sand, comme
disent les astrologues :

Elle est femme, aussi femme que pas une fille d'Ève ;

Elle a en prédominance le goût de l'art et de la littérature ; la voilà
qui, emportée par son talent, quitte son ménage et se jette à corps
perdu dans le galop des artistes et des gens de lettres, vivant dans la
plénitude de la liberté artistique, c'est à dire dans un complet arbitraire de pensée et de conscience. Bref elle devient, selon l'expression
du jour, tout à fait *artiste*, au dernier siècle on aurait dit *philosophe*
ou *esprit fort* ; elle n'est même plus de son sexe ; elle prend des habits
d'homme et ne garde de la femme que ce qui sert à l'amour : nous savons ce qu'elle va produire. L'étude de la vie de mesdames Roland,
de Staël, Necker de Saussure et de leurs pareilles nous en a instruits
d'avance ; la règle est sans exception.

Par cela même qu'une femme, sous prétexte de religion, de philosophie, d'art ou d'amour, s'émancipe dans son cœur, sort de son sexe,
veut s'égaler à l'homme et jouir de ses prérogatives, il arrive qu'au
lieu de produire une œuvre philosophique, un poème, un chef-d'œuvre
d'art, seule manière de justifier son ambition, elle est dominée par une
pensée fixe qui de ce moment ne la quitte plus, lui tient lieu de génie
et d'idées. Cette pensée est qu'en toute chose, raison, vertu, talent,
la femme vaut l'homme, et que, si elle ne tient pas la même place dans
la société, il y a violence et iniquité à son égard.

L'égalité des sexes avec ses conséquences inévitables, libert
d'amours, condamnation du mariage, contemption de la femme, ja
lousie et haine secrète de l'homme, pour couronner le système un
luxure inextinguible : telle est invariablement la philosophie de l
femme émancipée, philosophie qui se déroule avec autant de franchis
que d'éloquence dans les œuvres de madame Sand.

Dès son premier roman sa protestation éclate :

« Je ne sers pas le même Dieu que vous, écrit Indiana à l'u
de ses amants. Le vôtre, c'est le *Dieu des hommes*, c'est le roi,
fondateur et l'appui de votre race ; le mien, c'est le Dieu de l'*un
vers*, le créateur, le soutien et l'espoir de *toutes les créatures*. Le vôt
a tout fait pour vous seuls ; le mien a fait toutes les espèces l,
unes pour les autres. Vous vous croyez les maîtres du monde ; j
crois que vous n'en êtes que les *tyrans*..... La religion que vous av
inventée, je la repousse : toute cette morale, tous vos principes, c
sont les intérêts de votre société que vous prétendez faire émaner d
Dieu même. »

Ce passage, déclamatoire et sans portée, est cependant remarquab
à plus d'un titre. On y découvre d'abord ce fond noir d'*androphobie* q
forme le ciel des romans de madame Sand ; puis, sur ce fond noir, o
voit poindre le panthéisme, l'omnigamie et la confusion auxquell
l'auteur devait aboutir dans Lélia. Certes, madame Sand n'a pas sai
ces rapports, bien qu'il soit aisé d'en suivre chez elle la trace ; mais
la femme ne pense guère, la raison des choses pense pour elle, et cor
duit son imagination et sa plume.

Donc madame Sand, émancipée, célébrera l'amour, toujours l'amou
puisque en définitive, sainte ou pécheresse, la femme émancipée n
rêve plus d'autre chose. La collection des romans de madame Sand c
une *guirlande* offerte à l'amour.

« Ce qui fait l'immense supériorité de l'amour sur tous les autr
sentiments, ce qui prouve son essence divine, c'est qu'il ne naît poir
de l'homme même ; c'est que l'homme n'en peut disposer ; c'est qu'
ne l'accorde pas plus qu'il ne l'ôte par un acte de la volonté ; c'est qu
le cœur humain le reçoit d'en haut sans doute pour le reporter sur l
créature choisie entre toutes dans les desseins du ciel ; et quand un
âme énergique l'a reçu, c'est en vain que toutes les considératior
humaines élèveraient la voix pour le détruire ; il subsiste seul et pa
sa propre puissance. » (*Valentine*, ch. XVII.)

Voilà le texte, vieux comme le monde, invariable comme u
instinct, qui occupe le sexe et constitue sa philosophie ; l'idée immi
nente de la femme, que George Sand délaie en pages interminable
sans pouvoir jamais comprendre que cet amour, prétendu divin, n'es
rien de plus que du fatalisme, quelque chose qui tombe sous le coup d
la liberté et du droit, qui par conséquent, recherché pour lui-même
rend l'homme indigne et la femme vile.

De là, à prendre l'amour, **comme Dieu,** pour principe de tout bien et de toute vertu, il n'y a qu'un pas :

« Depuis que j'aime Valentine, dit Bénédict, je suis un autre homme; je me sens exister. (Suivez le roman et vous verrez ce malheureux se crétiniser de plus en plus.) Le voile sombre qui couvrait ma destinée se déchire de toutes parts (il voit des lanternes); je ne suis plus seul sur la terre (en effet, il est pris), je ne m'ennuie plus de ma nullité; je me sens grandir d'heure en heure avec cet amour. (Un homme qui tombe la tête la première croit monter.) »

« Je sais que l'amour seul est quelque chose, je sais qu'il n'y a rien autre sur la terre. Je sais que ce serait une lâcheté de le fuir par crainte des douleurs qui l'expient, etc. » (*Jacques.*)

J'avoue que ce bavardage me cause un prodigieux ennui; mais beaucoup de gens aiment cette excitation érotique, plus ou moins parée et fardée, sans laquelle, l'amour se présentant *in naturalibus*, le dégoût serait par trop grand. Peut-être ne serait-ce que demi-mal, si l'auteur s'en tenait là : nous avons constaté nous-même que l'idéal avait été donné à l'homme pour l'engager à l'amour, et que l'amour et l'idéal sont les deux éléments au moyen desquels la femme exerce sa part d'influence dans l'éducation de l'humanité et le progrès de la Justice. Mais madame Sand ne l'entend pas ainsi : point de Justice pour elle, point de société, tant que la femme ne sera pas libre, libre dans son amour, libre en tout. L'amour, en effet, étant souverain, absolu, dieu, ne connaît pas de loi; la conséquence sera donc, en premier lieu, la réprobation du mariage :

« Je ne suis pas réconcilié avec la société, et le mariage est toujours, selon moi, une des plus barbares institutions qu'elle ait ébauchées. Je ne doute pas qu'il ne soit aboli, si l'espèce humaine fait quelque progrès vers la justice et la raison; un lien plus humain et non moins sacré (quel lien?) remplacera celui-là, et saura assurer l'existence des enfants qui naîtront d'un homme et d'une femme, sans enchaîner à jamais la liberté de l'un et de l'autre. Mais les hommes sont trop grossiers et les femmes trop lâches pour demander une loi plus noble que celle qui les régit; à des êtres sans conscience et sans vertu, il faut de lourdes chaînes. » (*Jacques.*)

Plus loin le même personnage écrit à sa fiancée :

« La société va vous dicter une formule de serment; vous allez jurer de m'être fidèle et de m'être soumise, c'est à dire de n'aimer jamais que moi et de m'obéir en tout. L'un de ces serments est une absurdité, l'autre une bassesse. Vous ne pouvez pas répondre de votre cœur, même quand je serais le plus grand et le plus parfait des hommes; vous né devez pas promettre de m'obéir, parce que ce serait nous avilir l'un et l'autre. »

Et la jeune fille de répondre :

« Ah! tenez, ne parlons pas de notre mariage; parlons comme si nous étions destinés seulement à être amants. »

Pourquoi, alors, se marier?

« Parce que la tyrannie sociale ne nous permet pas de nous posséder autrement, » dit Jacques.

Jacques et Fernande mariés, le roucoulement continue, sans le moindre respect de la dignité conjugale :

« Il n'est qu'un bonheur au monde, c'est l'amour : tout le reste n'est rien, et il faut l'accepter par vertu. »

Puis arrive l'amant qui dit :

« Si je ne suis pas né pour l'amour, pourquoi suis-je né, et à quoi Dieu me destine-t-il en ce monde? Je ne vois pas vers quoi ma vocation m'attire... Je ne suis ni joueur, ni libertin, ni poete; j'aime les arts, mais je ne saurais en faire une occupation prédominante. Le monde m'ennuie en peu de temps; je sens le besoin d'y avoir un but, et nul autre but ne m'y semble désirable que d'aimer et.d'être aimé. Peut-être serais-je plus heureux et plus sage si j'avais une profession; mais ma modeste fortune, qu'aucun désordre n'a entamée, me laisse la liberté de m'abandonner à cette vie oisive et facile... »

Que dites-vous de cette délibération d'un jeune homme qui, cherchant sa *vocation*, hésite entre le *jeu*, la *poésie*, les *affaires* et l'*amour!* Quel gâchis! Et comme se trahit ici la femme émancipée qui, rendue à la lasciveté de sa nature, ne peut plus s'affranchir de ses pensers obscènes!...

Et elle n'en sortira plus, elle en a pour la vie. Dans ses *Mémoires*, publiés en 1857, vingt-cinq ans après *Indiana*, madame Sand, qui a eu le temps de réfléchir et qui n'est plus jeune, conclut sur le mariage par cette formule dont tout le mérite est d'être calquée sur une phrase de Rousseau :

« L'indissolubilité du mariage n'est possible qu'à la condition d'être volontaire; et pour la rendre volontaire, il faut la rendre possible. »

On le voit, quand madame Sand parle du mariage, c'est toujours l'amour qu'il faut entendre. Par lui-même, en effet, l'amour n'est que passager, et les deux lignes qu'on vient de lire lui sont directement applicables. Adressée au mariage, la critique porte à faux, et pourquoi? parce que le mariage n'est pas rien que l'amour; c'est la subordination de l'amour à la Justice, subordination qui peut aller jusqu'à la négation même de l'amour, ce que ne comprend plus, ce que repousse, de toute l'énergie de son sens dépravé, la femme libre.

Sans doute cette réprobation du mariage, si lestement exprimée, crée des impossibilités sans nombre, et pour l'ordre social établi sur la famille, et pour la conservation de l'espèce, et pour la bonne intelligence des deux sexes, et pour la femme, et pour l'amour même; impossibilités qui, réagissant sur l'esprit de l'auteur, rendent à chaque instant sa narration absurde. Ces considérations ne regardent point madame Sand : elle est *artiste*, et l'artiste, suivant l'esthétique de la femme libre, suit son *idée*, sans s'occuper de la réalité et de la raison des choses. Artiste et émancipée, madame Sand suit donc son idée, qui la conduit, romanesquement parlant, à l'impudicité la plus effrénée.

Les romans de madame Sand abondent en combinaisons et en peintures dignes du célèbre M. de Sade, sauf les mots, qui, chez la première, sont à peu près toujours honnêtes. Dans *Valentine*, l'action se passe entre les gens que voici : une mère qui, selon l'expression vulgaire, a rôti le balai ; sa fille Valentine, faisant en l'absence de son mari l'amour avec Bénédict ; le mari de Valentine, qui, aimant ailleurs, ne demande pas mieux que d'être cocu afin de faire *chanter* sa femme ; la sœur de Valentine, chassée de la maison paternelle pour avoir fait un bâtard, et qui, amoureuse de l'amant de sa sœur, sert, faute de mieux, l'amour des deux jeunes gens ; une confidente, demoiselle de village, promise d'abord à Bénédict, et qui, après avoir de dépit épousé un rustre, suit l'exemple de Valentine et de Bénédict. Il est entendu que les choses sont arrangées, le bon sens, la folie, le vice et la vertu distribués entre les personnages, de telle sorte que les amants aient toujours raison, les maris et les papas semblent ridicules. Pour ajouter à l'émotion, il y a du sang et des morts.

Dans *Jacques*, autre priapée : une mère veuve, ayant pratiqué pendant son mariage l'amour libre, et, pour la sécurité de cet amour, l'infanticide ; sa première fille, adultérine, vouée aussi à l'amour libre ; sa seconde fille, légitime, mariée et faisant, comme sa mère et sa sœur, l'amour libre ; ces deux créatures possédées tour à tour par le même amant, ce qui ne les empêche pas de vivre très bien ensemble ; le mari de la jeune, fils d'un des amants de la mère et frère putatif de l'aînée, laquelle le prend pour confident de ses amours : scandale, duels, suicide ; triomphe de l'amour. A travers ce cataclysme on saisit à grand' peine l'*idée* de l'auteur, savoir, qu'amour, comme nécessité, n'a pas de loi.

J'ai cité tout au long la scène entre Pulchérie et Lélia ; ce serait bien pis si je rapportais le viol de Rose et de Blanche ; si je disais pourquoi mademoiselle Edmée est amoureuse de son petit ours et cousin Bernard de Mauprat ; si je passais en revue le musée de madame la princesse Quintilie, morganatiquement mariée à un étudiant allemand, et qui entretient chez elle, pour le plaisir de ses yeux et par fantaisie d'artiste, de jolis garçons et de jolies filles dont toute l'occupation est de faire l'amour : imitation des scènes de Caprée, esquissées par Tacite dans la vie de Tibère. L'amour a beau être profond, sublime, héroïque, divin ; il paraît bientôt insipide si une lubricité inventive ne l'assaisonne. CHANGEONS DE POSTURE : ce fut jadis toute la science de la fameuse Eléphantine : c'est encore, hélas ! ce qui fait la meilleure part des histoires de madame Sand.

Mais, l'égalité des sexes déclarée, le mariage banni, l'amour rendu libre, la volupté avec toutes ses joies prise pour règle et pour fin, quel sera le rôle de chaque sexe? On ne peut pas toujours vaquer à l'amour : il faut travailler, produire, administrer, soigner le ménage, élever les enfants. En quoi consistera la fonction de l'homme? En quoi, le ministère de la femme?

Nous connaissons la réponse de madame Sand : On trouvera. Elle croit que cela se fait comme elle le dit. Par provision, et pour préparer les esprits à cette grande découverte, qui doit remplacer par un *lien plus sacré* le mariage, elle travaille de son mieux, bien qu'à son insu, à niveler les facultés entre les sexes, et tout d'abord à rabaisser le caractère de l'homme.

La femme auteur, surtout la femme émancipée, réussit difficilement à créer des caractères virils. Outre que la faiblesse ne peut pas naturellement exprimer la force, il y a ici une autre raison, qui est que la femme libre ne se grandit réellement que de ce qu'elle retranche à la taille de l'homme.

Dans les romans de George Sand, comme dans tous les romans de femmes libres, les hommes sont en général de deux sortes; ceux que l'auteur aime et qu'il présente comme modèles, et ceux qu'il n'aime pas. Il ne faut pas demander si les premiers sont peints à leur avantage, les autres chargés. Eh bien, de ces deux catégories de mâles, celle qui a le moins de valeur est en général celle des *amis de cœur* de l'écrivain, et la raison en est simple : conçus fatalement d'après le type *femmelin*, ils ont perdu, au moral comme au physique, leur masculinité, tandis que les autres, précisément parce que l'auteur ne les a point flattés, la retiennent. Je prie ceux de mes lecteurs qui auraient la curiosité de vérifier le fait, de revoir les personnages de Bénédict, sir Ralph, Sténio, Téverino, Léone Leoni, Bustamente, Jacques, Bernard de Mauprat après sa conversion, l'amant de Quintilie, etc. Vertueux ou coupables, tous ces êtres sont de même nerf, artistes, *bohémes*, braves et dévoués, cela va sans dire, et beaux diseurs ; mais, en fait, dépourvus de caractère, de sens moral et de sens commun.

A cette dépression systématique du sexe mâle, les femmes gagnent d'autant sans doute? Il n'en est rien. Les femmes de madame Sand sont, comme ses hommes, de deux catégories : émancipées, c'est à dire esprits forts, cœurs secs, natures bilieuses, hautaines, rudes à l'abordage, au demeurant peu chastes, bien que le mot revienne à chaque ligne; non émancipées, c'est à dire lymphatiques ou sanguines, molles, lâches, bêtes et perfides. Comparez sous ce rapport Lélia, Quintilia, Edmée, Sylvia, avec Pulchérie, Fernande, Athénaïs, Joséphine de Frénays, Juliette, la comtesse dans *Téverino*, etc. Valentine et Indiana, types indécis, tiennent des unes et des autres. Madame Sand, j'en ai fait ailleurs l'observation, a la plus triste idée de son sexe; hors les élues qu'elle crée à son image, elle le traite on ne peut plus mal. Elle fait dire à Sylvia, la stoïcienne, à propos de la fiancée de son frère :

« Elle a beau être aimable, elle aura beau être sincère et bonne : elle est femme, elle a été élevée par une femme ; elle sera lâche et menteuse, un peu seulement peut-être ; cela suffira pour te dégoûter. »

A force de chercher la liberté et l'amour, madame Sand finit par perdre jusqu'à l'intelligence des choses morales : ainsi, dans *Jacques*, elle fait du frère le confident des amours de la sœur ; dans *le Champi*, après avoir représenté l'enfant naturel comme un modèle de dévoûment filial, elle lui fait épouser sa mère nourrice, malgré le cri de la conscience qui proteste contre cet inceste spirituel ; dans *Lélia*, elle pousse le privilége de l'artiste jusqu'aux jouissances unisexuelles :

« La continence où vous vivez, dit Pulchérie à sa sœur, provoque dans l'esprit des hommes de plus graves accusations que toutes mes galanteries. Mais peut-être ne trouvez-vous pas au dessous de votre destinée d'être soupçonnée de mystérieuses et terribles passions, tandis que vous méprisez le vulgaire renom d'une bacchante. »

Ailleurs elle calomnie le mariage dans sa solennité nécessaire :

« J'ai enlevé ma compagne le jour de mon mariage ; par là, je me suis soustrait à tout ce que la publicité imbécile d'une noce a d'insolent et d'odieux. Je suis venu ici jouir mystérieusement de mon bonheur... Nous n'avons eu que Dieu pour témoin et pour juge de ce que l'amour a de plus saint, de ce que la société a su rendre hideux et ridicule. »

L'idée n'est pas plus neuve que cent autres ramassées dans les immondices du siècle par madame Sand. Il ne manque pas de gens qui se dérobent par la fuite à la publicité de leur mariage : ils ont raison puisqu'ils en rougissent ; mais il faut apprendre à ces gens-là ce qu'il appartenait à madame Sand de dire, que, s'il y a lieu de rougir ici de quelque chose, c'est de cet amour prétendu *saint* et de ses *jouissances*, non du mariage, qui l'épure et l'affranchit. Que la concubine se voile, puisqu'elle suit la passion et se voue à l'amour ; mais que l'épouse se montre : elle a vaincu la chair, non plus seulement par l'amour, mais par la Justice et la charité.

D'après la théorie de l'amour libre, que suit fatalement George Sand, le mariage est réputé un marché infâme, et la jeune fille qui se marie sans inclination appelée *prostituée*. C'est toujours la logique du dévergondage, mise à la place de la raison du genre humain.

De tout temps la conscience des peuples a considéré comme luxure, fornication, prostitution, c'est tout un, l'usage que l'homme ou la femme fait de son corps dans un but de satisfaction passionnelle, paresse, orgueil, gourmandise, vanité, jusques et y compris la délectation amoureuse. Au fond, la prostitution est toute subjective ; on ne se prostitue réellement qu'à soi-même, non à autrui. Le mariage seul, subordonnant le plaisir à une fin supérieure, qui est la Justice, fait cesser la prostitution. Comment le cœur de madame Sand, comment sa raison ne l'ont-ils pas compris ?

La conscience des peuples dit encore que, chez la femme formée par la famille à la Justice, la pudeur est une certaine abhorrence du cœur et des sens pour tout ce qui a trait aux plaisirs de l'amour ; la chasteté, une pratique inviolable de la pudeur. C'est pour cela que la pudeur, soit avant, soit après le mariage, n'existe véritablement que par le mariage ; elle est l'effet de cette dignité matrimoniale, qui, en sauvant les époux du fatalisme passionnel, leur inspire un amour calme et inaltérable.

Madame Sand n'a pu ignorer ces choses. Elle était mère lorsqu'elle écrivit son premier roman, et, la maternité n'eût-elle pas suffi pour les lui apprendre, l'expérience de Lélia les lui eût révélées. Comment sont-elles sorties de sa conscience et de sa mémoire ? Ce qu'elle appelle chasteté est une certaine fraîcheur de l'imagination et des sens chez la femme qui n'a pas joui, ou qui, ayant passé par l'étamine, sait à force d'art conserver les apparences de la nouveauté. Je ne nie pas que pour un *amateur* cette qualité n'ait son prix ; mais ne soyons pas dupes de l'équivoque. Cette chasteté-là peut se concilier avec tous les raffinements de la volupté ; elle n'a rien d'innocent et de timide ; elle peut se trouver jusque dans les maisons que surveille la police, et l'aisance avec laquelle les héroïnes de madame Sand, une fois sûres de leur homme, passent du *nenni* à *l'ainsi*, prouve qu'il n'y en a pas une de chaste parmi elles.

Dans *Rose et Blanche*, elle nous montre une petite comédienne qui, vendue et livrée par sa mère, intacte encore, mais parfaitement instruite, dit à son acquéreur : *Faites, je vous laisse mon corps, je garde mon âme !* Conçoit-on une vierge de dix-huit ans parlant de ce style ? Lucrèce, violée par Sextus Tarquin, se rend le même témoignage : *Corpus tantùm violatum*, dit-elle, *animus insons ;* mais elle est mère de famille, et puis elle se tue. Lucrèce était une sotte, en vérité. Quel malheur pour cette Romaine, dont le suicide enfanta la République, que madame Sand ne se soit pas trouvée près d'elle ! La femme libre eût appris à la matrone ce que l'Evangile dit quelque part, que ce n'est pas ce qui entre dans le corps qui souille l'âme, mais ce qui sort du cœur. Collatin eût conservé sa femme, et tout le monde aurait fini par être content, Brutus excepté.

Après ce que je viens de dire, il n'y a plus rien, comme idée, à attendre de madame Sand : nous la possédons tout entière. Cependant elle s'est mêlée un peu de tout ; en déroulant, sous forme de roman, sa théorie sur le mariage et l'amour, elle a voulu dire son mot sur tout ; mais partout elle n'a fait preuve que d'une orgueilleuse impuissance.

Philosophe, elle a fait de l'éclectisme à sa manière, disciple tour à tour de Lamennais, de Pierre Leroux, de Jean Reynaud et *tutti quanti*. Elle n'a pas de goût, dit-elle, pour la métaphysique ; je le crois bien, il n'y a rien de moins métaphysique que la promiscuité. Elle se défend d'être athée : qu'en sait-elle ? J'ai eu la patience de lire jusqu'au bout *Spiridion*, attendant toujours le manuscrit révélateur : des pages toutes blanches m'auraient plus satisfait que les phrases creuses de ce sot évangile.

Sa politique est comme sa philosophie, empruntée aux sectes du siècle, depuis le babouvisme jusqu'au saint-simonisme. On peut en juger par ces maximes, prises de Louis Blanc, et que madame Sand trouve fort AVANCÉES : *Tous les hommes ont un droit égal au bonheur ; A chacun suivant ses besoins*, etc.

De la critique, ne lui en demandez pas : elle décide de tout *in promptu*, selon son intuition, comme quand elle dit :

« J'aimais passionnément Virgile *en français*, Tacite en latin. »

En 1855, madame Sand, imitant Rousseau, publie en feuilletons l'*Histoire de sa vie*, 20 vol. in-8°. Je comprends, toute honte bannie, la spéculation ; mais comment n'a-t-elle pas réfléchi qu'en se troussant de la sorte devant le public, elle autorisait le premier venu à la flageller, sans qu'elle eût le droit de se plaindre ? *Donnez-moi trois lignes d'un homme*, disait un criminaliste, *et je le ferai pendre*. Je ne connais de la vie de madame Sand que ce qu'il lui a plu d'en révéler dans ses confessions : eh bien, il n'est pas d'indignité dont je ne me fisse fort, par son propre récit, de la convaincre, s'il n'était encore plus évident pour moi que ce récit est fantastique, venant d'une émancipée, d'une folle ! Ah ! madame, vous fûtes autrefois une bonne fille ; cessez d'écrire, et vous serez encore une bonne femme.

Par le style, madame Sand appartient à cette école descriptive qui dans toute littérature signale les époques de décadence. Comme faiseuse de paysages, elle est la reine des artistes, sinon le roi des écrivains. Elle a donné, dans le genre bucolique, de jolies choses, qui lui ont valu une réputation méritée, et dont le succès a dû faire sentir en quelle médiocre estime le public tient ses grandes compositions. Dans celles-ci même, il existe une foule de sentiments et d'idées marquées au signe de l'époque, et qu'il faut savoir gré à madame Sand d'avoir contribué à répandre. L'alliage n'est pas bon, mais il y a du bon. Ses descriptions ont aussi quelque chose de lyrique qui contraste avec les dissections de Balzac. Mais, ainsi que le savent tous ceux qui se sont occupés de l'art d'écrire, ce style ballonné, qu'imitent à l'envi nos dames de lettres, cette faconde à pleine peau qui rappelle la rotondité de la Vénus hottentote, n'est pas du style : c'est article de modes ; et je ne suis que vrai en disant qu'il y a plus de style dans un aphorisme d'Hippocrate, dans une formule du droit romain, dans tel vers de Corneille, de Racine, de Molière, dans un proverbe de Sancho Pança, que dans tous les romans de madame Sand.

XXVIII. — Je crois inutile de multiplier davantage les exemples. Ce serait à redire sans cesse les mêmes choses : il me faudrait montrer toujours la femme, quand une fois la manie d'égalité et d'émancipation s'est emparée de son esprit, pourchassée par cette manie comme par un spectre ; envieuse de notre sexe, contemptrice du sien, ne rêvant pour elle-même qu'une loi d'exception qui lui confère, entre ses pareilles, les priviléges politiques et sociaux de la virilité ; si elle est dévote, se retirant en Dieu et dans son égoïsme ; si elle est mondaine, saisie par l'amour et en épuisant honteusement toutes les fantaisies et les figures ; si elle écrit, montant sur des échasses, enflant sa voix et se faisant un style de fabrique, où ne se trouve ni la pensée originale de l'homme, ni l'image de cette pensée gracieusement réfléchie par la femme ; si elle fait un roman, racontant ses propres faiblesses ; si elle s'ingère de philosopher, incapable d'embrasser fortement un sujet, de le creuser, de le déduire, d'en faire une synthèse ; mettant dans son impuissance métaphysique, ses aperçus en bouts de phrase ; si elle se mêle de politique, excitant par ses commérages les colères et envenimant les haines.

A toutes les époques, les femmes se sont fait une place dans la littérature ; c'est leur droit et c'est notre bien, je suis loin de le méconnaître. Leur mission peut se définir : Vulgarisation de la science et de l'art par le sentiment, progrès de la Justice par le juste amour, qui est le mariage. Qu'elles restent fidèles à ce programme : de brillants succès les attendent, et la reconnaissance des hommes ne leur manquera pas.

Mais la femme libre, la femme messie, exprimant la subordination de l'idée à l'idéal, de la Justice à l'amour, cette créature-là n'existe pas : c'est un mythe, qui, comme tant d'autres fictions de la prescience humaine, doit être renversé pour être vrai ; pris au sens littéral, ce n'est plus, comme la prostituée de Babylone, qu'un emblème d'immoralité et de dégradation.

CHAPITRE III

THÉORIE DU MARIAGE

1. Résultat général de la discussion

XXIX. — Réduction de l'amour à l'absurde par son mouvement même et sa réalisation;

Réduction de la femme au néant par la démonstration de sa triple et incurable infériorité :

Voilà où nous a conduits jusqu'à présent l'analyse. L'amour et la femme, deux éléments indispensables de la vie, se réuniraient pour son malheur : le premier en serait le poison, la seconde apparaîtrait comme l'agent de séduction qui nous verse cette coupe fatale. Dans la femme, nous crient les pères de l'Eglise, et dans l'amour qu'elle inspire, se trouve le principe de toute corruption et de toute discorde : elle est la croix, la contradiction et la honte du genre humain. Impossible de vivre avec elle et de se passer d'elle : se passer d'elle! c'est pour la dignité virile le dernier des outrages, un crime digne de mort.

Raisonnons cependant. La cause qui nous a fait aboutir à cette conclusion désespérante ne serait-elle pas précisément que nous avons considéré les choses d'une manière analytique et séparatiste, tandis qu'il faut les voir dans leur synthèse, là où seulement l'harmonie peut leur conférer la rationalité?

Ainsi, nous plaçant dans l'hypothèse chrétienne et platonique de l'égalité des sexes, et considérant la femme dans l'indépendance de son individualité, abstraction faite des rapports d'amour, de maternité, de domesticité, qu'elle soutient avec l'homme, nous l'avons trouvée irrationnelle dans son existence et compromise par l'infériorité de sa nature. Que conclure de là? Sans doute que l'utopie platonique, spiritualiste, mystique et érotique de l'égalité sociale des sexes est inadmi·sible, mais aussi que ce n'est pas de ce point de vue qu... faut envisager la femme. Conçu à la manière de Platon, l'androgyne est un monstre ; c'est la faute de Platon.

Ainsi encore, nous plaçant dans cette autre hypothèse qui fait de l'amour le souverain bien, le droit le plus sacré, le principe même de tout droit, manifestation la plus haute de la Divinité ; puis, suivant cette notion de l'amour dans ses conséquences, nous en avons bientôt reconnu la malfaisance, et nous l'avons signalée comme l'une des causes les plus puissantes de la corruption sociale. Que conclure de là encore ? Que l'amour est mauvais de soi, une tentation du démon, un effet de notre déchéance originelle ? Non : ce serait manquer aux règles d'une saine logique. Nous conclurons seulement que l'amour, comme toutes les passions, comme toutes les forces de l'âme, comme la propriété, le travail, etc., est antinomique de sa nature ; qu'en conséquence il fait partie d'un système plus grand que lui, dont la loi doit le soumettre et lui donner l'équilibre. L'amour ayant son point de départ dans l'animalité, son moteur dans l'imagination, oscille entre deux extrêmes inséparables et irréductibles, qui sont les sens et l'esprit, la chair crue, si j'ose ainsi dire, et l'idéal. Par la contradiction de son essence, l'amour suppose donc quelque chose qui le dépasse, une loi plus haute, une puissance supérieure.

L'homme lui-même, malgré toute sa puissance, l'homme, considéré dans son individualité, paraîtrait irrationnel, incomplet, incapable de toute dignité et élévation : irions-nous pour cela nier l'homme ? Autant vaudrait nier l'univers. Disons seulement que l'homme fait partie essentielle d'une collectivité hors de laquelle il n'a plus sa raison d'être, chose qui n'a rien que de parfaitement concevable, et que toute philosophie s'empressera d'admettre. Or, ainsi que nous le verrons bientôt, l'homme tient à la société par la femme, ni plus ni moins que l'enfant tient à sa mère par le cordon ombilical : reprenons donc, de ce point de vue de l'ensemble, notre examen de la femme ; considérons, de ce sommet élevé de la collectivité humaine, les faits que nous avons recueillis, et l'ordre ne tardera pas à y apparaître.

2. Nécessité pour la Justice de se constituer un organe

XXX. — Au dessus des trois règnes de la nature, minéral, végétal, animal, s'élève un quatrième règne, le règne de l'esprit libre, règne de l'idéal et du droit, en autres termes, le règne de l'humanité.

Pour que ce règne subsiste, il faut que la loi qui le constitue, à savoir la JUSTICE, pénètre les âmes autrement que comme une simple notion, un rapport, une idée pure; il faut qu'elle existe dans le sujet humain à titre de sentiment, d'affection, de faculté, de fonction, la plus positive de toutes les fonctions et la plus impérieuse.

Sans cette réalisation animique, la Justice se réduisant à une vue de l'esprit ne commanderait pas à la volonté; ce serait une manière hypothétique de concilier les intérêts, dont l'égoïsme pourrait à l'occasion reconnaître l'avantage, mais qui par elle-même ne l'obligerait point, et semblerait même ridicule, dès qu'elle entraînerait pour lui un sacrifice.

C'est ce que nous avons affirmé dès le commencement de ces Etudes, d'accord avec les partisans de la transcendance, qui tous ont parfaitement compris que la notion du juste et de l'injuste ne suffit pas par elle-même pour inculquer à l'homme le respect de la loi, mais nous séparant d'eux alors qu'ils prétendent établir ce respect sur la considération d'une autorité extérieure et supérieure, Eglise ou Dieu. Tout système juridique établi sur une religion, avons-nous dit, est essentiellement ruineux : ce n'est plus de la Justice, c'est de l'arbitraire, partant de l'iniquité. La Justice a son foyer dans l'âme humaine, ou elle n'existe nulle part; elle est de l'homme, ou elle n'est rien.

Et concluant à la fois contre les transcendantalistes, contre les utilitaires et contre les immoraux, nous avons prouvé, tant par le raisonnement que par la pratique universelle et par l'histoire, que l'homme, individuel et collectif, obéit à une puissance de juridiction qui est en lui; que cette puissance possède une énergie et une efficacité suffisante pour triompher, d'emblée ou à la longue, de tous les entraînements de l'égoïsme; que le progrès de la civilisation vient tout entier de là, et que l'influence attribuée aux cultes consiste uniquement en ce que la religion, que nous avons vue se résoudre toujours en une symbolique de la conscience, n'est autre chose en effet qu'une forme de la conscience. La religion, en un mot, est le respect de l'humanité idéalisée et adorée par elle-même sous le nom de Dieu : là est tout le mystère.

Un doute cependant nous est resté.

Oui, la Justice est quelque chose, puisque, à travers tant de crimes et de déchéances, nous en reconnaissons les effets ; puisque par son impulsion soutenue elle fait marcher la civilisation ; puisque nous l'affirmons tous du fond du cœur, que nous n'avons pas d'ironie contre elle, et que le scepticisme théorique dans lequel nous restons à son égard nous semble si pénible, si dangereux, que nous n'hésitons pas à y suppléer par un pacte d'hypocrisie. Mais cette Justice, prétendue réelle, immanente, qui opère en nous à la manière d'une faculté positive, quelle est-elle, et comment agit-elle ? Toute fonction, avons-nous observé à propos du libre arbitre, suppose un organe : où est l'organe de la Justice ? On parle de la conscience ; mais la conscience est un mot, le nom d'une faculté dont nous affirmons que la Justice est le contenu, et qu'il s'agit de montrer à cette heure dans son organe même. Pourquoi la conscience ne serait-elle pas à son tour, comme le Dieu que nous avons récusé, une fiction, un symbole ? Que dis-je ? Pourquoi ne la prendrions-nous pas, avec les théologiens et tous les premiers peuples, avec quelques-uns de nos philosophes modernes, pour l'impression secrète de la Divinité, que par sa grâce agit en nous comme si elle était nous, mais qui cependant n'est pas nous ? Les apôtres l'ont enseigné, l'Église le redit après eux, et les nouveaux éclectiques le répètent avec l'Eglise : Dieu est immanent à nos âmes, et cette réalité de la Justice, cette efficacité de la conscience que nous invoquons à si juste titre, ne prouve qu'une chose, la présence de Dieu dans notre cœur et l'immédiateté de son action.

Telle est donc l'objection : de même que *Rien ne se produit de rien, Rien ne fonctionne à l'aide de rien;* cet axiome peut être ajouté aux autres, et s'appeler PRINCIPE D'INTRUMENTALITÉ. La vue, l'ouïe, l'odorat, le goût, le

toucher, ont chacun leur organisme ; l'amour a le sien ; la
pensée a aussi le sien, qui est le cerveau ; et dans ce cerveau chacune des facultés de la pensée a son petit appareil,
Comment la Justice, faculté souveraine, n'aurait-elle pas
son organisme, proportionné à l'importance de sa fonction ?

Je l'avoue pour ma part : quelque étrange que les habitudes de notre esprit nous fassent paraître cette idée d'un
organisme correspondant à la Justice, comme le cerveau
correspond à l'intelligence, j'aurais peine à croire à la
réalité d'une loi morale et à l'obligation qu'elle impose,
si cette réalité ne devait avoir d'autre gage que ce mot
vague de *conscience*, par lequel nous en avons désigné la
fonction dans une précédente Etude. C'est donc très
sérieusement, selon moi, qu'après avoir déterminé spécu-
lativement, dans ses termes principaux, la Justice comme
loi ou rapport ; après en avoir reconnu en outre la réalité
nécessaire comme sentiment, et en avoir constaté le néant
dans les systèmes religieux, nous devons en chercher encore
la condition physiologique ou fonctionnelle, puisque sans
cela elle reste pour nous comme un mythe, une hypothèse
de notre sociabilité, un commandement étranger à notre
âme, au fond, un principe d'immoralité. N'est-ce pas,
d'ailleurs, sous l'impression de ce sentiment que les premiers civilisés d'entre les humains, en qui la Justice parlait si haut, parce qu'elle était toute jeune, mais aux
regards desquels elle ne se manifestait par aucun signe,
la personnifièrent en un sujet invisible qu'ils nommèrent
Dieu ? Sans plus d'hésitation, mettons-nous donc à l'œuvre,
et cherchons ce que peut être en nous cet organe de la
Justice.

3. Que l'organe de la Justice est l'androgyne, ou le couple conjugal

XXXI. — Lorsque à l'occasion du libre arbitre, après
avoir constaté que toute fonction ou faculté suppose, à
peine de néant, un organe, nous nous sommes demandé :
Quel est l'organe de la liberté ? nous avons répondu que
c'était tout l'individu, et nous avons motivé notre réponse
sur cette considération, que, la liberté embrassant dans

son domaine la totalité des facultés, elle ne pouvait avoi
pour organe que la totalité même de l'organisme. D'où l
définition que nous avons donnée de l'individu humain
Une liberté organisée. Continuons sur cet errement.

Si la liberté embrasse, dans son exercice, la totalité d
l'individu, la Justice à son tour exige plus que cett
totalité. Elle *dépasse la mesure de l'individu* (*Etude II*)
elle reste *boiteuse* chez le solitaire et tend à s'atrophier
c'est le *pacte de la liberté* (*Etude VIII*), ce qui suppose a
moins deux termes ; sa notion seule, synonyme d'*égalité* o
de *balance* (*Etude III*), implique un dualisme.

L'organe juridique se composera donc de deux per
sonnes : voilà un premier point.

Quelles seront, l'une par rapport à l'autre, ces deu
personnes ?

Si nous les faisons semblables et en tout égales, ou bien
en variant les aptitudes, équivalentes, mais dans tous le
cas respectivement complètes et indépendantes l'une d
l'autre, ces deux personnes seront entre elles comm
l'homme est à l'homme ou la femme à la femme, comm
3 est à 3, comme 2 est à 2, comme A est à A. Ce seron
deux essences plus ou moins homogènes ou analogues
comme le bœuf et le chameau, la chèvre et la brebis, l
coq et le faisan, etc., mais qui, réunies, ne formeront pa
un tout, et qu'on ne pourra considérer, dans leur ensemble
comme formant un organisme. Une société, faible, plus o
moins précaire, pourra en sortir ; nous n'aurons pas l
dualité cherchée. L'organisme juridique, indispensable a
fonctionnement de la conscience, n'existant ni chez l'ind
vidu, ni dans la paire, le sentiment de la Justice ne se peu
produire, pas plus que l'entendement ne peut fonctionne
en l'absence du cerveau, ou l'amour en l'absence d'u
appareil générateur. La conscience demeurant engourdie
l'homme restera sauvage, ou ne formera que des societé
imparfaites, des meutes comme les chiens, des commu
nautés à la façon des abeilles et des fourmis.

L'expérience confirme cette prévision. Entre individu
de valeur égale et de prétentions pareilles, il y a naturelle
ment antagonisme, joute, agiotage, discorde, guerre, pe
de respect, peu d'affection, peu de dévoûment. L'amiti
elle-même est rare et peu sûre : son développement tient à

d'autres causes. *Là où les femmes n'exercent aucune influence,* dit Mme Necker, *les hommes vivent solitaires ; ils ne s'aiment pas.* Dans ces conditions la Justice se traîne ; elle ne peut se développer, devenir pour l'homme une religion et une gloire. Réunissez au contraire, un homme fait et un adolescent, un enfant et un vieillard, il y aura entre eux, par le contraste de l'âge et de la pensée, par cette différenciation, pourtant bien faible, de leurs natures, un essor d'amitié plus puissant, un respect mieux senti, une sympathie plus vive, partant un sentiment plus prononcé de Justice. C'est par là que s'expliquent les amitiés platoniques, si religieusement cultivées chez les anciens, et dont nous avons suivi la trace jusque dans les origines du christianisme. Il faut, pour la Justice, une dualité formée de deux individus de qualités dissemblables et complémentaires l'une de l'autre, d'inclinations différentes, de caractères opposés, tels enfin que les pose la nature dans le père et l'enfant, mieux encore dans le couple conjugal, sous la double figure de l'homme et de la femme.

La nature, en un mot, a donné pour organe à la Justice la dualité sexuelle, et comme nous avons pu définir l'individu humain une liberté organisée, de même nous pouvons définir le couple conjugal une *Justice organisée.* Produire de la Justice, tel est le but supérieur de la division androgyne : la génération et ce qui s'ensuit ne figure plus ici que comme accessoire.

Ce n'est pas tout. Comme les autres puissances, la Justice, selon le degré d'excitation qu'elle aura reçu, est susceptible de plus ou de moins ; elle peut se développer par la culture, s'atrophier par la barbarie. Dans un sujet donné, elle acquerra donc d'autant plus d'intensité que son partenaire lui offrira moins de déplaisir, de laideur, d'incompatibilité de caractère, de prétentions rivales, de contradiction, et plus de sympathie, d'intérêt, d'idéal. La Justice, en effet (*Étude II*), considérée seulement dans son exercice, et abstraction faite des conditions psychiques de son développement, est la faculté que nous avons de sentir notre dignité en autrui, et réciproquement la dignité d'autrui en nous. Or, cette dignité se sent d'autant mieux que l'objet qui la représente est lui-même plus agréable, plus plaisant. L'amour-propre, écho de l'amour, apparaît ici comme le rudiment et l'embryon de la Justice. Plus j'aimerai, plus je craindrai de déplaire, plus par conséquent je me respecterai; or, plus ce respect de moi-même sera vif, plus je le ressentirai sympathiquement en autrui; plus par conséquent je serai juste. Il ne suffit donc pas, pour la formation de l'organe juridique, que les conjoints soient de tempérament opposé, de facultés et de qualités différentes, il faut encore qu'il existe entre eux une appétence réciproque qui les rende l'un à l'autre désirables; qu'en raison de cette appétence il soient et se trouvent beaux, divins; il faut, en un mot, pour la production de la Justice, une *prémotion*, une *grâce*, comme disent les théologiens; il faut l'AMOUR.

Ici la femme, dont la destinée nous a paru tout à l'heure si compromise, reprend l'avantage; comme Marie la nouvelle Eve, elle passe du rôle *douloureux* au rôle *glorieux*, et devient, par sa seule apparition au milieu des hommes, libératrice et justicière.

Comment, entre l'homme et la femme, l'amour devient-il de la Justice? C'est ce que nous allons tâcher d'expliquer.

4. Beauté de la femme

XXXII. — La femme est belle. J'ai regretté, je le confesse, de n'avoir pas pour la peindre le style d'un Lamartine : regret indiscret. Assez d'autres célébreront celle que l'univers adore, que l'enfance ne peut regarder sans extase, la vieillesse sans soupirer. Après ce que j'ai dit de ses misères, la seule chose qui me soit permise en parlant de ses allégresses, c'est la simplicité, surtout le calme.

Quand l'Eglise nous représente la Vierge dans son immortalité radieuse, entourée des anges, et foulant aux pieds le serpent, elle fait le portrait de la femme telle que la pose la nature dans l'institution du mariage.

Elle est belle, dis-je, belle dans toutes ses puissances : or, la beauté devant être chez elle tout à la fois l'expression de la Justice et l'attrait qui nous y porte, elle sera meilleure que l'homme : l'être faible et nu, que nous n'avons trouvé propre ni au travail du corps, ni aux spéculations du génie, ni aux fonctions sévères du gouvernement et de la judicature, va devenir, par sa **beauté**, le moteur de toute Justice, de toute science, de toute industrie, de toute vertu.

D'où vient d'abord, la beauté à la femme? Notons ceci : de la délicatesse même de sa constitution.

On peut dire que chez l'homme la beauté est passagère; elle n'a rien pour lui d'essentiel; elle n'est pas dans sa destinée; il la traverse vite, pour arriver au plus tôt à la force. L'homme à seize ans n'est pas encore homme; la jeune fille au contraire, est déjà femme, et les années ne lui apporteront rien, si ce n'est peut-être de l'expérience.

La beauté est la vraie destination du sexe : c'est sa condition naturelle, son état. En principe, il n'y a pas de femme laide; toutes jouissent, plus ou moins, de cette beauté indicible que le peuple appelle *beauté du diable*, et il dépend de nous que les moins favorisées se rachètent toujours par quelque charme. Qui ne sent, d'ailleurs, que dans une société civilisée la beauté de chacune profite à toutes comme si elles n'étaient toutes, à des points de vue divers, que des représentantes de ce qu'il y a de plus divin parmi les hommes, la beauté? Ce sont nos misères sociales, nos iniquités et nos vices qui enlaidissent, qui meurtrissent la femme.

La nature pousse donc rapidement le sexe à la beauté; ce but atteint, elle l'y arrête. Tandis que l'homme passe outre, elle semble dire à la femme : Tu n'iras pas plus loin, car tu ne serais plus belle.

La vie de la femme, selon le vœu de la nature, est donc une jeunesse perpétuelle; l'efflorescence, sitôt passée chez l'homme qui court à grand pas à la virilité, dure chez la femme autant que la fécondité, souvent au delà. L'exemple de Diane de Poitiers, de Marie Stuart, de Ninon de Lenclos, de Mme de Maintenon et de bien d'autres, en qui l'âge semble impuissant contre la beauté, nous est un signe de la mission de la femme et un avertissement de notre devoir.

Les femmes veulent être toujours jeunes, toujours belles; elles ont le sentiment de leur destinée. La laide, dans les conditions de la vie civilisée, n'existe pas plus que la sale : c'est un être hors nature, qui appelle compassion ou châtiment.

La femme, transparente, lumineuse, est le seul être dans lequel l'homme s'admire ; elle lui sert de miroir, comme lui servent à elle-même l'eau du rocher, la rosée, le cristal, le diamant, la perle ; comme la lumière, la neige, les fleurs, le soleil, la lune et les étoiles.

On la compare à tout ce qui est jeune, beau, gracieux, luisant, fin, délicat, doux, timide et pur : à la gazelle, à la colombe, au lis, à la rose, au jeune palmier, à la vigne, au lait, à la neige, à l'albâtre. Tout paraît plus beau par sa présence ; sans elle toute beauté s'évanouit : la nature est triste, les pierres précieuses sans éclat, tous nos arts, enfants de l'amour et de la beauté, insipides, la moitié de notre travail sans valeur.

En deux mots, ce que l'homme a reçu de la nature en puissance, la femme l'a obtenu en beauté. Mais prenez-y garde, la puissance et la beauté sont des qualités incommensurables entre elles : établir entre elles une comparaison, en faire la matière d'un échange, payer des produits de la force la possession de la beauté, c'est avilir cette dernière, c'est rejeter la femme dans la servitude et l'homme dans l'iniquité. Le beau et l'utile se touchent par d'intimes rapport, sans doute ; mais ce sont deux catégories à part, qui ne sauraient donner lieu, dans la société, à une similitude de droits, et quant à ce qui concerne l'homme et la femme, à une égalité de prérogatives.

Constatons seulement que si, sous le rapport de la vigueur, l'homme est à la femme comme 3 est à 2, la femme, sous le rapport de la beauté, est aussi à l'homme comme 3 est à 2 ; que cet avantage ne lui est pas donné sans doute pour la laisser dans l'abjection, et qu'en attendant la loi qui doit régler les rapports des époux, la beauté de la femme est le premier de ses droits comme elle est la première de ses pensées.

Que la jeune fille soit modeste autant que belle, je le veux, la modestie ajoutera à sa beauté ; mais il n'est pas bon qu'elle s'ignore. Aussi je blâme les pédagogues qui, à l'exemple de madame Necker de Saussure, combattent et répriment chez les jeunes filles la joie qu'elles éprouvent de leur beauté ; j'aimerais autant qu'on fît un reproche au citoyen de l'orgueil que lui inspire la liberté, un crime au soldat de la fierté que lui donne son courage. La beauté de la femme n'appartient-elle pas d'ailleurs à tous ceux qui lui sont unis par le sang, l'amitié ou la cite? Elle réjouit la famille, la vieillesse et l'enfance, et relève jusqu'à la disgrâce de ses compagnes que la nature inclémente a moins favorisées. Comment répondrait-elle dignement à sa fin, si elle ne se connaît pas?

XXXIII. — Si du corps nous passons à l'esprit et à la conscience, la femme, par la beauté, va se révéler avec de nouveaux avantages.

De la faiblesse relative de son entendement résulte chez elle une grâce juvénile, analogue à celle des enfants, dont nous ne pouvons nous empêcher d'adorer les jolis mots et les idées pleines de gentillesse. Une minaudière de trente ans déplaît à coup sûr; la pédante choque encore plus, parce qu'elle est infidèle à sa nature, et qu'en affectant une gravité d'emprunt elle ment. Que la femme soit aussi raisonnable que le comporte sa nature, aussi sérieuse que l'exige la dignité matronale, elle sera toujours assez femme; mais qu'elle n'aspire point à l'originalité et au génie, parce qu'elle paraîtra impertinente et sotte : dans cette juste mesure elle sera tout aimable, et, pour l'homme, d'un précieux conseil.

La qualité de l'esprit féminin a pour effet : 1° de servir au génie de l'homme de contre-épreuve, en reflétant ses pensées sous un angle qui les lui fait paraître plus belles si elles sont justes, plus absurdes si elles sont fausses; 2° en conséquence, de nous obliger à simplifier notre savoir, à le condenser en des propositions simples, faciles à saisir comme de simples faits, et dont la compréhension intuitive, aphoristique, imagée, tout en mettant la femme en partage de la philosophie et des spéculations de l'homme, lui en rend à lui-même la mémoire plus nette, la digestion plus légère. Comme le visage de la femme est le miroir où l'homme puise le respect de son propre corps, de même l'intelligence de la femme est aussi le miroir où il contemple son génie. Il n'est pas un homme, parmi les plus savants, les plus inventifs, les plus profonds, qui n'éprouve de ses communications avec les femmes une sorte de rafraîchissement : c'est par là, du reste, que s'accomplit la diffusion des connaissances et que l'art ravit les multitudes.

Les vulgarisateurs sont en général des esprits féminisés ; mais l'homme n'aime point à servir à la gloire de l'homme, et la nature prévoyante a chargé la femme de ce rôle.

Ainsi l'impression produite par la beauté de la femme s'accroît de celle que produit le tour de son esprit ; parce que cet esprit a moins d'audace, de puissance analytique, déductive et synthétique, qu'il est plus intuitif, plus concret, plus beau, il semble à l'homme, et il l'est en effet, plus circonspect, plus prudent, plus réservé, plus sage, plus égal. C'est la Minerve protectrice d'Achille et d'Ulysse, qui apaise la fougue de l'un et fait honte à l'autre de ses paradoxes et de ses roueries ; c'est la Vierge que la litanie chrétienne appelle SIÉGE DE SAPIENCE, *Sedes sapientiæ.*

Or, remarquez encore que cet avantage de la femme ne peut pas être porté en balance du génie de l'homme, faire la base d'une mutualité de services, devenir la matière et la cause d'un droit positif, en un mot créer à la femme un titre à l'égalité. *Qui peut le plus peut le moins,* dirait l'homme ; et pas plus pour l'intelligence que pour le travail, la force ne consentirait à une participation avec la faiblesse. La sagesse de la femme, non plus que sa beauté, n'est chose commutative ou vénale : qu'elle s'avise de réclamer, en raison de sa figure et des grâces de son esprit, l'isonomie, elle perd à l'instant son prestige ; dès lors qu'elle prétend à la rémunération virile, on exigera d'elle la production virile ; et comme elle ne peut la fournir, elle restera au dessous d'elle-même : de déesse ou fée qu'elle doit être, la voilà redevenue esclave.

XXXIV. — Même observation pour le moral.

Comme la femme tient son corps de l'homme, *Os ex ossibus meis, et caro ex carne meâ ;* comme elle tient de lui ses idées, de même elle en reçoit sa conscience et le principe de toutes ses vertus. Or, ici encore la dignité virile, en se féminisant, acquiert une fleur de beauté qui est propre à la femme et lui assure l'excellence.

Constance de l'âme : — Je me souviens d'avoir vu sur le frontispice de je ne sais plus quel livre d'érudition une vignette représentant Hercule avec ces mots : *Labore et constantiâ.* Oui l'homme a la force ; mais cette constance dont il se vante en sus, il la tient surtout de la femme. Constance, patience, longue espérance, sont surtout la vertu des faibles ; c'est leur force. L'homme, dans l'adversité, d'abord s'irrite, bientôt, se rebute ; ne pouvant vaincre, il se fait tuer : la femme pleure, et dans ces pleurs de la femme il retrempe son courage. Par elle il dure, et apprend le véritable héroïsme. A l'occasion, elle saura lui donner l'exemple : alors elle sera plus sublime que lui, l'amazone l'emportera sur le héros, car elle est la force dans la faiblesse :

Et dans un faible corps s'allume un grand courage.

Facilité dans les relations sociales : — La femme est incapable de dire le droit, de le soutenir, de le venger ; elle fera mieux, elle le rendra aimable, et de ce glaive à double tranchant fera un rameau de paix. La Justice ressemble à l'arithmétique : certaines opérations divisionnelles ne peuvent donner un résultat exact ; de même dans la Justice soit distributive, soit commutative, soit pénale ou satisfactoire, il est presque impossible que l'application du droit ne laisse à redire ; il y a toujours de quelque côté une inégalité, partant une perte : d'où ce grand principe de philosophie pratique, point de Justice sans tolérance. Or, c'est à l'exercice de la tolérance que la femme excelle. Par la sensibilité de son cœur, par la délicatesse de ses impressions, par la tendresse de son âme, par son amour, enfin, elle arrondit les angles tranchants de la Justice, détruit ses aspérités, et d'une divinité de terreur fait une divinité de miséricorde. La Justice, mère de Paix, ne serait pour l'humanité qu'une cause de désunion, sans ce tempérament qu'elle reçoit surtout de la femme.

Pureté de la vie : — Nous avons dit ce qu'est la femme à l'état de nature ; et les récits des voyageurs, les immondices de la civilisation, les aventures de nos émancipées, ne montrent que trop jusqu'à quel degré d'impudicité elle peut descendre. C'est dans l'homme qu'est le principe de la pudeur. Mais, vraiment, est-ce pour lui que cette vertu lui a été donnée comme en dépôt ? Est-ce qu'elle peut lui compter ? Est-ce qu'elle lui sied seulement ?... L'homme est ainsi fait qu'il rougit de rougir, et que sa plus grande honte, même au sein du crime, est encore d'avoir honte. En amour, l'homme pudibond devient bientôt ridicule, la femme elle-même prend en dégoût l'homme qui n'ose pas. Un vrai visage viril ne rougit pas plus qu'il ne pleure : je puis reconnaître un tort, le regretter, le réparer ; mais je me refuse à la honte, et quiconque m'y expose allume en mon cœur une soif inextinguible de vengeance. La femme seule sait être pudique, parce qu'elle est faible ; mais, par cette pudeur qui est sa prérogative la plus précieuse, elle triomphe des emportements de l'homme et ravit son cœur. C'est surtout par la pudeur que la femme est souveraine, parlez donc de porter cette vertu-là à son actif !... J'ai dit qu'en principe il n'y avait pas de femme laide ; j'ajoute qu'il n'y a pas non plus de femme impure. L'impure est hors de son sexe, hors de l'humanité : c'est une femelle de singe, de chien ou de porc, métamorphosée en femme. Mais essayez de prendre la pudeur de la femme pour base d'un droit réel ; de lui faire de cette chasteté qui l'élève si haut, de cet esprit de tolérance, de patience et de résignation qu'elle a reçu en partage, une sorte de spécialité économique et de fonction sociale : au lieu d'honorer la femme, vous l'avilissez ; vous pensez l'affranchir, et vous la rejetez dans l'opprobre.

Ainsi l'on peut bien dire qu'entre l'homme et la femme il existe une certaine équivalence provenant de la comparaison de leurs natures respectives, au double point de vue de la force et de la beauté ; si, par le travail, le génie et la Justice, l'homme est à la femme comme 27 est à 8, la femme, à son tour, par les grâces de la figure et de l'esprit, par l'aménité du caractère et la tendresse du cœur, est à l'homme comme 27 à 8. Mais, quoi qu'en aient dit les économistes, aucun contrat de vente, d'échange ou de prêt n'est ici possible : les qualités de l'homme et de la femme sont des valeurs incommutables ; les apprécier les unes par les autres, c'est les réduire également à rien. Or, comme toute question de prépondérance dans le gouvernement de la vie humaine ressortit soit à l'ordre économique, soit à l'ordre philosophique ou juridique, il est évident que la suprématie de la beauté, même intellectuelle et morale, ne peut créer une compensation à la femme,

dont la condition reste ainsi fatalement subordonnée.
L'homme et la femme peuvent être équivalents devant
l'Absolu; ils ne sont point égaux, ils ne le peuvent pas
être, ni dans la famille, ni dans la cité.

5. Destination de la femme

XXXV. — Le problème paraît donc insoluble : qui
rachètera la femme, si elle ne peut se racheter par l'idéal ?
Et si la femme n'est rachetée, si elle doit rester serve, que
deviennent l'homme et la société? Le pacte conjugal
déclaré impossible, la Justice reste sans organe ; elle retombe à l'état de simple notion ; toute moralité, toute
liberté expire : la création est absurde. Femme tu ne peux
être ni mon associée ni mon épouse, et je ne te veux pas
pour courtisane. Eh bien, malédiction sur la nature, et que
le monde finisse : je t'écrase...

Encore un effort, et la vérité nous apparaîtra peut-être.
Ce problème désespéré ne serait-il pas résolu précisément
par ce que nous venons de dire, et dont le langage humain,
forcément analytique, nous déguise le sens ? Condensons
nos idées, et tâchons d'en dégager la formule.

La poésie primitive eut pour caractère particulier de
personnifier les facultés humaines ; ce fut l'origine de la
mythologie :

> Minerve est la sagesse, et Vénus la beauté.
> Ce n'est plus la vapeur qui forme le tonnerre :
> C'est Jupiter armé pour effrayer la terre...

Or, ce que la poésie rêve, la nature le réalise : qu'est-ce
que la femme?

La femme est la conscience de l'homme personnifiée.
C'est l'incarnation de sa jeunesse, de sa raison et de sa
Justice, de ce qu'il y a en lui de plus pur, de plus intime,
de plus sublime, et dont l'image vivante, parlante et agis-
sante lui est offerte, pour le réconforter, le conseiller,
l'aimer sans fin et sans mesure. Elle naquit de ce triple
rayon qui, partant du visage, du cerveau et du cœur de
l'homme, et devenant corps, esprit et conscience, produisit,

comme idéal de l'humanité, la dernière et la plus parfait
des créatures.

Et pourquoi, encore une fois, cette création poétique
dans laquelle la nature semble avoir agi plutôt en artist
qu'en économe? Pourquoi fallait-il que l'homme eût san
cesse devant ses yeux, tout auprès de son cœur, cette idol
de lui-même, et comme son âme en personne?

Je l'ai dit tout à l'heure, en faisant l'analyse des qualité
de la femme; mais il est bon que je le redise.

La femme a été donnée à l'homme pour lui servir d'auxi
liaire : *Faciamus ei adjutorium simile sibi*, dit la Genèse
Non que la femme doive aider l'homme à gagner son pain
c'est le contraire qui aura lieu. La capacité productrice d
la femme n'est pas le tiers de celle de l'homme (8 à 27)
le revenu de la communauté, produit du travail des deu
époux, étant représenté par 35, la dépense de la femm
sera au moins moitié, 17.5, et dès qu'il y aura des enfants
20, 25, 30. Plus la société se civilise, plus la dépense rela
tive de la femme augmente : au fond l'homme, content d
réparer et d'entretenir sa machine, ne travaille que pou
sa femme et ses enfants.

La femme est un auxiliaire pour l'homme, parce qu'e
lui montrant l'idéalité de son être elle devient pour lui u
principe d'animation, une grâce de force, de prudence, d
justice, de patience, de courage, de sainteté, d'espérance
de consolation, sans laquelle il serait incapable de soute
nir le fardeau de la vie, de garder sa dignité, de rempli
sa destinée, de se supporter lui-même.

La première femme, mère d'amour, fut nommée Héva
Zoé, Vie, selon la Genèse, parce que la femme est la vie d
l'humanité, plus vivante que l'homme en toutes ses mani
festations. La seconde femme a été dite Eucharis, plein
de grâces, *gratiâ plena*, fille d'Anna (la gracieuse); celle-c
est l'auxiliaire, l'épouse... Les descriptions amoureuses n
vont point à ma plume : qu'on me permette de m'en teni
à la symbolique chrétienne, qui est, après tout, ce que j
connais de mieux sur cette question délicate.

La femme est l'auxiliaire de l'homme, d'abord dans l
travail, par ses soins, sa douce société, sa charité vigilante
C'est elle qui essuie son front inondé de sueur, qui repos
sur ses genoux sa tête fatiguée, qui apaise la fièvre de so

sang et verse le baume sur ses blessures. *Auxilium christianorum, Salus infirmorum*. Elle est sa sœur de charité. Oh ! qu'elle le regarde seulement, qu'elle assaisonne de sa tendresse le pain qu'elle lui apporte : il sera fort comme deux, il travaillera pour quatre, il ne souffrira pas qu'elle se déchire à ces ronces, qu'elle se souille dans cette boue, qu'elle s'essouffle, qu'elle sue. Honte et malheur à lui, s'il faisait labourer sa femme ! Plus savante que les philosophes, la nature n'a pas formé le couple travailleur de deux êtres égaux ; elle a prévu qu'une paire de compagnons ne feraient rien, ils s'amuseraient. Si peu que sa femme l'appuie, le travailleur vaut comme deux : c'est un fait dont chacun peut se convaincre que, de toutes les combinaisons d'atelier, celle qui donne la plus grande somme de travail proportionnellement aux frais est le ménage.

Auxiliaire du côté de l'esprit, par sa réserve, sa simplicité, sa prudence, par la vivacité et le charme de ses intuitions, la femme n'a que faire de penser elle-même : se figure-t-on une savante cherchant dans le ciel les planètes perdues, calculant l'âge des montagnes, discutant des points de droit et de procédure ? La nature, qui ne crée pas de doubles emplois, a donné un autre rôle à la femme : c'est par elle, c'est par la grâce de sa divine parole que l'homme donne la vie et la réalité à ses idées en les ramenant sans cesse de l'abstrait au concret ; c'est dans le cœur de la femme qu'il dépose le secret de ses plans et de ses découvertes, jusqu'au jour où il pourra les produire dans leur puissance et leur éclat. Elle est le trésor de sa sagesse, le sceau de son génie : *Mater divinæ gratiæ, Sedes sapientiæ, Vas spirituale, Virgo prudentissima*.

Auxiliaire du côté de la Justice, elle est l'ange de patience, de résignation, de tolérance, *Virgo clemens, Virgo fidelis*; la gardienne de sa foi, le miroir de sa conscience, la source de ses dévoûments : *Fœderis arca, Speculum justitiæ, Vas insigne devotionis*. L'homme de la part de l'homme ne supporte ni critique ni censure ; l'amitié même est impuissante à vaincre son obstination. Bien moins encore souffrira-t-il dommage et injure : seule la femme sait le faire revenir et le dispose au repentir comme au pardon.

Contre l'amour même et ses entraînements la femme,

chose merveilleuse, est pour l'homme l'unique remède, soit par la honte qu'elle lui inspire lorsqu'elle se refuse, soit qu'elle le fasse repentir de son indiscrétion en se livrant et s'enlaidissant. La litanie redouble ici d'insistance : *Mater purissima, Mater castissima, Mater inviolata, Mater intemerata, Virgo prædicanda.*

De quelque côté qu'il la regarde, elle est la forteresse de sa conscience, la splendeur de son àme, le principe de sa félicité, l'étoile de sa vie, la fleur de son être : *Turris eburnea, Domus aurea, Janua cœli, Stella matutina, Rosa mystica.* Quelle puissance dans ses regards ! *Virgo potens.* Quelle est délicieuse, appuyée sur le bras de son fiancé ! *Quæ est ista quæ ascendit de deserto, deliciis affluens, innixa super dilectum suum?* Quelle est imposante dans sa démarche et radieuse ! Et, comme il est ému auprès d'elle ! *Quasi aurora consurgens, pulchra ut luna, electa ut sol, terribilis ut castrorum acies ordinata!* Que lui fait l'éloge de ses pareils ? La femme seule peut l'honorer et le réjouir : *Vas honorabile, Causa nostræ lætitiæ.* Seule elle peut lui dire : Je te récompenserai au delà de tes mérites, *Ego ero merces tua magna nimis.* Vaincu, coupable, c'est encore dans le sein de la femme qu'il trouve la consolation et le pardon ; elle seule peut lui tenir compte de l'intention et du bon vouloir, découvrir dans ses passions de motifs d'excuse, chose que néglige la Justice des hommes : *Refugium peccatorum, Consolatrix afflictorum.* Elle seule enfin, dans la persécution, la vengeance et la haine, sollicitera pour lui sans abaisser sa fierté, fera valoir son repentir, et ses douleurs, et sa constance : *Regina martyrum, Regina confessorum…* Jamais je n'ai pu entendre chanter ces litanies sans un frisson de volupté, et je regarde comme un bonheur que la jeunesse, qui d'ailleurs ne s'en soucie guère, n'y comprenne rien. *O pia! O benigna! O regina!* C'est à devenir fou d'amour, et l'amour, même inspiré par la religion, même sanctionné par la justice, je ne l'estime qu'autant qu'il m'est une élévation de cœur, une excitation à bien faire : l'amour en lui-même, je ne l'aime pas.

Vous le voyez, Monseigneur, c'est le christianisme, c'est l'Eglise, c'est vous-même, qui, sans le savoir, m'allez fournir la théorie du mariage. Acceptez-en l'hommage, et puisse la femme devenir la médiatrice de notre reconciliation !

9. Formation du pacte conjugal : premier degré de juridiction

XXXVI. — L'homme et la femme se sont vus : ils s'aiment. L'idéal les exalte et les enivre, leurs cœurs battent à l'unisson ; la Justice vient de naître dans leur commune conscience. Toute la création, qui de la mousse au mammifère a préparé, par la distinction des sexes, l'ineffable mystère, applaudit au mariage.

Rendons-nous compte de ce pacte, le premier de ceux que l'homme aura à former, sans lequel les autres seraient comme de plein droit résiliés, et qui n'aura jamais son pareil.

Quel est ici l'apport des parties ? En autres termes, qu'est-ce qui fait la matière du contrat ? Ce ne sont pas les services : de l'homme à la femme l'échange de services se conçoit sans doute et peut exister ; de là le contrat de domesticité. Mais la servante n'est pas l'épouse, ceci n'a pas besoin de discussion. Le concubinat même et la maternité, joints au service du ménage, ne suffiraient pas à faire passer la femme du rang de domestique à celui de matrone : tout cela peut se liquider en argent, tandis que les honoraires de l'épouse ne peuvent s'estimer ni en marchandise ni en espèces. Ce n'est pas, enfin, le plaisir non plus qui fait l'objet du mariage : nous l'avons prouvé à satiété par l'analyse de l'amour et de ses œuvres.

Le mariage est l'union des deux éléments hétérogènes, la *puissance* et la *grâce* : le premier représenté par l'homme, producteur, inventeur, savant, guerrier, administrateur, magistrat ; le second, représenté par la femme, dont la seule chose qu'on puisse dire est qu'elle est, par nature et destination, l'idéalité réalisée, vivante, de tout ce dont l'homme possède en lui, à un degré supérieur, la faculté, dans les trois ordres du travail, du savoir et du droit. Voilà pourquoi la femme veut l'homme fort, vaillant, ingénieux : elle le méconnaît, s'il n'est que gentil et mignon ; pourquoi lui, de son côté, la veut belle, gracieuse, bien disante, discrète et chaste.

Quelle étincelle va jaillir de ce couple ?

C'est un principe fondamental en théologie, principe que

nous avons fait nôtre par la manière dont nous avons rendu compte du progrès, ou pour mieux dire de l'origine du péché, que l'homme ne fait rien sans le secours de la grâce, en langue philosophique, sans idéal ; que sans cette excitation puissante, il ne devient ni laborieux, ni intelligent, ni digne ; il croupit dans la fainéantise, l'imbécillité et l'abjection. La grâce, ou l'idéal, est l'aliment dont se nourrit le courage de l'homme, qui développe son génie, fortifie sa conscience. Par cette grâce divine il connaît la honte et le remords ; il se rend industrieux, philosophe, poète ; il devient un héros et un juste juge, il sort de l'animalité et s'élève au sublime.

Telle est donc la série d'idées qui a décidé la création de la femme et fixé son rôle.

Sans une faculté positive et prédominante de Justice, point de société ; sans un sentiment profond de la dignité personnelle, point de Justice ; sans idéal, point de dignité ; sans la femme et l'amour qu'elle inspire, point d'idéal : pour mieux dire, l'idéal reste impuissant ; la grâce est inefficace, elle avorte. Nous avons vu ce que serait la femme sans ce trésor de sentiment et d'idées que la puissance virile verse en son cœur, et que sa seule peine est d'idéaliser ; l'homme à son tour, sans la grâce féminine, ne serait pas sorti de la brutalité du premier âge : il violerait sa femelle, étoufferait ses petits, ferait la chasse à ses pareils pour les dévorer.

Il suit de là que l'union de l'homme et de la femme ne constitue pas un pacte synallagmatique, dans le sens et les conditions ordinaires du contrat de mutualité, un tel pacte supposant les contractants ou échangistes respectivement complets dans leur être, semblables dans leur constitution, éclairés d'ailleurs par la Justice, au nom de laquelle ils s'associent ou traitent de la permutation de leurs services et produits. L'homme et la femme forment, au moral comme au physique, un tout organique, dont les parties sont complémentaires l'une de l'autre ; c'est une personne composée de deux personnes, une âme douée de deux intelligences et de deux volontés. Et cet organisme a pour but de créer la Justice en donnant l'impulsion à la conscience, et de rendre possible le perfectionnement de l'humanité par elle-même, c'est à dire la civilisation et toutes ses merveilles. Comment s'accomplit cette justification? Par l'excitation de l'idéal, ce que les théologiens nomment grâce, les poètes amour. Voilà toute la théorie. L'âge des amours est l'époque de l'explosion du sentiment juridique. Sans doute, la beauté de la femme s'efface avec l'âge; l'homme lui-même peu à peu obéit à d'autres influences; mais une fois trempé par la Justice il ne rétrograde plus; et c'est un fait que la corruption des sociétés ne commence pas par les générations qui ont aimé, elle commence par celles qui n'ont pas aimé encore, ou chez qui la volupté a pris la place de l'amour. Otez à la jeunesse la pudeur et l'amour, donnez-lui en échange la luxure; elle perdra bientôt jusqu'au sens moral : ce sera une race vouée à la servitude et à l'infamie.

Cependant, rapprochés par la grâce, la poésie et l'amour, l'homme et la femme n'en restent pas moins soumis aux conditions économiques de l'existence : il faut travailler, pourvoir, se diriger à travers les difficultés de la vie. Comment vont se régler les conditions de leur alliance, puisque en définitive il n'y a pas seulement entre eux pacte d'amour, mais constitution de droit?

L'homme et la femme s'épousent sous la promesse et la loi d'un dévoûment réciproque absolu. L'époux se doit tout entier à son épouse, l'épouse se doit tout entière à son époux, et telle est la nature de cette réciprocité qu'elle n'a pas pour objet un avantage positif, matériel, comme l'exige la loi de toute société civile ou commerciale : dans le mariage, les avantages matériels ne sont qu'un accessoire, je dirais presque un accident, dont le partage est loin de pouvoir être regardé par les époux comme une compensation de ce qu'ils se donnent. Pour prix des travaux, des combats, des meurtrissures que l'honneur de la communauté et la gloire de sa femme lui commandent, l'homme recueillera, quoi? un sourire; la femme à son tour, pour prix de ses soins, de sa tendresse, de sa vertu, aura, quoi? un baiser. Des deux parts, sacrifice complet de la personne, abnégation entière du moi, la mise en jeu de la vie et de l'être pour une récompense idéale : voilà le sacrement de Justice, voilà le mariage.

L'homme et la femme sont-ils faits égaux par cette union? — En RÉSULTAT, au point de vue de la dignité et de la félicité, dans le secret de la chambre nuptiale et dans leur for intérieur, oui, ils sont égaux ; le mariage, fondé sur un dévoûment réciproque, absolu, implique communauté de fortune et d'honneur. Devant la société et dans la *pratique extérieure*, dans tout ce qui concerne les travaux et la direction de la vie, l'administration et la défense de la république, cette égalité n'existe pas, ne peut pas exister. Pour mieux dire, la femme ne compte plus, elle est absorbée par son mari. Et pourquoi ? D'un côté, la femme ne peut soutenir, pour la puissance des facultés, la comparaison avec l'homme, ni dans l'ordre économique et industriel, ni dans l'ordre philosophique et littéraire, ni dans l'ordre juridique : or, ces trois ordres de manifestations, correspondant aux catégories de l'utile, du vrai et du juste, embrassent les trois quarts de la vie sociale. Sous ce rapport, la société, en refusant à la femme l'isonomie, ne lui fait aucun tort : elle la traite selon ses aptitudes et prérogatives. Dans l'ordre politique et économique la femme n'a véritablement rien à faire : son rôle ne commence qu'au delà. — Elle reprend, direz-vous, l'avantage par la grâce et la beauté, et par l'influence qui en résulte. — Oui, mais encore une fois cet avantage ce n'est pas à la société, militaire, industrielle, gouvernementale, philosophe, juridique, à en faire la compensation. L'Etat, ou la société, comme on voudra, ne connaît point, ne peut pas connaître des choses de l'idéal et de l'amour. C'est à l'époux, représentant de la société vis-à-vis de la femme, à rembourser son épouse : ce qu'il fera, mais hors du marché, et en une autre monnaie, qui est le sacrifice de tout lui-même, en autres termes, par l'amour conjugal. Sortez de ce système, vous changez l'ordre de la nature ; vous rendez l'homme misérable, sans rendre la femme plus digne ni plus heureuse. L'égalité des droits civils et politiques supposant une assimilation des prérogatives de grâce dont la nature a doué la femme avec les facultés utilitaires de l'homme, il en résulterait que la femme, au lieu de s'élever par ce mercantilisme, serait dénaturée, avilie. Par l'idéalité de son être, la femme est, pour ainsi dire, hors de prix. Elle atteint plus haut que l'homme, mais à condition d'être portée par lui. Pour qu'elle conserve cette grâce inestimable, qui n'est pas en elle une faculté productrice, une valeur échangeable, mais une qualité transcendante, il faut qu'elle accepte la loi de la puissance maritale : l'égalité au for extérieur, la rendant à l'homme odieuse et laide, serait la dissolution du mariage, la mort de l'amour, la perte du genre humain.

Tel est le mariage théorique, mariage qui se réalise de point en point dans la collectivité sociale, par l'ensemble des rapports qui soutiennent entre eux les deux sexes, et compensation faite des anomalies de détail et des griefs individuels, mais dont on ne manquera pas de dire qu'il est encore, pour l'immense majorité des sujets de l'un et de l'autre sexe, une utopie. Ceci nous conduit à une nouvelle face de la question.

7. La famille : deuxième degré de juridictio

XXXVII. — Si, dit-on, l'hyménée, de même que l'amour, est un pur idéal; si sa théorie, par sa sublimité même, reste inapplicable, ou du moins inappliquée dans la pratique quotidienne, ne serait-il pas plus simple, plus sûr, plus moral même, de laisser le vulgaire grossier à la liberté des unions *naturelles?* Qu'il est rare que l'amour, tel que le rêvent le jeune homme et la jeune fille, préside au mariage! Et que de vices, que de déceptions déshonorent cette union réputée sainte! Du côté masculin, quelle brutalité, quelle paresse égoïste, quelle lâche tyrannie, que de crapule! Dans la femme, que de légèreté, de folie, et parfois d'insolence! Que d'ineptie et de bavardage! Quelle mollesse, quelle ordure sous sa vaine coquetterie! Qu'attendre donc, pour le mariage, de pareils sujets? Qu'espérer, pour le progrès de la Justice et des mœurs, de couples si misérables?

L'objection est vieille ; c'est la même qui jadis suggéra l'idée de réserver à l'aristocratie le privilége du sacrement, pendant que la vile multitude était reléguée, avec les esclaves, dans la prostitution et le concubinat.

Ceux qui, n'osant dénigrer l'institution, en allèguent les risques et accusent d'indignité matrimoniale la multitude des époux, oublient que le mariage, nécessaire d'ailleurs à la société, indispensable aux enfants, est fait surtout pour ces âmes brutes que l'on en voudrait écarter. C'est ainsi que s'est faite la première civilisation : elle a débuté par l'abolition de la promiscuité et de l'amour passager; et ce faible idéal, que présentent chez des natures sauvages l'amour et la femme, s'est trouvé subitement consolidé et accru par le mariage.

Si quelque chose peut, en effet, ranimer l'amour assouvi, relever la femme qui s'est donnée, recréer cette idéalité toujours prête à périr dans la possession, c'est la pensée, inhérente au sacrement, et qui s'empare de la conscience des epoux, qu'entre eux il existe autre chose que de l'amour, quelque chose qui dépasse autant l'amour que celui-ci dépasse le rut des animaux. Ce quelque chose, nous le connaissons : c'est le culte que l'homme et la femme se rendent l'un à l'autre, culte qui, chez le premier, s'adresse à la grâce, à la pudeur et à la beauté, chez la seconde, à la puissance.

En deux mots, la même personne, homme ou femme, paraîtra toujours meilleure et plus belle à celle qui l'aime dans le mariage que hors le mariage : je plaindrais celui qui, après avoir lu tout ce qui précède, en demanderait encore la raison.

Le mariage est si bien la loi de l'humanité, à tous les degrés de civilisation et dans toutes les conditions sociales, qu'à peine unis dans la Justice, les époux, si barbares fussent-ils du reste, se trouvent capables de donner l'initiation juridique à d'autres êtres et de s'élever encore par cette initiation : c'est ce qu'a prévu la nature, et l'expérience prouve tous les jours qu'elle ne s'est pas trompée.

L'humanité est soumise à la loi du renouvellement. A cette œuvre de reproduction les deux sexes concourent, l'homme en fournissant le germe, la femme en donnant à l'embryon le premier accroissement. Pourquoi ce partage? Pourquoi la femme a-t-elle été chargée plutôt que l'homme des fonctions de la maternité?

La physiologie en indique une première cause : le soin de la tendre enfance convient mieux au plus tendre, au plus sensible et au plus compatissant des conjoints. L'économie domestique fournit un nouveau motif : l'homme devant produire pour toute la famille, il importait de lui laisser l'entière liberté de ses mouvements. Mais la théorie du mariage nous donne la raison supérieure, savoir : l'éducation des enfants.

Le nouvel individu ne peut pas rester dans une immoralité animique jusqu'à l'époque où il recevra par l'amour la révélation de la Justice : l'ordre de la famille, la dignité de l'enfance, exigent que cette jeune conscience sorte de l'inertie par une initiation préparatoire. Or, cette première initiation du droit et du devoir, c'est la mère qui, sous la sanction paternelle, la donne.

Ce que la femme, le sexe gracieux, reçoit par le mariage du sexe fort et qu'elle idéalise à mesure, elle l'enseigne à son enfant ; elle devient à son tour, par l'amour maternel, éducatrice du nouvel homme ; le père, par son autorité, apparaît comme garant et gardien.

Otez le mariage, la mère reste avec sa tendresse, mais sans autorité, sans droit. D'elle à son fils, il n'y a plus de Justice ; il y a *bâtardise*, un premier pas en arrière, un retour à l'immoralité.

Tel est donc, selon l'ordre de la nature, le développement organique de la Justice. L'appareil juridique existe, il fonctionne, mais son action ne dépasse pas la limite des époux, qui est celle de l'idéal. Par la génération, l'idée du droit prend un premier accroissement : d'abord, dans le cœur du père. La paternité est le moment décisif de la vie morale. C'est alors que l'homme s'assure dans sa dignité, conçoit la Justice comme son vrai bien, comme sa gloire, le monument de son existence, l'héritage le plus précieux qu'il puisse laisser à ses enfants. Son nom, un nom sans tache, à faire passer comme un titre de noblesse à la postérité, tel est désormais la pensée qui remplit l'âme du père de famille.

Il y a dans l'amour un moment d'enthousiasme que ne connaissent ni le sensualiste voluptueux, ni l'amant platonique, c'est quand, après les premiers jours de bonheur, l'homme est saisi tout à coup, au sein des joies conjugales, de l'idée de paternité. Relisez dans Milton la prière d'Adam appelant la bénédiction du ciel sur son premier engendré : les sens, l'idéal, l'amour, tout a disparu ; il n'est resté que la Charité et la Conscience, déesses des unions saintes et des conceptions immaculées. Toutes les nations ont consacré cette fête sublime de la paternité par une institution qu'une Justice plus rigoureuse a dû plus tard abroger, la *primogéniture*.

L'enfant est donné, *Parvulus natus est nobis;* c'est un présent des dieux, *A-deo-datus*, une incarnation de la divinité présente, *Emmanuel*. On le nourrit de lait et de miel, jusqu'à ce qu'il apprenne à discerner le bien du mal : *Butyrum et mel comedet, donec sciat eligere bonum et reprobare malum;* c'est la religion de la Justice qui poursuit son développement. Comment, dans l'accomplissement de ce devoir sacré, l'homme ne sentirait-il pas sa noblesse? Comment la femme ne deviendrait-elle pas splendide?

De l'époux à l'épouse, la Justice a établi déjà, sans préjudice pour l'amour, une certaine subordination; du père et de la mère aux enfants, cette subordination augmente encore et fonde la hiérarchie familiale, mais pour s'affaiblir plus tard et se résoudre, après la mort des parents, dans l'égalité *fraternelle*. Cela veut dire que pendant le premier âge la Justice est une foi et une religion, non une philosophie ou une comptabilité : aussi le respect de l'homme pour l'homme, dégagé maintenant des excitations de l'amour et de l'idéal, atteint son apogée dans le cœur des enfants sous le nom à jamais consacré de *piété filiale*. Père de famille, tu dois être un jour le premier et le meilleur ami de ton fils; ne te hâte pas trop cependant, si tu ne veux courir le risque de son ingratitude. La plus sûre garantie que tu puisses te donner de l'amitié de ce fils. lorsqu'il sera devenu homme, c'est la prolongation de son respect.

Ainsi le mariage, par le rapport mystérieux de la force et de la beauté, forme une première juridiction; la famille, par la communauté de conscience qui régit ses membres, par la similitude d'esprit et de caractère, par l'identité du sang, par l'unité d'action et d'intérêt, en forme une seconde : c'est un embryon de république, où l'égalité commence à poindre sous l'autorité hiérarchique, mais viagère, de la mère et du père. Dans ce petit Etat, les droits et devoirs pour chacun se déduiront de la théorie du pacte conjugal : pas n'est besoin d'en rapporter les formules.

Le dernier mot de cette constitution, moitié physiologique, moitié morale, est l'*hérédité* : n'est-ce pas une honte pour notre dix-neuvième siècle qu'il faille encore la défendre? L'humanité, qui se renouvelle continuellement dans ses individus, est immuable dans sa collectivité, dont chaque famille est une image. Qu'importe alors que le gérant responsable change, si le vrai propriétaire et usufruitier, si la famille est perpétuelle? Bien loin de restreindre la successibilité, je voudrais, en faveur des amis, des associés, des compagnons, des confrères et des collègues, des domestiques eux-mêmes, l'étendre encore. Il est bon que l'homme sache que sa pensée et son souvenir ne mourront pas : aussi bien n'est-ce pas l'hérédité qui rend les fortunes inégales, elle ne fait que les transmettre. Faites la balance des produits et des services, vous n'aurez rien contre l'hérédité.

8. La cité : troisième degré de juridiction

XXXVIII. — L'idée de considérer la Justice, non plus seulement comme une notion de l'entendement ou une hypothèse de notre économie, mais comme une faculté positive de l'âme, et conséquemment de chercher à cette faculté un organe dans la constitution de l'être humain, cette idée, dis-je, est tellement extraordinaire, qu'elle aura de la peine à s'introduire : tout en souhaitant de voir les principes de la morale acquérir plus de certitude et s'emparer des esprits avec plus de force, on eût aimé à leur conserver ce clair-obscur qui semble ajouter au respect par le mystère.

Un peu de réflexion cependant ferait comprendre qu'il n'y a rien en tout ce que nous venons de dire de la Justice qui ne soit fondé sur la nature même des choses ; quant au mysticisme, il faudrait être bien pauvre de jugement pour ne pas reconnaître qu'il ne fera jamais défaut à notre savoir. L'homme a beau étendre le cercle de ses idées, sa lumière n'est toujours qu'une étincelle promenée dans la nuit immense qui l'enveloppe. Le mariage, enfin expliqué, n'est-il pas toujours un mystère? Accueillons donc avec bonheur et reconnaissance la vérité qui s'offre à nous, et que toute idée nouvelle qui porte avec soi sa preuve soit la bienvenue.

Toute puissance, toute loi de la nature a pour organe le corps ou le phénomène dans lequel elle se manifeste.

Ainsi, pour ne pas perdre de temps en exemples, il est une force qui anime tous les êtres et leur donne la première réalisation : cette force est l'attraction. L'attraction a donc pour organes toutes les existences en qui elle se manifeste, soit, par exemple, notre système planétaire.

Mais l'attraction est soumise à une loi qui n'est pas moins universelle : cette loi est l'équilibre. Où se manifeste à son tour l'équilibre? Au moyen de quel appareil? Je réponds encore : au moyen de la balance. Toutes les fois que deux ou plusieurs êtres sont entre eux dans un rapport d'attraction tel qu'ils se font équilibre, la loi a trouvé son organe : la Terre et la Lune, Jupiter et ses satellites, le Soleil et son cortége, sont des balances au même titre que celle qui sert au banquier à peser ses espèces, à l'épicier à peser ses drogues.

Dans l'être vivant, la loi fait plus que se réaliser, elle est conçue par lui; il en a la conscience, l'intelligence. Pour cette conception de la loi, il a fallu dans l'être vivant un organe particulier, l'encéphale.

Ce n'est pas tout encore : la loi est plus qu'une idée, une notion perçue par le cerveau; elle devient, en s'appliquant aux relations de la vie morale, une sorte de passion pour l'être, un entraînement, un amour. Pour cette nouvelle transformation de la loi, je dis qu'il a fallu un nouvel organe, et cet organe je crois l'apercevoir dans le couple conjugal.

Ainsi se déroule, d'après la philosophie du mariage, la genèse universelle.

Une seule force dans la nature : l'attraction;

Une seule loi : l'équilibre;

Une seule idée : la notion d'équilibre, en autres termes la connaissance des rapports ou de la raison des choses, à laquelle se ramène toute philosophie;

Un seul sentiment : l'amour, enfanté par l'idéalisation des rapports et leur division qualitative (séparation des sexes);

Une seule religion : le respect de la vérité et de l'intégrité des rapports personnels et réels, la JUSTICE.

Partout et toujours le même principe: ce que l'équilibre

est à l'attraction et à la matière, l'équation à l'esprit, l'amour à l'âme, l'idéal à la liberté, la Justice l'est à la société humaine. Et comme toute loi se fait un orgueil de chaque existence qu'elle est appelée à régir, nous avons vu la Justice, après s'être réalisée, à l'appel de l'amour, dans le couple conjugal, se réaliser avec plus d'ampleur dans le groupe familial.

Un pas de plus, et notre théorie du mariage, ou de l'organisme juridique, est complète.

XXXIX. — Au point où nous sommes parvenus, un phénomène curieux va se passer : c'est la dégradation de l'idéal, qui, rendant les sexes indifférents l'un à l'autre, menace d'abolir la Justice.

L'initiation familiale est une demi-initiation, que soutiennent fort bien pendant un temps l'autorité paternelle, la confiance des enfants, la religion domestique ; mais qui de frère à sœur n'a plus la même activité, et, réduite peu à peu à une simple habitude, à un souvenir, à une sympathie, est en danger de se perdre.

Il faut que l'amour vienne de nouveau chez les jeunes sujets réconforter la conscience : or, cet amour ne peut plus exister entre eux, il s'est épuisé dans l'union qui leur a donné l'être. Entre le frère et la sœur, comme entre le père et la fille, le fils et la mère, la consanguinité et la famille ont créé une impossibilité d'amour que toutes les législations ont consacrée, et dont la raison est facile à saisir.

Du côté des parents, il y a d'abord l'amour paternel et maternel, positivement distinct de l'amour conjugal, et qui, loin de faiblir, augmentant avec les années, exclut radicalement la succession des deux sortes d'amour dans le même individu. Du côté des enfants, la répugnance n'est pas moindre : l'éducation qu'ils ont reçue a élevé entre eux et leurs auteurs une barrière infranchissable de chasteté. Car chasteté c'est respect et justice : plus, par conséquent, en raison même de leur affection mutuelle, les époux auront développé entre eux et autour d'eux de pudeur, de bienséance, d'honnêteté, de piété filiale, plus par cela même ils se trouveront avoir rendu à leurs enfants, vis-à-vis d'eux, l'idée d'un autre amour insupportable. La famille est le siége de la chasteté ; de même que chez les parents la tendresse paternelle, croissant avec l'âge, éloigne de plus en plus toute pensée obscène, tout amoureux désir, de même chez les enfants la déférence, prenant une teinte de plus en plus prononcée de vénération, étouffe jusque dans son principe l'inclination sexuelle.

Entre frères et sœurs l'incompatibilité est moins forte ; cependant elle existe, et les choses se passent à peu près de même.

Les causes de cette incompatibilité sont : l'habitude et la familiarité domestique, peu favorables à l'idéal, sans lequel pas d'amour ; l'usage commun des choses, qui les rend triviales et ajoute à la difficulté de l'idéalisation amoureuse ; l'amitié fraternelle, contractée de bonne heure sous l'influence de la pudeur domestique et du respect familial, et qui pousse les jeunes gens à l'égalité, non à l'amour ; la ressemblance de caractère, d'esprit, de style, de tempérament, qui laisse les cœurs froids et les personnes sans attrait ; la répugnance du sang, qui réclame avec force un croisement.

L'amour a besoin, pour se produire, de surprises, de contrastes, d'une certaine étrangeté qu'exclut la vie de famille ; et la pudeur dont il s'accompagne est aussi d'un tout autre ordre. Entre personnes qui se connaissent trop, l'amour se trivialise et devient grossier ; même entre époux, la familiarité a ses limites. Plus, dans la famille, les mœurs seront chastes, l'affection sincère, l'habitude des personnes prolongée, plus l'idée d'amour entre le frère et la sœur y paraîtra horrible ; et l'on peut poser en aphorisme que les races incestueuses sont des races d'iniquité.

L'Eglise a étendu l'empêchement de consanguinité jusqu'aux oncles et nièces, neveux et tantes, cousins et cousines : je crois qu'on peut s'en tenir à la limite posée par le Code, pourvu qu'on n'oublie pas cependant que la nature a sanctionné la loi qui défend de pareilles unions, en frappant souvent de plaies incurables ceux qui la violent. Tout le monde sait que l'extinction des familles nobles et princières a eu pour première cause l'orgueil de race, qui rendait les croisements difficiles ; et je tiens du savant professeur de l'Institution des sourds-muets de Paris, M. Rémy

Valade, que la principale cause de surdité chez les enfants est due à la consanguinité de leurs auteurs.

Le croisement des familles et des races, telle est donc, selon les prévisions de la nature et la genèse de la Justice, l'origine première de la cité, la véritable base du contrat social. Par la cité, l'organisme juridique acquiert son dernier développement, ce qu'indique le troisième terme de la devise républicaine, *Fraternité*. Le couple conjugal, la famille, la cité forment ainsi trois degrés de juridiction : le premier servant de principe et de soutien aux deux autres ; le troisième, par sa raison générale affranchie de tout individualisme, et par sa force de collectivité supérieure à la totalité des actions individuelles, donnant au mariage et à la famille la garantie de respect, de travail et de subsistance qu'ils exigent.

Considéré dans sa matérialité, le système social repose tout entier sur la distinction des sexes : par là l'*Éthique* fait suite à l'*Histoire naturelle;* le règne social continue les trois règnes antérieurs, minéral, végétal et animal; et le mariage, constitution à la fois physiologique, esthétique et juridique, se révèle comme le sacrement de l'Univers.

9. Discipline de l'amour

XL. — Nous pouvons maintenant satisfaire à la difficulté qui domine toute cette matière : il s'agit de la discipline de l'amour.

L'amour, dans cette organisation de la Justice, se présente comme force motrice : il en est l'excitateur, le promoteur, le coefficient. Sans lui la conscience s'affaisse, la femme redevient impure, l'homme retourne à sa fainéantise et à sa férocité. Or, comment s'exercera l'amour, si difficile à contenter, qu'il est défendu d'ailleurs de rechercher pour lui-même, attendu que, recherché pour lui-même, l'amour n'est plus le producteur de la Justice, il en est l'abolition? Nous avons vu de quelle manière, fléau des sociétés, il les corrompt dans leur vitalité et dans leur conscience : par quel correctif en restera-t-il l'incorruptible ferment? Quelle sera la pratique légitime de l'amour? Il faut, avons-nous dit, que l'amour obéisse ; c'est l'objet, c'est la promesse du mariage : comment soumettre à une règle ce dont l'essence consiste à ne reconnaître pas de règle, et que le sentiment universel déclare indomptable?

On a vu, dans une autre Étude, comment s'opère la purgation des idées et l'élimination de l'absolu : c'est par un procédé analogue que nous arriverons à la discipline de l'amour et à l'hygiène du mariage.

L'amour, dont la virtualité est dans la génération, a sa cause plastique et motrice dans l'idéal. Par l'idéal, il s'élève au dessus de l'instinct organique et s'empare de l'âme, que tantôt il ravit, sur les ailes du désir, au troisième ciel, tantôt il précipite, par la fatigue de la possession, dans une frénétique impudicité. Voilà en six lignes la physiologie de l'amour.

Espérer le retenir et le fixer à cet apogée où le porte l'idéal est une illusion que dément toute expérience, et que la nature des choses explique. Toute réalisation de l'idéal est nécessairement incomplète, partant fausse; et cela, parce que le réel ne peut jamais reproduire qu'un rayon fugitif de l'idéal; parce que l'absolu et le réel sont contradictoires, et que, si celui-ci nous donne la notion de celui-là, tout effort que nous faisons pour saisir l'idéal ou l'absolu dans un objet qui le réalise en entier n'aboutit qu'à l'épuisement de l'esprit, souvent à une déception douloureuse.

Jouir de l'amour dans l'infini de son aspiration, posséder l'idéal, est donc, comme la pénétration de l'absolu par la pensée, chose impossible. D'un autre côté, combattre l'amour, de même que se dérober à la conception de l'absolu, n'est pas moins impossible, puisque nous ne pouvons pas nous empêcher de trouver beau ce qui est beau et de l'aimer; je dirai même que c'est chose immorale : sur ce point, la religion est d'accord avec la raison, la théologie ascétique avec la philosophie épicurienne. Le christianisme n'a fait que déplacer l'amour en le rapportant à Dieu : il s'est bien gardé de le vouloir détruire.

Mais, si nous ne pouvons ni nous rendre maîtres de l'amour ni nous soustraire à son influence, il est une chose qui dépend de notre libre arbitre et à laquelle la religion et la poésie érotique n'ont pas songé : c'est de balancer l'amour par l'amour, de sorte que nous usions de sa vertu en restant maîtres de notre cœur.

Je sais tout ce qu'il y a de paradoxal dans ce que je vais dire; mais il faut que je le dise, parce que telle est la vérité philosophique et la raison des choses, parce qu'il n'y a pas d'autre préservatif contre les éclats et les aberrations de l'amour, et que telle est en définitive la pratique de l'immense majorité des hommes : le secret, pour échapper aux tribulations de l'amour et en conserver le bonheur, consiste, pour chacun de nous, à aimer d'esprit et de cœur toutes les personnes du sexe opposé, et à n'en posséder conjugalement qu'une seule.

C'est impossible! s'écrie-t-on encore... Je réponds que c'est facile, excepté peut-être aux novices dont l'imagination est pour la première fois séduite, et aux égoïstes qui prennent pour de l'amour la férocité de leur passion.

Au moral, comme au physique, l'amour débute par une crise dont la fin est tout autre que ne le disent le cœur et les sens, et qu'il est stupide de présenter à la jeunesse comme le dernier mot de la félicité. Pourquoi ne pas plutôt saisir cette occasion de lui inculquer avec force, de par la Justice et le sens commun, que, la fin de l'amour, chez l'être raisonnable, étant autre que la possession, et cette fin se réalisant le plus souvent sans attendre la possession, l'amour ne tient pas nécessairement à la possession; qu'au contraire il est prudent de se garder de ses premières émotions, attendu que toute inclination contient plus ou moins d'illusion, toute préférence du cœur plus ou moins d'injustice, tout amoureux régal plus ou moins de honte; attendu surtout que le beau moral, en tant qu'il dépend de notre volonté, devant être pour nous le plus précieux bien, si dans un mariage toutes les convenances sont respectées, si le devoir et la vertu y figurent comme élément principal, alors même que le penchant amoureux serait presque nul, l'union est accomplie dans les meilleures conditions possibles?

Les anciens étaient entrés dans cette voie, lorsqu'ils faisaient de l'amour l'âme universelle; le christianisme y est entré à son tour, lorsqu'il a identifié Dieu et l'amour pur, et proposé à ses vierges le Christ pour époux. Le Christ, c'est la personnification du sexe masculin, de même que la Vierge est la personnification du sexe féminin : que toute jeune fille, avant de se marier, apprenne donc à aimer le Christ ; que tout jeune homme soit fait chevalier de la Vierge.

Voilà ce que nos romanciers et dramaturges, s'ils avaient étudié le cœur humain, s'ils se souciaient le moins du monde de la félicité publique et de la morale, enseigneraient à la jeunesse. Au lieu que, dans leurs absurdes et immorales peintures, c'est toujours l'amour d'inclination qui triomphe, ils feraient voir qu'un pareil sentiment, s'il n'est racheté par une forte dose de vertu, est presque une garantie d'infortune. Pour le poète comique, comme pour le chansonnier, l'amour offre une source inépuisable de ridicule : il y a toute une révolution littéraire dans ce revirement...

Si accomplie que paraisse une fiancée, il n'est pas de mari, à moins que ce ne soit un imbécile, à qui une possession de trois mois n'ouvre l'œil sur d'autres charmes que ceux de son épouse ; j'en dis autant de celle-ci à l'égard de son mari. Et si, malgré l'imprévu de la découverte, ce mari et cette femme restent fidèles l'un à l'autre, leur fidélité, que la jeunesse le sache, vient de leur conscience, nullement de leur prédilection.

Puis donc que par la possession l'idéalisme érotique se détruit aussi rapidement qu'il s'est allumé, et que dans la nuit conjugale toutes femmes sont grises, comme dit le proverbe, que reste-t-il à faire, sinon de traiter l'amour comme la raison prescrit de traiter tout idéal, c'est à dire de le cultiver dans l'universalité de son objet, en s'abstenant de tout ce qu'il peut offrir d'individuel, au moins jusqu'au jour du mariage ?

L'Apôtre a dit : *Que chacun parmi vous ait sa chacune.* J'ajouterais, si je pouvais m'arroger l'autorité d'un apôtre : Que chaque homme aime toutes les femmes dans son épouse, et que chaque femme aime tous les hommes dans son époux. C'est ainsi qu'ils connaîtront le véritable amour, et que la fidélité leur sera douce. Car l'amour, universel par essence, tend à se réaliser dans l'universalité : si l'homme et la femme qui s'épousent paraissent sortir de l'indivision, c'est seulement quant à la cohabitation et aux devoirs qu'elle impose ; pour le surplus, c'est à dire pour l'idéal, ils restent dans la communauté. Le mariage qui les unit n'est point une appropriation mutuelle de leurs corps et de leurs âmes, comme le dit ailleurs le même saint Paul ; c'est la représentation de l'amour infini, qui vit au fond de leurs cœurs. C'est pourquoi l'homme qui manque à sa femme manque à toutes les femmes, et la femme qui manque à son mari est à juste titre méprisée de tous les hommes.

XLI. — Le Code civil, interprète de la Révolution, est admirable sur cette matière. Il dit :

Art. 212. — Les époux se doivent mutuellement fidélité, secours, assistance.

Art. 213. — Le mari doit protection à la femme, la femme obéissance à son mari.

Art. 214. — La femme est obligée d'habiter avec le mari, et de le suivre partout où il juge à propos de résider. Le mari est obligé de la recevoir et de lui fournir tout ce qui est nécessaire pour les besoins de la vie, selon ses facultés de son état.

Art. 203. — Les époux contractent ensemble, par le fait seul du mariage, l'obligation de nourrir, entretenir et élever leurs enfants.

Art. 146 et 165. — Il n'y a pas de mariage lorsqu'il n'y a point de consentement, publiquement exprimé.

Le mot d'*amour* n'est pas prononcé, il ne devait pas l'être : c'est en cela que le législateur me paraît admirable. L'amour est le secret des époux ; rien n'en doit paraître au dehors, dompté qu'il est et transfiguré par le mariage. Un dernier regard jeté sur eux achèvera de nous le prouver : ils s'aiment et ils ont vaincu l'amour.

Le premier sentiment que l'homme éprouve à la vue de la femme est tout d'amour ; il ne s'y arrêtera pas longtemps. De l'ivresse des sens il passe rapidement à l'adoration de l'âme, et quand il s'imagine être encore amant, il est devenu lui-même un juste et un saint.

Tout ce que l'homme voit en la femme, comme en un miroir où sa conscience se regarde, la femme tend à le devenir, et malheur à elle, malheur à tous deux, si elle trompe la révélation de l'amour, si elle manque à l'attente secrète de l'homme !

Dédain de l'amour sensuel et de la volupté : Que

l'homme tourmenté de pensées lascives regarde sa femme, il rougit et il est heureux de rougir, parce qu'il la croit à l'abri de son tourment. Sans doute c'est de lui qu'elle a reçu la pudeur, comme elle en a reçu, dans la cérémonie nuptiale, l'anneau et la couronne ; mais cette pudeur s'est incarnée en sa personne, elle seule sait être chaste et fidèle. Et quelles preuves elle en donnera ! Est-il absent, accablé, malade, elle chasse loin le plaisir, la continence ne lui pèse rien ; à ses yeux le sacrifice n'existe pas : sa charité lui tient lieu de *debitum*. Jeune fille, elle attendra de longues années son promis, sans s'impatienter du célibat ; femme, elle le possède absent comme présent ; le nom de son époux mêlé au sien lui suffit. Et la conscience générale des femmes témoigne de cette immense générosité de leur cœur : plus que nous elles méprisent, elles abhorrent les lascives, les volages et les infidèles.

Conception supérieure de la liberté et de la force : La volupté vaincue, l'homme est devenu un héros ; aucun effort ne lui coûtera plus : telle est sur lui l'influence de la femme. La première, par sa chasteté, elle a donné l'exemple : elle exige en retour que l'homme se montre vaillant, entreprenant, distingué, toujours prêt pour le devoir et le sacrifice. Elle ne demande plus ni flatterie, ni louange, ni caresse, ni présent, ni fête ; elle a soif d'héroïsme : qu'il soit lui de plus en plus, et la voilà joyeuse. Elle le haïrait égoïste ; elle ne le souffre pas davantage humble avec elle ou familier ; elle le mépriserait, s'il se faisait son égal. Le besoin de commander est nul chez elle ; il n'y a que le besoin d'admirer et d'aimer. Comme elle se plaît à lui devoir tout, fortune, honneur, vertu, elle en attend tout, parce que produire et donner est la prérogative de la force. Qu'il soit fier, laborieux, indulgent pour les autres, sévère envers lui-même : elle le prendrait en dégoût s'il se montrait servile, sans dignité, esclave de l'avarice ou intimidé par aucun. Et l'homme accepte avec bonheur cet empire : de par cette vertu féminine qui met l'amour à la chaîne, il ne veut servir âme qui vive, si ce n'est sa dame ; il n'est sensible qu'à une peine, sa censure ; à une récompense, son approbation.

Pratique du travail et de la Justice : La femme, quoi qu'elle apprenne ou entreprenne, n'est point, par la destination de son sexe, industrieuse, agricultrice, négociante, savante, pas plus que juge, homme de guerre ou homme d'État. Elle peut bien nous prêter dans nos travaux quelque aide, nous assister dans nos transactions de quelque conseil : de tout temps elle a pris pour elle la portion la plus douce du travail. Elle a été bergère et jardinière, fileuse, lingère et ménagère; certains arts semblent faits pour la mettre en lumière, la danse, la déclamation, la mimique. Quant à sa justice, il en est comme de sa philosophie : elle n'en pas d'autre que la religion. La femme qui prie est sublime : l'homme à genoux est presque aussi ridicule que celui qui bat un entrechat.

Rien de tout cela cependant ne constitue la mission de la femme : son véritable lot est d'être préposée à la garde de nos mœurs et de nos caractères, chargée de nous représenter incessamment dans sa personne notre conscience idéale. Quel rapport, dites-moi, entre une semblable destinée et le plaisir?... Plus d'un homme a dû à la présence de sa femme de ne pas faillir; plus d'une femme, après avoir rêvé en son époux l'assemblage des vertus viriles, s'est consumée en se voyant attachée à un lâche, à un cadavre.

Et la gloire de l'homme est de régner sur cette merveilleuse créature, de pouvoir se dire : « C'est moi-même idéalisé, c'est plus que moi, et pourtant ce ne serait rien sans moi. A elle mon sang, ma vie, tout mon être; je lui appartiens corps et âme, comme le soldat à son général, comme le fils à son père, comme autrefois l'esclave et le client à son patron. Malgré cela, ou à cause de cela, je suis et je dois rester le chef de la communauté : que je lui cède le commandement, elle s'avilit et nous périssons. »

J'ai eu le bonheur d'avoir une mère chaste entre toutes, et, malgré la pauvreté de son éducation de paysanne, d'un sens hors ligne. Comme elle me voyait grandir, et déjà troublé par les rêves de la jeunesse, elle me dit : *Ne parle jamais d'amour à une jeune fille, même quand tu te proposerais de l'épouser.*

Je fus longtemps à comprendre ce précepte, absolu dans son énoncé, et qui proscrivait jusqu'à l'excuse du *bon motif*. Comment l'amour, cette chose si douce, pouvait-il être réprouvé par la bouche d'une femme? D'où tenait-elle

cette morale austère? Jamais, je le déclare, je n'ai lu ni
entendu rien de cette force. Prétendait-elle que des époux
ne dussent pas s'aimer?... Eh! non : elle avait deviné, par
un sentiment élevé du mariage, ce que l'analyse philosophique nous a démontré : que l'amour doit être noyé dans
la Justice; que caresser cette passion, c'est s'amoindrir
soi-même et déjà se corrompre; que par lui-même l'amour
n'est pas pur; qu'une fois son office rempli par la révélation de l'idéal et l'impulsion donnée à la conscience, nous
devons l'écarter, comme le berger, après avoir fait cailler
le lait, en retire la présure; et que toute conversation
amoureuse, même entre fiancés, même entre époux, est
messéante, destructive du respect domestique, de l'amour
du travail et de la pratique du devoir social.

Je résume tout ce que j'ai dit et ce qui me reste à dire
dans le questionnaire suivant.

CATÉCHISME DU MARIAGE.

DEMANDE. — *Qu'est-ce que le couple conjugal?*
RÉPONSE. — Toute puissance de la nature, toute faculté
de la vie, toute affection de l'âme, toute catégorie de l'intelligence, a besoin, pour se manifester et agir, d'un organe. Le sentiment de la Justice ne pouvait faire exception
à cette loi. Mais la Justice, qui régit toutes les autres facultés et dépasse la liberté elle-même, ne pouvant pas
avoir son organe dans l'individu, resterait pour l'homme
une notion sans efficacité, et la société serait impossible,
si la nature n'avait pourvu à l'organisme juridique en faisant de chaque individu comme la moitié d'un être supérieur, dont la dualité androgyne devient pour la Justice
un organe.

D. — *Pourquoi l'individu est-il incapable de servir d'or-*
gane à la Justice?
R. — Par ce qu'il ne possède de son fonds que le sentiment de sa propre dignité, lequel est adéquat au libre
arbitre, tandis que la Justice est nécessairement duelle,

qu'elle suppose par conséquent deux consciences au moins
à l'unisson : en sorte que la dignité du sujet apparaît seulement comme premier terme de la Justice et ne devient
même respectable pour lui qu'autant qu'elle intéresse la
dignité des autres. C'est par le mariage que l'homme
apprend, de la nature même, à se sentir double : son éduca-
cation sociale et son élévation dans la Justice ne seront
que le développement de ce dualisme.

D. — *Pourquoi, dans l'organisme juridique, les deux personnes sont-elles dissemblables?*

R. — Parce que, si elles étaient pareilles, elles ne se
compléteraient pas l'une l'autre ; ce seraient deux touts
indépendants, sans action réciproque, incapables, pour
cette raison, de produire de la justice.

D. — *En quoi l'homme et la femme diffèrent-ils l'un de
l'autre?*

R. — En principe, il n'y a de différence entre l'homme
et la femme qu'une simple diminution d'énergie dans les
facultés. L'homme est plus fort, la femme plus faible :
voilà tout. En fait, cette diminution d'énergie crée pour la
femme, au moral et au physique, une distinction qualitative qui fait que l'on peut donner de l'un et de l'autre cette
définition : L'homme représente la puissance de ce dont
la femme représente l'idéal, et réciproquement la femme
représente l'idéal de ce dont l'homme représente la puissance. Devant l'Absolu, l'homme et la femme sont deux
personnes équivalentes, parce que la force et la beauté
dont ils sont l'incarnation sont qualités équivalentes.

D. — *Qu'est-ce que l'amour?*

R. — L'amour est l'attrait qu'éprouvent invinciblement
l'une pour l'autre la Force et la Beauté. Sa nature, dans
l'homme et dans la femme, n'est par conséquent pas la
même. Du reste, c'est par lui que leur conscience à tous
deux s'ouvre à la Justice, chacun devenant pour l'autre
tout à la fois un témoin, un juge et un second lui-même.

D. — *Comment définissez-vous le mariage?*

R. — Le mariage est le sacrement de la Justice, le mystère vivant de l'harmonie universelle, la forme donnée par
la nature même à la religion du genre humain. Dans une
sphère moins haute, le mariage est l'acte par lequel
l'homme et la femme, s'élevant au dessus de l'amour **et des**

sens, déclarent leur volonté de s'unir selon le droit, et de poursuivre, autant qu'il est en eux, l'accomplissement de la destinée sociale, en travaillant au progrès de la Justice. A cette définition se rapporte celle de Modestin. *Juris humani et divini communicatio*, que M. Ernest Legouvé traduit, avec moins de pompe, *École de perfectionnement mutuel*.

Dans cette religion de la famille on peut dire que l'époux ou le père est le prêtre ; la femme, l'idole, les enfants, le peuple. Il y a sept initiations : les *noces*, le *foyer* ou la *table*, la *naissance*, la *puberté*, le *conseil*, le *testament* et les *funérailles*. Tous sont dans la main du père, nourris de son travail, protégés par son épée, soumis à son gouvernement, ressortissant à son tribunal, héritiers et continuateurs de sa pensée. La Justice est là tout entière, organisée et armée : avec le père, la femme et les enfants, elle a trouvé son appareil, qui ne fera plus que s'étendre par le croisement des familles et le développement de la cité. L'autorité est là aussi, mais temporaire : à la majorité de l'enfant, le père ne conserve plus vis à vis de lui qu'un titre honorifique. La religion, enfin, se conserve là : tandis que partout ailleurs l'interprétation des symboles, l'habitude de la science et l'exercice du raisonnement l'affaiblissent sans cesse, elle subsiste dans la famille, s'y condense, et ne redoute aucune attaque : la révélation, tout idéale, de la femme, ne pouvant n'y s'analyser, ni se nier, ni s'éteindre.

D. — *Comment, rachetée par cette religion dans laquelle il est facile de reconnaître l'embryon de toutes celles qui ont suivi, la femme reste-t-elle néanmoins subordonnée à l'homme ?*

R. — C'est précisément que la femme est un objet de culte, et qu'il n'y a pas de commune mesure entre la force et l'idéal. Sous aucun rapport la femme n'entre en balance avec l'homme, industrieuse, philosophe ou fonctionnaire publique, elle ne peut ; déesse, elle ne doit ; elle est toujours trop haut ou trop bas. L'homme mourra pour elle, comme il meurt pour sa foi et ses dieux ; mais il gardera le commandement et la responsabilité.

D. — *Pourquoi le mariage est-il, des deux parts, monogame ?*

R. — Parce que la conscience est commune entre les époux, et qu'elle ne peut, sans se dissoudre, admettre un tiers participant. Conscience pour conscience, comme amour pour amour, vie pour vie, âme pour âme, liberté pour liberté : telle est la loi du mariage. Introduisez une personne de plus : l'idéal meurt, la religion se perd, l'unanimité expire et la Justice s'évanouit.

D. — *Pourquoi le mariage est-il indissoluble?*

R. — Parce que la conscience est immuable. La femme, expression de l'idéal, peut bien, quant à l'amour, avoir dans une autre femme une doublure, et de son vivant être remplacée; l'homme, expression de la puissance, pareillement. Mais quant à la justification dont l'homme et la femme sont agents l'un pour l'autre, ils ne peuvent pas, hors le cas de mort, se quitter et se donner mutuellement un rechange, puisque ce serait avouer leur commune indignité, se *déjustifier*, si l'on peut ainsi dire, en autres termes devenir sacriléges. L'homme qui change de femme fait conscience neuve, il ne s'amende pas, il se déprave.

D. — *Ainsi vous repoussez le divorce?*

R. — Absolument. La loi civile et religieuse a posé des cas de nullité et de dissolution de mariage, tels que l'erreur de la personne, la clandestinité, le crime, la castration, la mort : ces réserves suffisent. Quant à ceux que tourmentent la lassitude, la soif du plaisir, l'*incompatibilité d'humeur*, le défaut de charité, qu'ils fassent, comme l'on dit, *séparation*. L'époux digne n'a besoin que de guérir les plaies faites à sa conscience et à son cœur; l'autre n'a plus le droit d'aspirer au mariage : ce qu'il lui faut, c'est le concubinage.

D. — *Défendre aux séparés de se remarier, les rejeter dans l'union concubinaire, est-ce moral?*

R. — Le concubinage, ou concubinat, est une conjonction *naturelle*, contractée librement par deux individus, sans intervention de la société, en vue seulement de la jouissance amoureuse et sous réserve de séparation *ad libitum*. A part quelques exceptions, que produisent les hasards de la société et les difficultés de l'existence, le concubinat est la marque d'une conscience faible, et c'est avec raison que le législateur lui refuse les droits et les prérogatives du mariage.

Mais la société n'est pas l'œuvre d'un jour; la vertu est d'une pratique difficile, sans parler de ceux à qui le mariage est inaccessible. Or, la mission du législateur, quand il ne peut obtenir le mieux, est d'éviter le pire : en même temps que l'on écarte le divorce, dont la tendance serait de faire déchoir le mariage en le rapprochant du concubinage, il convient, dans l'intérêt des femmes, des enfants naturels et des mœurs publiques, d'imposer au concubinat certaines obligations qui le relèvent et le poussent à l'union légitime. L'antiquité tout entière admit ces principes : l'empereur Auguste créa au concubinat un état légal; le christianisme le toléra longtemps, et n'a même jamais su le distinguer du mariage. Devraient en conséquence être par la loi déclarés concubinaires tous ceux et celles qui, hors les cas d'adultère, inceste, fornication et prostitution, entretiennent un commerce d'amour, qu'il y eût d'ailleurs ou qu'il n'y eût pas entre eux domicile commun. Tout enfant né en concubinage porterait de droit le nom de son père, suivant la maxime *Pater est quem concubinatus demonstrat*. Le père concubin, de même que le père marié, serait en outre tenu de pourvoir à la subsistance et à l'éducation de sa progéniture. La concubine délaissée aurait droit aussi à une indemnité, à moins qu'elle n'eût la première convolé en un autre concubinage.

D. — *Quelles sont les formes du mariage?*

R. — Elles se réduisent à deux : les annonces ou publications, la célébration. Dans celle-ci interviennent, au premier rang, la société, en la personne du magistrat et des témoins; en seconde ligne, les familles des époux, en la personne des parents.

D. — *Que signifient ces formalités?*

R. — Le mariage, avons-nous dit, est institué pour la sanctification de l'amour : c'est un pacte de chasteté, de charité et de justice, par lequel les époux se déclarent publiquement affranchis, l'un et l'autre et l'un par l'autre, des tribulations de la chair et des soins de la galanterie, en conséquence sacrés à tous et inviolables. Voilà pourquoi, en dehors des stipulations d'intérêt qui requièrent également publicité, la famille et la cité paraissent dans la cérémonie : l'engagement des époux, fait en vue de la Justice, porte plus loin que leurs personnes; leur conscience conjugale devient partie de la conscience sociale, et, comme le mariage assure leur dignité, il est pour la société qui le proclame une gloire et un progrès. Nos mauvaises mœurs et notre ignorance nous font méconnaître ces choses : tandis que la concubine, qui se livre sans contrat, sans garantie, sur une parole secrètement donnée, pour une subvention alimentaire ou un présent en espèces, comme un bijou prêté à loyer, dérobe aux regards le secret de ses amours et n'en est pas plus modeste, l'épouse paraît, calme, digne, sans rougir : si elle rougissait, elle aurait perdu son innocence.

D. — *Cette théorie du mariage est fort spécieuse; mais pourquoi demander à la métaphysique une explication que la nature nous met sous la main? C'est dans l'intérêt des enfants et des successions qu'a été institué le mariage : il n'y faut voir rien de plus.*

R. — Sans doute, les enfants y entrent pour quelque chose; mais si la loi de génération elle-même n'a été établie qu'en vue de la Justice, si la multiplication des humains, si leur renouvellement et leur mort ne s'expliquent aussi que par des fins juridiques, il faut bien admettre que la distinction des sexes, que l'amour et le mariage, qui entrent dans cette économie, se rapportent aux mêmes fins. La même loi qui a fait du couple conjugal un organe de génération en avait fait auparavant un appareil de Justice : telle est la vérité.

D. — *Expliquez-vous davantage.*

R. — Tout être est déterminé dans son existence d'après le milieu où il doit vivre et la mission qu'il a à remplir. C'est ainsi, par exemple, qu'a été réglée d'après les dimensions de la terre la taille du souverain qui l'exploite. L'Humanité, devant opérer à la fois sur tous les points du globe, ne pouvait être réduite à un seul et gigantesque individu : il fallait qu'elle fût multiple, proportionnée par conséquent, dans son corps et dans ses facultés, avec l'étendue de son domaine et les travaux qu'elle aurait à y faire.

L'Humanité donc étant donnée comme collectivité, deux conséquences s'ensuivaient : la première, que pour faire manœuvrer d'ensemble cette multitude de sujets intelligents et libres, une loi de Justice, écrite dans les âmes, organisée dans les personnes, était nécessaire : c'est l'objet du mariage ; la seconde, que les individus dont se compose le grand corps humanitaire se renouvelassent à tour de rôle, après avoir fourni une carrière proportionnée à leur énergie vitale et à la puissance de leurs facultés : c'est à quoi la nature a pourvu par la génération, et ce dont il nous est maintenant aisé de pénétrer les motifs.

L'être vivant, quelle que soit sa liberté, par cela même qu'il est limité, défini dans sa constitution et dans sa forme, n'a et ne peut avoir qu'une manière de sentir, de penser et d'agir, une idée, un but, un objet, un plan, une fin, une fonction, par conséquent une formule, un style, un ton, une note, expression de son individualité absolue, à laquelle il s'efforce de ramener l'universalité des lois naturelles et sociales. Supposez le genre humain composé d'individus immortels : à un moment donné, la civilisation ne marchera plus ; toutes ces individualités, après s'être pendant quelque temps poussées par la contradiction, finiront par s'équilibrer dans un pacte d'absolutisme, et le mouvement s'arrêtera. La mort, en renouvelant les types, produit donc ici le même effet que la guerre des idées, organisée par la Révolution comme la condition nécessaire de la Raison et de la Foi publique (*Etude VII*).

Mais ce n'est pas seulement au progrès social que la mort est nécessaire : elle l'est à la félicité de l'individu.

Non seulement, à mesure qu'il avance, l'homme s'enferme dans son individualisme et devient pour les autres un empêchement ; il finirait, dans cette intraitable solitude, par devenir un obstacle à lui-même, à sa vitalité, à l'exercice de son intelligence, aux conquêtes de son génie, aux affections de son cœur. Même sans vieillir, par la seule influence de la routine à laquelle son moi l'aurait à la longue condamné, il tomberait dans l'idiotie : son bonheur, sa gloire, autant que le progrès de la société, exigent qu'il s'en aille. La mort à cette heure lui est un gain ; qu'il l'accepte avec joie, et fasse de sa dernière heure son dernier sacrifice rendu à la patrie. Tous tant que nous sommes, après nous être dévoués à la science, à la Justice, à l'amitié, au travail, nous devons finir comme Léonidas, Cynégire, Curtius, les Fabius, Arnold de Winkelried, d'Assas. Nous plaindrions-nous qu'elle vient trop tôt?

Quel orgueil ! Nous **n'attendrons pas** même, à l'occasion,
que la vieillesse nous fasse signe ; nous partirons jeunes,
comme Barra et Viala.

Au reste, en conduisant l'homme à la mort, c'est à dire
à la dépersonnalisation, la Justice ne le détruit pas tout
entier. La Justice équilibre et renouvelle les individualités ; elle ne les abolit pas. Elle recueillera les idées de
l'homme et ses œuvres ; elle conservera, en les modifiant,
jusqu'à son caractère et sa physionomie ; et c'est l'inté-
ressé lui-même qu'elle chargera de sa propre transmis-
sion, c'est à lui qu'elle confiera le soin de son immortalité,
en instituant la *génération* et le *testament*.

Ainsi l'homme se reproduit dans son corps et dans son
âme, dans sa pensée, dans ses affections, dans son action,
par un démembrement de son être ; et comme la femme
fait avec lui conscience commune, elle fera encore génération commune. La famille, extension du couple conjugal, ne fait que développer l'organe de juridiction ; la cité,
formée par le croisement des familles, le reproduit à son
tour avec une puissance supérieure. Mariage, famille,
cité, sont un seul et même organe ; la destinée sociale est
solidaire de la destinée matrimoniale, et chacun de nous,
par cette communion universelle, vit autant que le genre
humain.

D. — *Au fond, l'hypothèse d'une conscience formée à deux
découle de la même métaphysique que celle qui vous a fait
supposer déjà une Raison collective et un Etre collectif. Mais
cette métaphysique a un défaut grave ; c'est d'ébranler la foi
à tout un ordre d'existences, en rendant de plus en plus pro-
blématique la simplicité de l'âme, l'indivisibilité de la pensée, l'identité et l'immutabilité du moi, conséquemment en
infirmant leur réalité.*

R. — Pourquoi ne diriez-vous pas plutôt que cette
métaphysique, par ses séries et par ses antinomies, par la
puissance de son analyse et la fécondité de sa synthèse,
tend à établir la réalité de choses qui jusque-là étaient
demeurées de pures fictions? C'est le principe de composition qui constitue pour l'homme la possibilité du savoir ;
c'est à ce principe qu'est due notre certitude. Tout ce que
nous possédons de science positive nous vient de lui, et
rien de ce qui a été une fois assuré par lui ne peut être

renversé. Pourquoi le même principe ne ferâit-il pas aussi la possibilité de l'être? Dieu lui-même, Dieu, conçu comme pensée supérieure et immanente des mondes, expression de leur harmonie, Dieu redeviendrait possible avec cette métaphysique : tremblons que ce ne soit son vice d'origine...

D. — *Tous les membres d'une société sont-ils appelés au mariage?*

R. — Non ; mais tous y participent et en reçoivent l'influence, par la filiation, la consanguinité, l'adoption, l'amour, qui, universel par essence, n'a pas plus besoin, pour agir, d'union que de cohabitation.

D. — *D'après cela, vous ne jugez pas le mariage indispensable au bonheur?*

R. — Il faut distinguer : au point de vue animique ou spirituel, le mariage est pour chacun de nous une condition de félicité; les noces mystiques que célèbre la religieuse en sont un exemple. Tout adulte, sain de corps et d'esprit, que la solitude ou l'abstraction n'a pas séquestré du reste des vivants, aime, et, en vertu de cet amour, se fait un mariage dans son cœur. Physiquement, cette nécessité n'est plus vraie : la Justice, qui est la fin du mariage et que l'on peut obtenir, soit par l'initiation domestique, soit par la communion civique, soit enfin par l'amour mystique, suffisant au bonheur dans toutes les conditions d'âge et de fortune.

D. — *Quel est, dans l'économie domestique et sociale, le rôle de la femme?*

R. — Le soin du ménage, l'éducation de l'enfance, l'instruction des jeunes filles sous la surveillance des magistrats, le service de la charité publique; nous n'oserions plus ajouter, aujourd'hui, les fêtes nationales et les spectacles, qu'on pourrait définir les semailles de l'amour. L'immoralité aristocratique et la décadence des idées religieuses ont fait de la présence des femmes dans les solennités publiques une occasion de libertinage : cela peut changer, et il est nécessaire que cela change.

D. — *Aucune industrie, aucun art, ne vous semble-t-il plus spécialement dévolu à la femme?*

R. — C'est toujours, en termes voilés, reproduire la question de l'égalité politique et sociale des sexes, et protester contre le titre de *ménagère* qui, mieux que celui de matrone, exprime la vocation de la femme.

La femme peut se rendre utile en une foule de choses, et elle le doit; mais, de même que sa production littéraire se réduit toujours à un roman intime, dont toute la valeur est de servir, par l'amour et le sentiment, à la vulgarisation de la Justice; de même sa production industrielle se ramène en dernière analyse à des travaux secondaires ou de ménage : elle ne sortira jamais de ce cercle.

L'homme est travailleur, la femme ménagère : de quoi se plaindrait-elle? Plus la Justice en se développant nivellera les conditions et les fortunes, plus ils se verront élevés tous deux, celui-là par le travail, celle-ci par le ménage. Quand l'homme repousse toute exploitation et tout patronat, la femme réclamerait-elle pour son service une valetaille? Où la prendre? Les deux sexes naissent en nombre égal : est-ce clair?

Le ménage est la pleine manifestation de la femme. L'homme, hors mariage, peut se passer de domicile : au collége, à la caserne, à la table d'hôte, à l'hôtel garni, il se retrouve toujours et se montre tout entier; la promiscuité ne l'atteint pas. Pour la femme, le ménage est une nécessité d'honneur, disons même de toilette. C'est chez elle que la femme est jugée; ailleurs elle passe, on ne la voit pas. Fille, mère de famille, le ménage est son triomphe ou sa condamnation. Qui donc lui rangera son nid, si ce n'est elle-même? Faudra-t-il à cette odalisque intendant, livrée, femmes, grooms, des nains et des singes?... Nous ne sommes plus en démocratie, nous ne sommes plus en mariage; nous retombons en féodalité et en concubinage.

D. — *En quoi consiste la liberté pour la femme?*

R. — La femme vraiment libre est la femme **chaste**. Est chaste celle qui n'éprouve d'émotion amoureuse pour personne, pas même pour son mari. Pourquoi la jeune vierge paraît-elle si belle, si désirable, si digne? C'est qu'elle ne sent pas l'amour; et que ne sentant pas l'amour, elle est l'image vivante de la liberté.

D. — *Quelle part faire à l'amour en contractant mariage?*

R. — La plus petite possible. Lorsque deux personnes

se présentent au mariage, l'amour est censé chez elles avoir accompli son œuvre ; la crise est passée, l'orage s'est dissipé, la passion a fui, *hyems transiit, imber abiit*, comme dit le Cantique des cantiques. C'est pour cela que le mariage de pure inclination est si près de la honte, et que le père qui y donne son consentement merite le blâme. Le devoir du père de famille est d'établir ses enfants dans l'honorabilité et la Justice ; c'est la récompense de ses travaux et la joie de ses vieux ans de donner sa fille, de choisir à son fils une femme de sa propre main. Que les jeunes gens s'épousent sans répugnance, à la bonne heure ; mais que les pères ne laissent pas violer en leur personne la dignité familiale, et qu'ils se souviennent que la génération charnelle n'est que la moitié de la paternité. Quand un fils, une fille, pour satisfaire son inclination, foule aux pieds le vœu de son père, l'exhérédation est pour celui-ci le premier des droits et le plus saint des devoirs.

D. — *A quel âge au plus tôt convient-il de se marier ?*

R. — Quand l'homme est fait, le travailleur formé ; quand les idées commencent à venir et la Justice à subalterniser l'idéal : ce que l'on peut exprimer, à l'exemple du code, par un minimum arithmétique :

« L'homme avant vingt-six ans révolus, la femme avant vingt et un ans révolus, ne peuvent contracter mariage. »

D. — *Quelle peut-être en moyenne, entre deux époux, la période d'intimité ?*

R. — Tant que les enfants sont en bas âge, l'homme doit à la femme un tribut de caresses : la nature l'a ainsi voulu, dans l'intérêt même de la progéniture. L'enfant profite de tout l'amour que le père témoigne à la mère : n'en demandons pas davantage. Quand les aînés atteignent la puberté, alors, époux prudents, la pudeur domestique et la garde de votre cœur vous commandent de vous abstenir. N'attendez pas que le *retour d'âge*, l'apoplexie et les infirmités de la vieillesse vous y contraignent. Vous ne gagneriez à cette continence forcée que d'être poursuivis jusqu'au tombeau de rêves impudiques et de tribulations contre nature.

D. — *Quel est, en général, l'homme qu'une jeune personne doit préférer pour mari ?*

R. — Le plus juste.

D. — *Quelle est, en général, la femme qu'un homme doit préférer pour son épouse?*

R. — La plus diligente. — Chez l'homme, les qualités qui importent le plus à la femme sont le travail et la tendresse : ces qualités sont garanties par la Justice. Chez la femme, les qualités qui importent le plus à l'homme sont la chasteté et le dévoûment : elles sont garanties par la diligence.

D. — *Quelle consolation offrir aux amants malheureux?*

R. — De pratiquer avec zèle la Justice, à cette fin de se marier, après avoir payé à l'amour perdu un juste tribut de deuil. La Justice est le ciel où leurs cœurs endoloris se retrouvent, et, de toutes les manières de pratiquer la Justice, la plus parfaite et la plus pleine est le mariage. Tel est même, abstraction faite des autres considérations domestiques, le seul motif qui légitime les secondes noces. Il est bien que de deux époux, de deux fiancés, qu'une mort prématurée sépare à jamais, le survivant garde la religion du défunt, et cette religion sied surtout à la femme ; mais une douleur excessive chez un sujet jeune trahit plus d'illusion et d'égoïsme que de Justice ; elle dégénérerait en délit contre l'amour même, si l'amant affligé se refusait au remède.

D. — *Quels sont, par ordre de gravité, les principaux faits que vous qualifiez crimes et délits contre le mariage?*

R. — L'adultère, l'inceste, le stupre, la séduction, le viol, l'onanisme, la fornication et la prostitution.

D. — *Qu'est-ce qui, en dehors des considérations générales de dignité personnelle, de respect du prochain, et de foi jurée, constitue la culpabilité de ces actes?*

R. Le caractère commun qui les distingue est de frapper la famille dans ce qu'elle a de plus sacré, savoir la religion domestique, conséquemment d'anéantir, chez le coupable et ses complices, la Justice dans sa source.

Ainsi l'*adultère* est, selon l'expression des anciens, la violation de toute loi divine et humaine, un crime qui contient en soi tous les autres, calomnie, trahison, spoliation, parricide, sacrilége. La tragédie antique, de même que l'épopée, roule presque tout entière sur ce motif, comme le montrent les légendes d'Hélène, de Clytemnestre, de Pénélope, etc.

L'*inceste*, moins atroce, est plus vil; dérision de la pudeur familiale et de l'initiation maternelle; il a pour pendant la *sodomie*.

Le *stupre*, plus commun de jour en jour et traité avec tant d'indifférence, est l'abus d'une personne mineure, une destruction de la Justice, si l'on peut ainsi dire, en bourgeon, et pour laquelle des jurés ne devraient admettre jamais de circonstances atténuantes.

Par quel inconcevable matérialisme le législateur a-t-il traité si sévèrement le *viol*, tandis qu'il n'a pas dit un seul mot contre la *séduction?* Il semble cependant que le premier pourrait souvent être rangé dans la catégorie des coups et blessures qui n'affectent que le corps, tandis que la seconde tue l'âme.

A ces deux espèces de crimes, nous assimilerons l'*excitation à la débauche* par livres, chansons, gravures, statues, etc.

L'*onanisme* a pour corollaire la *bestialité*. Chose curieuse! L'onanisme conjugal a été proposé par les défenseurs de l'exploitation humaine pour servir d'émonctoire à la population; la même doctrine qui fait du travailleur une bête de somme, devait faire aussi de l'amoureux un étalon.

La *fornication* est la jouissance passagère de deux personnes libres, mais non concubinaires. Elle est sans comparaison plus répréhensible que la *prostitution*. La prostitution, reste de l'ancien état de guerre et de féodalité, a de plus pour excuse la misère, et la prostituée, retranchée comme un membre pourri de la famille, ne trahit personne. Le fornicateur et la fornicatrice trompent tout le monde et n'ont pas d'excuse; ils devraient être blâmés, sinon punis. L'hypocrisie de nos mœurs en a décidé autrement; la fornication secrète est applaudie; l'homme surpris dans une maison de tolérance est réputé infâme.

Si l'on considère l'adultère, la séduction, le viol, la fornication, la prostitution, le divorce, la polygamie et le concubinage comme formant la pathologie de l'amour et du mariage, l'inceste, le stupre, la pédérastie, l'onanisme **et la bestialité en seront la tératologie.**

Le débordement de tous ces crimes et délits contre le mariage est la cause la plus active de la décadence des sociétés modernes ; c'est à cette cause qu'il faut rapporter, en dernière analyse, et la lâcheté bourgeoise, et l'imbécillité populaire, et l'ineptie républicaine, et la dépravation de la littérature, et le despotisme dans le gouvernement.

Tout attentat au mariage et à la famille est une profanation de la Justice, une trahison envers le peuple et la liberté, une insulte à la Révolution.

D. — *Comment la philosophie du droit a-t-elle été si longtemps sans comprendre le mariage?*

R. — C'est que les philosophes ont toujours cherché le droit dans la religion, et que toute religion étant essentiellement idéaliste et érotique, l'amour dans l'âme religieuse est placé au dessus de la Justice, et le mariage rabaissé au concubinage.

Paris. — Imp. Moderne (Barthier, dr), rue J.-J. Rousseau, 61.

BIBLIOTHEQUE NATIONALE DE FRANCE
3 7502 04299570 6